Angela Dembowski

Zauberwort Reisen

- Teil 2 -

Bibliografische Information der Deutschen Nationalbibliothek:
Die Deutsche Nationalbibliothek verzeichnet diese Publikation in der Deutschen Nationalbibliografie;
detaillierte bibliografische Daten sind im Internet über http://dnb.dnb.de abrufbar.

Herstellung und Verlag: BoD - Books on Demand, Norderstedt

ISBN: 978-3-7519-5322-1

Inhaltsverzeichnis

Zauberwort Reisen

Der Grund zu reisen war für mich, die Lebensverhältnisse völlig fremder Menschen kennenzulernen, die Art ihres Umgangs miteinander, zu sehen was ihnen wichtig ist. So nutzte ich jede Gelegenheit allein herumzulaufen, wenigstens ein paar Worte der einheimischen Sprache zu verstehen und manchmal zu benutzen, auch Besonderheiten der Natur näher anzuschauen. Durch beobachtendes Lernen am Anfang kam ich dann gut zurecht und auch mit Glück in keine echte Problemsituation. Bald fühlte ich mich als Mensch unter anderen Menschen, die sich zwar unterschiedlich verhalten, denen aber auch so viel gemeinsam ist.

Kurze Strecken hatte ich schon früher hinter mich gebracht, z. B. nach Stuttgart, natürlich mit dem Ziel „Wilhelma", ein Geburtstagsgeschenk für meinen Sohn, der sich so sehr wünschte, einen Flug zu erleben oder nach Basel, Bekannte besuchen. Dem Jungen und mir machte es dabei besonders Spaß, dass wir auf dem Züricher Flughafen in eine Maschine umzusteigen hatten, die wie ein größeres Sportflugzeug aussah. Ich beäugte das Gefährt ein wenig misstrauisch, dachte, es schwanke in der Luft stark hin und her - nichts dergleichen, es war ein ruhiger, sanfter Flug mit herrlicher Aussicht auf die Landschaft.

Bevor ich in das schönste Abenteuer, das für mich vorstellbar ist, eintauchen konnte, mussten Vorbereitungen getroffen werden, zumindest in Form von Kofferpacken. Da dann meine Ausflüge meistens in Länder führten, in denen man Vergessenes notfalls nachkaufen kann, ergaben sich in der Beziehung kaum Probleme, nur manchmal zeitlicher Art. Trotzdem existierte von Beginn an eine Liste über das was mitzunehmen war, nach jeder Rückkehr wurde die Aufstellung korrigiert oder ergänzt. Mit der Zeit kommt man auf diese Weise zu einer annähernd idealen Ausrüstung, bei Vermeidung von unnötigem Ballast und der Vergeudung knapper Devisen - aber das nur nebenbei, so wie dieser Hinweis:

Einheimische Bezeichnungen der jeweiligen Länder sind mit „..." versehen, phonetische manchmal in Klammern dahinter und gelegentlich eine Anmerkung, allgemein Geläufiges so '...', persönliche Bemerkungen von mir in dieser Form ‚...' und nun - reisen Sie mir nach:

Zusammenfassung früherer Reisen

Als mein Sohn, Rolf, noch klein war, sagte der Kinderarzt eines Tages: „Der Junge zahnt über die Brust, wie das der Volksmund nennt, Sie müssten etwas unternehmen, sonst bekommt er später Asthma", „und was macht man da", fragte ich, „an die See fahren", meinte er. So kam es in den folgenden Jahren zu einigen Nordsee-Aufenthalten von jeweils 10 bis 14 Tagen, für länger reichte das Geld nicht, „das genügt", beruhigte der Doktor, rückblickend weiß ich, er hatte recht.

Ein Urlaub blieb mir als besonders schön im Gedächtnis, wegen unserer ‚Spelunke' und der 'Javanischen Tempeltänzerin', obwohl die finanziellen Voraussetzungen denkbar ungünstig waren und es fast nur regnete; wir hatten Übernachtung und Frühstück in **Keitum** am Wattenmeer auf Sylt gebucht, preiswert; auf der ersten Erkundungstour durch die Ortschaft, bereits im Cape, fanden wir u. a. in einer Seitenstraße ein kleines Obst- und Lebensmittellädchen, das hatte Melonen im Sonderangebot, ich kaufte eine, dazu Butter und Käse, nebenan beim Bäcker Brötchen - das Abendessen war komplett und dem Sohnemann, inzwischen Schulkind, schmeckte es vorzüglich. Natürlich wollten wir auch an die „Seeseite", deshalb erfolgte anderntags die Busfahrt nach **Westerland**, außer dem Sandstreifen-Strand am Meer entlang gab es in einigen Abschnitten Steilküste, zum Teil arg bröselig; das Hotel „Miramar" hing beängstigend nah an der Kante, daneben stand ein langgestreckter Holzbau der mit bayrischer Musik zum Hineinsehen verlockte, das „Bratwurstglöckel"; auf dem Rückweg zur Bushaltestelle kamen wir, abseits der Hauptstraße, an einem Juweliergeschäftchen vorbei, etwas versteckt an einer Ecke - da lag sie im Schaufenster, eine Brosche aus Sterlingsilber, auch als Kette zu tragen: eine javanische Tempeltänzerin auf schwarzem Hintergrund! Ich blieb wie angewurzelt stehen und schaute, der Junge war weitergelaufen, kam jetzt zurück und fragte „was guckst du denn da?" „Schau doch mal die Brosche, ist die nicht wunderschön?" Er zuckte die Achseln und sah ziemlich verständnislos in die Gegend, „komm weiter, ich hab' Hunger und du hast gesagt, hier ist's zu teuer, also, fahren wir zurück!" „Nur noch einen Augenblick angucken, bitte", der Knabe gab nach, schließlich gingen wir, „wenn sie dir so gut gefällt, dann kauf' sie doch", meinte auf einmal der Bub, „das geht nicht, wir müssen uns ernähren und sind erst am Anfang vom Urlaub, ich weiß ja nicht genau wieviel Geld wir noch für's Nötigste brauchen – nein, das geht nicht", ich hatte laut gedacht und war traurig, „vielleicht bleibt was übrig und du holst sie dir am Schluss", äußerte der Sohn, tatsächlich, das war eine Idee, „guter Gedanke, jawohl so machen wir es" - wenn wir noch Geld haben und sie noch da ist, in der Zwischenzeit nicht verkauft wird, setzte ich in Gedanken innerlich zitternd hinzu, aber wahrscheinlich könnte ich sie mir trotz des günstigen Preises sowieso nicht leisten, auf der Rückfahrt nach Keitum kreisten diese Überlegungen in meinem Kopf herum; das Mittagessen im Restaurant schmeckte sehr gut, riss jedoch ein großes Loch in unser Budget, es stand fest, jeden Tag konnten wir das nicht machen - na ja, heute hatte es geeilt, zum Suchen nach einer günstigen Gelegenheit fehlte die Zeit, morgen nehmen wir sie uns und was ‚futtern' wir heute Abend? „Gibt's wieder Käsebrötchen und Melone, hm das war toll", meldete der Junge seine Wünsche an - es blieb dabei, die ganzen zwei Wochen lang, später als Jugendlicher schwärmte er einmal davon, dass es eine preiswerte Notlösung darstellte, hatte er gar nicht gemerkt und offenbar nie so empfunden. Auf unserer Wattwanderung am Vormittag erwischte uns ein Gewitter, außer uns weit und breit kein Mensch, ein paar Kühe zupften in der Ferne an niedrigem Grünzeug, es befand sich kein Haus in der Nähe, nicht einmal ein Strandkorb als das Gewitter direkt über uns hing mit Blitz und Schlag dass uns Hören und Sehen vergingen, wir hockten uns in einer schmalen Sandfurche unter den Schirm, um wenigstens nicht mehr die höchsten Punkte so unmittelbar am Wasser darzustellen und überstanden so das Unwetter, reichlich angefeuchtet, besonders an den Füßen, ging's ,nach Hause' – umziehen, Gummi-Capes trockenreiben; bei dem neuerlichen Bummel durchs Anwesen, kreuz und quer, die hintersten Winkel nicht auslassend, standen wir plötzlich vor einem schiefen, klapprigen Schaukästchen, in dem ein handgeschriebener Zettel hing: Heute Reis mit Meeresfrüchten Portion 5.- DM, ich traute meinen Augen nicht, so was gab's noch? Das Kästchen gehörte zu einem über Eck gebauten Haus, mit einer kürzeren Seite zur Straße hin und einer längeren - wo war denn der Eingang? Von der Straße aus nicht zu sehen - wir fanden ihn seitlich, darüber verwitterte Buchstaben auf einem vom Wind verschobenen Schild die „Gaststätte" heißen sollten, na sehr einladend sah das nicht aus, ich wurde skeptisch, aber der Preis lockte, wir betraten eine düstern Raum mit blankgescheuerten Tischen und Holzbänken, ganz hinten ein Tresen - kein Mensch da, mittags um 13 Uhr seltsam, wir setzten uns in die Nähe eines ziemlich blinden Fensters, die anderen waren auch nicht besser, kein Wunder, dass kaum Licht hereinkam; die Umgebung wirkte beklemmend auf mich, den Buben interessierte offensichtlich nur sein Hunger, er saß unbekümmert da und schaute sich um: links zwei Tische mit einer Bank auf jeder Längsseite, dann ein kleiner Kachelofen, dahinter eine Tür an der Stirnseite des Tresens, rechts wo wir saßen, drei Tische mit je zwei Sitzbänken, aus der erwähnten Tür betrat ein großer schlanker Mann den Raum, kam an den Tisch um nach unseren Wünschen zu fragen, „wir hätten gerne etwas zu essen", sagte ich, „heute gibt es Reis mit Meeresfrüchten", kam die Antwort des Wirtes mit todernstem Gesicht, „ja gut, einverstanden", hörte ich mich sagen, dass es hier keine Speisekarte gab hatte ich schnell begriffen, aber an den Inhaber des Lokals musste ich mich erst gewöhnen: dunkelhaarig mit fast schwarzen Augen, eine breite und tiefe Narbe verlief über die linke Wange seines Gesichts vom Haaransatz bis zum Kinn, ich dachte, wenn er noch einen Ring im Ohr hätte, wäre der Pirat perfekt! Rolf hatte gar nichts bemerkt oder es beeindruckte ihn nicht, er sah zum Fenster hinaus - wir warteten, sehr bald standen zwei Suppenteller vor uns wohlgefüllt mit Reis-Eintopf, Teller, Bestecke, Servietten, alles sauber und appetitlich, wir ließen es uns schmecken; ich war erst zu 2/3 fertig als der Knabe schon alles aufgegessen hatte, der Wirt kam zu uns und fragte Rolf: „Möchtest du noch was?" Mein Sohn sah mich fragend an, „kannst ruhig sagen was du meinst, bist du satt?" Strahlend sah der Junge zu dem Anbieter auf „ich hätt' gern noch was", der Mann entfernte sich und kam gleich darauf mit einem 'Nachschlag' wieder, offenbar einer Kelle voll, aus dem Halbrund zu schließen, was nochmals den halben Teller füllte, das erschien mir nun doch etwas zu gut gemeint und ich wollte wissen,

„schaffst du das denn?" Augen leuchten, heftiges Nicken, mehr war jetzt nicht zu erwarten zusätzlich zur Schaufelarbeit, ich staunte, so viel hatte der Bursche schon lange nicht mehr vertilgt, es schmeckte aber auch ausgezeichnet und - es gab noch eine Überraschung, ich musste keinen Aufpreis bezahlen, Rolf und ich waren uns einig, da gehen wir wieder hin! Die ‚Spelunke', wie wir sie tauften, wurde unsere Stammkneipe und der Junge bekam täglich seinen Nachschlag, gelegentlich fanden sich zu Mittag ein paar Männer ein, die ebenfalls Eintopf verzehrten - den gab es immer, die Zusammensetzung variierte bei jeweils hervorragendem Geschmack, die Kundschaft sah aus, als seien es einfache Hafenarbeiter, andere Gäste trafen wir nie an, geredet wurde kaum; wir fühlten uns wohl an diesem Ort und ich hatte den Eindruck, der Wirt freute sich dass wir immer wieder kamen, aber lächeln sah ich ihn nie, an das Gesicht gewöhnte ich mich schnell, denn nach dem ersten unangenehmen Gefühl überwog Mitleid, der Hieb musste sehr schmerzhaft gewesen sein, nicht nur körperlich, der hochgewachsene Mann schlich stets herum wie ein ‚geprügelter Hund', ich tat so als würde ich das alles nicht bemerken, verhielt mich freundlich und zurückhaltend, eben normal, für den Knaben war es nichts Besonderes, registrierte er Ungewöhnliches ordnete er es ein und damit war der Fall für ihn erledigt, er freute sich schon immer auf den nächsten Gaststättenbesuch, ging richtig gerne hin, die bei uns übliche Toleranz trug wohl Früchte. - Unsere zwei Wochen vergingen wie im Flug, wir waren viel marschiert, hatten eine Menge gesehen: Wasser, das bei Lichtveränderung anders wirkt, verschiedene Tiere und Pflanzen, Meer, das auf der Seeseite ständig Neues transportiert und anschwemmt sowie Muscheln und hübsche Steine ablegt, der letzte Tag brach an, Mittagessen war eingenommen, Abendverpflegung sowie Wegzehrung für die Rückreise anderntags eingekauft und - der Kassensturz ergab ein restliches Sümmchen, mir fiel die Tempeltänzerin ein, die ich inzwischen erfolgreich verdrängt hatte, ich zählte - nochmals und nochmals, das würde tatsächlich reichen, ich könnte sie mir kaufen, wenn – ja, wenn wir einen Weg laufen würden anstatt mit dem Bus zu fahren, es ist nicht weit, ca. 1 1/2 Stunden dürften wir wohl brauchen, denn rennen ist nicht drin, aber Zeit hatten wir noch genug - kann ich das dem Buben zumuten? Ach was, er kennt die Strecke und alt genug ist er auch, also fragen: „du guck mal, so sieht's aus, du hattest recht, wir waren so sparsam dass Geld übriggeblieben ist", ich legte es auf den Tisch, „davon könnte ich mir wirklich die Brosche holen", „welche Brosche" kam gleichgültig, „na, die mit der javanischen Tempeltänzerin", erwiderte ich ungeduldig - wie konnte man die nur vergessen! Jetzt wurde der Junge lebhaft, er erinnerte sich „oh ja, Klasse, machen wir! Mir hast du zwei Wünsche erfüllt, wir waren noch mal da wo die schönen Muscheln sind und du hast das Spielzeugauto geholt, dann erfüll' dir doch wenigstens den!" „Ja nur die Sache hat einen Haken", „welchen?" „Entweder finanzieren wir Hin- und Rückfahrt mit dem Bus oder wir kaufen, wir müssten einen Weg zu Fuß gehen, für alles reicht's nicht", der Sohnemann überlegte einen Augenblick, „wir laufen!" Ich strahlte, ich hatte es so gehofft, „glaubst du wirklich du schaffst das?" Rolf nickte „ja, ja" und wir trabten los zur Bushaltestelle, ein bisschen schlechtes Gewissen hatte ich schon, es war eine Zumutung für den kleinen Mann, aber ich tröstete mich damit, dass sie vielleicht gar nicht mehr da sei - was ich eher befürchtete als es zu wünschen, die Bus-Rückfahrt wäre dann unschwer bezahlbar; sie war noch da, die Tänzerin lag im Schaufenster und wartete auf mich - ich war selig, Freude beflügelte meine Schritte, der Rückweg machte mir gar nichts aus, wenn ich merkte dass mein Tempo dem Knaben zusetzte, musste ich mich zügeln, doch das tat ich gern, denn ihm verdankte ich meinen Erwerb, der mich so glücklich machte, dessen war ich mir bewusst; trotzdem ertönte etwa in der Hälfte der Strecke ein zaghaftes Stimmchen: „da drüben ist eine Haltestelle, können wir nicht wenigstens den Rest fahren?" Mir wurde bang: „leider nein, dafür ist kein Geld mehr da, aber weißt Du was, wir haben's ja nicht eilig und machen eine Pause, da vorne ist ein kleiner Wald, dort finden wir bestimmt einen Baumstumpf oder so, setzen uns hin und ruhen aus" - gesagt, getan, wir kletterten die Böschung hinauf, ein gefällter Baum lag gerade richtig und Erdbeeren gab es auch, mir tat die Unterbrechung ebenfalls gut, die kleinen Beinchen tippelten zwar tapfer, aber meine Anpassung strengte auch an, außerdem war es für uns beide etwas ganz anderes, ob wir am Strand entlangliefen oder auf Asphalt, Gehwege existierten nur in der Nähe von Ortschaften, wir pilgerten auf der Landstraße, Autos begegneten uns kaum, von daher ergab sich kein Problem; es dauerte nicht lange und Rolf hüpfte Erdbeeren pflückend herum, als der begrenzte Platz abgeerntet war, meinte ich, „na die müden Füße sind wohl wieder munter?" Der Bub nickte Zustimmung auch als ich ergänzte „dann können wir unseren Weg ja fortsetzen", die letzte Hälfte war die kürzere, Keitum kam schnell näher, wir hatten's geschafft!

Übrigens: als junger Mann wollte mein Sohn die Taucherprüfung machen, dafür wird auch die körperliche Tauglichkeit untersucht, Rolf erzählte mir davon, besonders von folgendem: er begann Atemluft in den Spirometer zu blasen, da rief der Arzt „hören sie auf, hören sie auf, sie machen mir ja den Apparat kaputt", „dabei hatte ich doch gerade erst angefangen" meinte er; stabil wie er mittlerweile geworden war, obwohl groß bzw. lang, gab's mit dem Schein keine Schwierigkeiten - so viel zum Thema Asthma.

Auf der Suche nach einer preislich günstigen Urlaubsmöglichkeit geraten wir in späteren Jahren nach Italien, der Umtausch der Währungen begünstigte die Idee, diese Ferien waren nicht teurer als zu Hause, Fahrtkosten eingerechnet - im Gegenteil, der Aufenthalt war finanziell oft günstiger, weil man daheim ja etwas unternehmen müsste, am Gardasee gab's Wasser und alle damit verbundenen Vergnügungen gratis, wenn man den Einheimischen-Strand benutzte, was wir immer taten - aber langsam, noch sind wir bisher nie dort gewesen, haben es nur ins Auge gefasst bzw. den Urlaub gebucht; meine Mutter sollte auch wieder einmal ‚Tapetenwechsel' haben, so machten wir uns zu Dritt auf den Weg: die Sonne schien warm, fast heiß, im Sonder-Reisezug summte es wie in einem Bienenstock, viele fröhliche Menschen waren unterwegs, in Rosenheim stiegen ein Fahrkartenkontrolleur und ein „Grenzer" zu, sie fragten nach den Pässen - und stellten fest, mein Sohn ist ohne! Ich hatte keine Ahnung, dass man so etwas braucht und im Reisebüro wies mich niemand darauf hin - was nun? „Innsbruck ist die letzte Bahnstation vor der Grenze, da müssen sie raus, sonst werden sie am Brenner zurückgeschickt, gehen Sie am besten zum Deutschen Konsulat und lassen sich einen Kinderausweis ausstellen," ich bedankte mich für Information und Rat, fühlte mich ‚kalt geduscht' mein Kopf war leer, meine Mutter fragte, vor Entsetzen starr,

„was machst du denn jetzt, steigen wir aus?" Langsam kam wieder Leben in mich, „nur Rolf und ich, es wird wohl nichts anderes übrigbleiben, mit dem Gepäck, denke ich, kommst du zurecht, du wirst Hilfe haben und wir können nicht mit den großen Koffern herumziehen, nimm du also bitte alles mit, mach' Dir keine Sorgen wir kommen schnell nach," „ich soll weiterfahren?" „Ja bitte tu das für uns, bezieh' das Quartier und kümmere dich ums Gepäck, das wäre die beste Entlastung für mich", der Vorschlag gefiel ihr offensichtlich nicht, doch sie nickte nur; der Zug hielt, wir beide stiegen aus, standen etwas verloren auf dem leeren Bahnsteig herum, „da nimm mein Portemonnaie, du wirst Geld brauchen", rief meine Mutter und reichte mir ihre Geldbörse aus dem Fenster zu, „ich hab doch" - der Beutel war schon in meiner Hand, der Zug setzte sich hastig in Bewegung, zu spät für eine Rückgabe geschweige Diskussion, die Bahn verschwand; eine freundliche Frau holte uns in einen Raum der Bahnhofsmission: „sicher haben Sie kein Geld und Hunger", vergeblich versuchte ich ihr unsere Situation zu erklären, sie verstand das anders geartete Problem nicht, hatte ihre eigenen Pläne mit uns: eine Mahlzeit und Fahrgutschein für die Rückreise: „mache ich alles für Sie, haben Sie keine Sorge" - es blieb nur die Flucht, völlig verständnislos sah sie hinterher als wir uns in Richtung Stadt absetzten; die Uhr eilte auf Mittag zu, aber das Konsulat war mit Durchfragen rasch gefunden, an der Tür prangte ein Zettel „Kinderausweise werden nicht ausgestellt", das störte mich gar nicht, ich klopfte und stand im Vorzimmer des Konsuls, die beiden dort tätigen Damen wollten mich abwimmeln, ich blieb hartnäckig schließlich empfing mich der Herr Konsul, er lehnte mein Ansinnen ebenfalls ab, bot an den Jungen in einem Kinderheim zu lassen und auf dem Rückweg wieder abzuholen, „sie können ja weiterreisen, sie bekommen keine Probleme", schöner Urlaub dachte ich, glaubt der Mann wirklich da könnte ich mich erholen? Rolf hatte die ganze Zeit meine Hand nicht losgelassen, nun krampfte sich sein Händchen zusammen, im Augenwinkel sah ich den ängstlichen Blick, „von meinem Sohn trenne ich mich nicht, zurückfahren ist nicht möglich weil meine Mutter alleine nicht zurechtkommt, wir müssen zu ihr zumal sie mir in der Verwirrung ihre Geldbörse gegeben hat, sie ist jetzt mittellos, müsste sich an das Konsulat in Rom um Hilfe wenden, ich bitte Sie nochmals mein Versehen zu entschuldigen und dass ich Ihnen so viel Mühe mache!" Eine Veränderung in der Mimik meines Gegenübers war bereits bei dem Wort „mittellos" zu beobachten, als ich das Konsulat in Rom erwähnte redete ich ihm fast schon zu lange: „na gut, na gut, aber das bleibt eine Ausnahme!" „Das passiert mir bestimmt nie mehr", „das glaube ich Ihnen sogar" äußerte der Konsul, natürlich hatte ich weder eine Geburtsurkunde, noch einen Nachweis über die Sorgerechtsregelung zu meinen Gunsten dabei, „die Kosten für die Telefonate müssen Sie aber tragen" hörte ich ihn sagen, „ja natürlich" - lieber Gott lass es nicht zu viel kosten, na Hauptsache ist eigentlich dass es klappt! „Kommen Sie in zwei Stunden wieder, wir sehen in der Zwischenzeit was wir machen können", Dank stammeln, Treppe runtergehen, nassgeschwitzt standen wir alsbald auf der Straße, „du, ich hab so'n Hunger, meinste wir könnten", meldete sich eine leise Stimme - „und ob wir können", sagte ich fröhlich, „Geld haben wir genug und jetzt muss mal was in den Magen, aber erst geh'n wir noch auf eine Bank Lire einwechseln", wer weiß, was uns noch bevorstand: Lire waren wichtig und Essen; für einen Restaurantbesuch blieb keine Zeit, nach dem Geldeintausch war nur noch eine ‚gute Stunde' übrig, den Rückweg abgezogen, wir wollten natürlich pünktlich wieder auf dem Konsulat sein, damit es sich der Herr Konsul nicht noch anders überlegt, außerdem hatten wir eine weitere lange Fahrstrecke vor uns; ein Café, an dem wir vorbeikamen, zog uns magisch an, ein Kännchen Kakao für jeden und Kuchen mit „Schlagobers" schmeckte nicht nur herrlich sondern machte auch satt, Bezahlung in DM war keine Schwierigkeit und ein Päckchen Kekse als Notproviant ging noch in die Handtasche; auf dem Konsulat lag der Ausweis schon bereit und die Telefonrechnung hielt sich in erstaunlich angenehmen Grenzen, erleichtert und beglückt setzten wir uns zum Bahnhof in Bewegung, zu unserer Freude kam schnell ein Zug in die richtige Richtung – schlupp, waren wir drin; Fahrkartenkontrolle: „Sie haben nur Billetts für einen Sonderzug", ich erschrak, nahmen die Probleme denn gar kein Ende, „unser Zug ist längst weg", ich erklärte und hatte das Gefühl dass es an der Verständigung haperte, ich konnte damals noch kein Italienisch, da winkte der Mensch ab: „eigentlich müssten Sie zuzahlen, aber lassen Sie mal" - erstmals nach dem Ausweisschock sah ich meinen Sohn bewusst an, total verschwitzt das Kerlchen, schmutzig und müde, das gab wohl den Ausschlag für die Nachsicht, die Ausweisüberprüfung verlief nun glatt, da fiel mein Blick auf das ‚Innsbrucker Papier' und ich fing an zu lachen - der Vorname war falsch: Rudolf, also nicht nur in Deutschland galt: Hauptsache ein Papier mit Stempel bzw. Siegel! In **Rovereto** mussten wir aussteigen, an den Gardasee soll man per Bus kommen, hieß es, hm, glücklicherweise war der Bahnhof klein, die Haltestelle der Busse leicht zu finden, an einem Schalter kauften Menschen Karten, ich stellte mich an deutete auf den Buben und mich sagte „Torri del Benaco" und legte einen Lireschein hin - der war wohl groß genug ich erhielt zwei Fahrkarten und Geld zurück, „nun haben wir es so weit geschafft den Rest kriegen wir auch noch hin", ermutigte ich den Sohnemann; es kam ein Bus, Leute strömten hin, wir mit, im Geschiebe fragte ich den Fahrer nach dem Ort, er nickte und wir quetschten uns auf einen Sitzplatz, inzwischen war es Nacht geworden, an den Haltestellen befanden sich keine Schilder, ich wusste also nicht wo wir herumkurvten, jedesmal, wenn das Gefährt stehenblieb, fragte ich deshalb in meine Umgebung hinein: „Torri?", „No" man schüttelte den Kopf - da zeigte mir eine Frau drei Finger und deutete auf den dritten, ich bedankte mich, strahlte sie an, nickte und fühlte mich etwas sicherer; der Bus wurde zunehmend leerer, meine Informantin stieg auch aus, aber ihre Auskunft traf zu, um 22 Uhr standen wir endlich am Hafen von **Torri del Benaco**: alles dunkel bis auf ein großes, elegantes Hotel, „komm da fragen wir jetzt", Rolf zögerte „meinst Du, wir können da reingeh'n?" „Wir können", schnurstraks strebte ich durch die Halle an die Rezeption mit meinem Kind an der Hand und fragte nach 'Touropa'-Gästen, ein abfälliger Blick, heftiges Kopfschütteln, abwehrende Hände in Richtung Ausgang und ein Schwall von Worten den ich nicht verstand waren die Antwort, wie angewurzelt blieb ich stehen, wartete bis es still war, sagte dann noch einmal dasselbe, zeigte dem Empfangsmenschen dass wir kein Gepäck hatten und erklärte, das befinde sich bei der Gruppe, die heute ankam, irgendetwas davon begriff er nun anscheinend, wurde ein wenig freundlicher, dachte nach und sagte mir dann, um die Ecke herum, direkt am

See gäbe es ein Hotel, das Touropa-Gäste aufnähme, er musste es wiederholen, dann hatte ich's mir dank Latein zusammengereimt, bedankte mich und wir zogen ab - später kam mir in den Sinn, warum der Mann anfangs wohl so abweisend war, sicher sahen wir wie bettelnde Landstreicher aus, verschmutzt an Körper und Kleidung, was für unmögliche Gestalten in der feinen Eingangshalle! Wir fanden tatsächlich das beschriebene Hotel, ein schmales, kleines Haus und traten ein: blankgescheuerte Tische, Holzbänke, ganz hinten eine Theke, wir standen im Gastraum, der Wirt kam uns entgegen, ich sagte mein Verschen auf und er - antwortete in einwandfreiem Deutsch: „Ja, das ist richtig, ich nehme Touropa-Gäste, aber diese Gruppe – heute, sagen Sie, kam sie an? Nein, die ist nicht bei mir", `alle Felle schwammen mir davon', wahrscheinlich sah man mir das an, „jetzt setzen sie sich erst mal", zögernd ließen wir uns nieder, der Wirt eilte zum Tresen und brachte für jeden ein Glas Limonade, „sie haben doch sicher Durst - und nun erzählen Sie mir einmal genau was los ist", so knapp wie möglich gab ich unser Missgeschick, die Ereignisse des Tages, wieder und schloss damit, dass wir so schnell wie möglich meine Mutter finden müssten, die sich bestimmt große Sorgen mache, er saß bei uns, hörte mir konzentriert zu unterbrach mich nicht, „haben sie heute schon etwas Vernünftiges gegessen?" Erstaunt sah ich ihn an und schüttelte den Kopf, „und der Junge hat sicher auch Hunger", Rolf nickte heftig und der Wirt lachte, sie bekommen nun beide erst einmal einen anständigen Teller Spaghetti, die essen sie in aller Ruhe" - „aber meine Mutter", „in dieser Zeit telefoniere ich herum, ich finde schon heraus wo Ihre Mutter steckt, sie können im Augenblick ja doch nichts machen, also essen sie!" Im Handumdrehen standen dampfende Teller voller Nudeln und Tomatensoße vor uns, es schmeckte wie Himmelsspeisung nach all der Aufregung und Anstrengung, trotzdem blieb ich unruhig, da auf einmal strahlte der Wirt, legte den Hörer auf, kam an den Tisch: „Alles in Ordnung, sie ist bei „Moscolos", die sagen ihr sofort, dass ihr hier seid", ich war schon aufgestanden „wo ist das und was bin ich Ihnen schuldig für Essen, Trinken, Anrufe - ich bin von Herzen dankbar!" „Langsam, langsam, sie sind in Italien, nun essen sie erst einmal fertig, dann sorge ich für einen Jungen, der bringt sie zu dem anderen Hotel, sie sind fremd hier und es ist dunkel, da ist das Zurechtfinden schwierig" - „aber es ist doch schon so spät", „nicht für uns, machen sie sich keine Gedanken mehr, sie liegen bald in dem Bett in das sie gehören", Rolf war schon ganz geknickt darüber dass er sich vielleicht die restlichen Nudeln nicht mehr einverleiben dürfte, nun mampfte er zufrieden weiter, als wir fertig waren zückte ich meinen Geldbeutel, der Wirt legte seine Hand darauf: „nach diesen Strapazen habe ich das gern für sie beide getan, stecken Sie's weg, vergessen sie den Anfang bald und haben sie einen schönen Urlaub", mit diesen Worten drängte er mich zur Tür hinaus, rief den Begleit-Buben der uns zunickte und vorauslief, so wie unser selbstloser Helfer vorausgesagt hatte lagen wir alsbald in den bestellten Urlaubsbetten und ich glaubte wieder an Wunder! Wasser und Sonne, erholsam wurde es auch für mich, ich konnte sogar zeitweise am Ufer sitzen und lesen, mein Sohn beschäftigte sich selbst, ideenreich und zufrieden, manchmal mit, manchmal ohne Spielgefährten, Verständigungsschwierigkeiten gibt es unter Kindern ja nicht, wir waren sehr oft die einzigen Fremden am unbequemen steinigen Strand den man kostenlos benutzen konnte; es existierte nur ein kleiner Streifen Sandstrand mit Getränkebar, Liegestühlen und Eintrittsgebühr, wir entdeckten ihn erst nach einiger Zeit, er interessierte uns überhaupt nicht zumal dort ständig Musik spielte, an ‚unserem' Badeplatz konnte man gut zurechtkommen, wenn man sich eine Sitzgelegenheit baute, ins Wasser gelangte man nahe am Steinufer nur mit Geautsche, billige Gummilatschen an zwei Zehen aufgehängt, lösten auch dieses Problem - wenigstens zeitweise, sind die Sohlen nass und du rutschst ab - na ja! Mutter streikte bald, begleitete uns nicht mehr, es war ihr zu heiß, ins Wasser ging sie nicht einmal mit den Füßen so fehlte die Abkühlung, sie ruhte sich aus und amüsierte sich auf ihre Weise; ich staunte als sie eines abends mit einem Tellerchen gebratener Fische ankam, „da probier mal, die schmecken sehr gut", taten sie wirklich, nur - wo hatte sie die denn her? „Von der Frau zwei Häuser weiter"; ein anderes Mal, als der Junge und ich vom See zurückkamen, sah ich unsere weißhaarige Oma in ein Haus hineingehen, Frauen, die davorstanden machten ihr ehrfürchtig Platz, wir gingen etwas langsamer, um das geheimnisvolle Treiben zu beobachten ohne es zu stören, bald erschien sie wieder auf der Straße mit einem Bügeleisen in der Hand und strebte dem Hotel zu, wir hinterher - ich wagte nicht zu rufen, die Situation war mir peinlich, außer Sichtweite der Leute holten wir sie ein „wie kommst du zu dem Bügeleisen?" „Du hast doch gesagt du möchtest ein, zwei Kleider gerne aufbügeln, das kannst du jetzt machen, ich bring's dann wieder zurück", „ja, sag 'mal wie hast du das denn gemacht, du kannst doch gar kein Italienisch?" „Brauch' ich nicht" meinte sie, „wo ich hingehe, werde ich hereingewunken und wenn ich etwas möchte, deute ich drauf, ich kann alles haben, da sagt keiner was", ich war erstaunt - glückliche alte Menschen in Italien, die mit so viel Ehrerbietung behandelt werden; jedenfalls genoss meine Mutter die Ferien wenn ich sie auch nie fragte was sie tagsüber trieb und sie sich in Schweigen hüllte. - Der „Einheimischen-Strand" war für Nichtschwimmer und Anfänger ideal, der Boden unterm Wasser neigte sich ganz sanft, sodass es lange möglich war aus dem Frosch-Gepaddel in die Senkrechte zurückzukehren, mit 2/3 der Körpergröße über der Wasserfläche, für den Jungen, der zu meinem Kummer noch nicht richtig schwimmen konnte, hoffentlich genau das Richtige, rückblickend war es das, das kostenpflichtige Touristen-Ufer hätte sich fürs Einüben gar nicht geeignet, nach wenigen Schritten fiel der Grund dort steil ab - alle Gesichtspunkte bestätigten unsere Entscheidung vom Anfang uns den Einheimischen anzupassen. Etliche Jahre nacheinander verbrachten Rolf und ich einen Teil der Sommerferien in **Torri**, Mutter lehnte ab mitzukommen wegen der Hitze, für uns waren Sonne und Wasser ein Genuss; einmal buchte ich über die Reiseagentur den Aufenthalt bei unserem hilfsbereiten Gastwirt, das Gebäude klebte schmal und langgestreckt an der Rückwand des ‚Eleganten Hotels', wir bewohnten ein Zimmerchen oberhalb des Dampfabzugs aus der Küche, es gab keine Speisekarte, ausgezeichnetes Einheitsessen, doch ohne Überraschungseffekt für uns, wir wussten meistens im Voraus was serviert wurde, der Geruch hatte es verraten; die Ferien waren wunderschön und einmal ereignete sich folgende Begebenheit: eines Abend sitzen der Sohnemann und ich frisch seegereinigt, sonndurchwärmt, erwartungsvoll und hungrig in der Gaststube, am Nebentisch harren zwei ältere Damen der Dinge, die da kommen sollen, Phasen aufgeregten Gesprächs wechseln mit betretenem Schweigen, da sie vor uns gekommen sind, erhalten sie zuerst ihr Abendessen, der Wirt stellt die Teller hin, doch eine der beiden wehrt mit Tränen in den Augen ab, „ich kann nichts essen!" „Warum, was ist denn passiert", erkundigt sich der Wirt teilnahmsvoll, „meine Geldtasche ist weg mit der ganzen Barschaft, ich werde abreisen müssen", „haben Sie die Börse verloren?" „Nein, ganz bestimmt nicht" erwidert die Frau, stockend berichtet sie: „ich habe in einem Geschäft Briefmarken gekauft, bezahlt, dann sind wir weggegangen, unterhielten uns, nach wenigen Schritten bemerkte ich meine Vergesslichkeit, wir kehrten sofort um zurück in den Laden, aber die Inhaberin meinte, sie habe die Geldtasche weder gesehen noch gefunden", der Hotelier lässt sich genau beschreiben wo das gewesen ist – „jetzt machen Sie sich mal keine Sorgen mehr, essen Sie, ich kümmere mich um die Sache", er geht zur Küche, bringt uns das ‚Futter' und verschwindet durch die Eingangstür, etwa eine halbe Stunde später kommt er wieder – mit dem Portemonnaie in der Hand, legt es der Dame auf den Tisch: „Bitte, sehen Sie nach ob etwas fehlt", ein überraschter Blick, zitternde Hände öffnen die Geldtasche – „alles da", erklärt sie strahlend, „wie haben Sie das gemacht?" Eine abwehrende Handbewegung unterstreicht den Kommentar „meinen Gästen geht nichts verloren" – nicht nur die Damen sind tief beeindruckt. Mein Sohn hatte inzwischen nicht nur schwimmen gelernt, er war eine richtige ‚Wasserratte' geworden, doch eines Tages erlebten wir Gewitterstimmung am See, es begann damit dass der Wind ständig zunahm, zwar warm, aber was nicht mit einem Stein beschwert war dem musste man schnell hinterherlaufen oder es abschreiben, den Himmel bedeckten rasch graue Wolken und das Wasser wellte sich, noch machte es Spaß darin zu schaukeln, fast hatte ich mit dem Hinausgehen zu lange gewartet, die Dünung haute mich beinahe um, mühsam nach Luft schnappend kroch ich auf den glatten Steinen ins Trockene – wo war denn der Knabe? Wenn ich ihn holen müsste, wär's für mich selbst schon kritisch, er paddelte fröhlich ziemlich weit draußen in den Wellen herum, mir wurde ganz komisch, ich gab ihm Handzeichen, er möge zurückkommen, kurz darauf sah ich dass er sich in Richtung Strand bewegte; jetzt erst fiel mir auf – wir waren noch die Einzigen hier, alle anderen Leute gingen wohl nach und nach heim – mir wurde noch mulmiger, also sobald Rolf ohne meine Hilfe aus dem Wasser steigt, hoffentlich nicht mit dieser, gehen wir nicht mehr hinein! Mit solchen Gedanken beschäftigt überraschte mich der Anblick von zwei Jugendlichen die um die Ecke schlenderten und sich unterhielten, sie begannen sich auszuziehen, standen schließlich in Badehosen da und stürzten sich kopfüber ins Element, offenbar bereitete ihnen das Schwimmen in den Wellen großes Vergnügen, sie tauchten hinein, hindurch, lagen sie direkt darin sah es aus wie ‚Mensch in Aspik', ich war fasziniert von ihrem Können, bewundernd schaute ich ihnen zu und vergaß darüber fast meinen Buben, da – sie hatten ihn gesehen, er versuchte es ihnen nachzumachen, kam dabei aber wieder weiter in den See hinaus, nein das wollte ich nicht, winkte und Rolf änderte die Richtung, ohne Mühe verließ er das gischtende Wasser, „ooch, lass mich noch ein bisschen, es ist soo schön, warum muss ich denn schon raus?" „Schon – du bist gut, guck dir mal an wie das brodelt und schäumt, wenn du Hilfe brauchen würdest ich könnte sie dir nicht geben, ich hab' Angst, es ist gefährlich", traurig ließ er die Ohren hängen; inzwischen war einer der beiden jungen Burschen zurückgeschwommen, stand unten am Wasser und schaute zu uns her, als wir auf ihn aufmerksam wurden gab er Rolf Zeichen dass er wieder mitmachen sollte, ich gestikulierte ihm meine Angst, er signalisierte dass er und der andere da draußen aufpassen würden, mein Sohn strahlte, ich hatte Bedenken: „ich kenn' die doch gar nicht, ich weiß nicht recht", „ach bitte, die haben mir schon so viel gezeigt, die können das prima und ich lern's" - bettelnder Blick hier, fragende Augen dort, „na gut, aber nicht mehr so lang!" Ein großer und ein kleiner Bub warfen sich fröhlich ins Nass, meine Anspannung ließ nach als ich sah, die Drei schwammen wirklich immer zusammen, tummelten wie Delphine herum, keiner geriet beim Hinausgehen so blöd in den Überschlag wie ich vorhin, ohne Schwierigkeiten verließen sie dann das Wasser; meiner hatte immer noch nicht genug und verstand offenbar nicht, weshalb die beiden aufhörten, Handbewegungen bedeuteten ihm, die Wellen seien nun zu hoch und zu gefährlich, da gab er sich geschlagen, ein kurzes Winken und Zunicken, schon waren die Jugendlichen verschwunden; vor lauter Beobachtung der Schwimmer hatte ich auf sonst nichts mehr geachtet, nun sah ich, die Wolken hatten sich mittlerweile fast schwarz gefärbt und der Wind, wenn man stand, gewaltigen Druck entwickelt, es zuckte der erste Blitz, wir beeilten uns zwar, trotzdem wurden wir tüchtig ‚gewaschen', kamen klatschnass im Hotel an; das Gewitter war heftig, es regnete ‚Bindfäden', am anderen Tag lag der See wieder glatt da als wäre nichts gewesen. - Es wurde Gelegenheit gegeben, an einer Opernaufführung in der Arena von **Verona** teilzunehmen, die ließen wir uns nicht entgehen, der Bus brachte uns in die Stadt, vor den Eingängen drängten sich die Menschen, wir stellten uns dazu und warteten; als die Tore geöffnet wurden schob sich die Menge hinein, ich ergatterte für uns je ein Kisschen, außerdem drückte man fast jedem eine kleine Kerze in die Hand, irgendwo ziemlich in der Mitte einer höheren Steinstufenreihe fanden wir Platz für uns und die Sitzunterlagen erwiesen sich als sehr nützlich; lange tat sich nichts, die Leute redeten miteinander, aßen, tranken - alles fremd und erstaunlich, gegen 22 Uhr, es war dunkel geworden, zündete man hie und da dann überall die Kerzchen an, viele aber nicht alle hatten eins, wir gehörten zu den ‚Auserwählten', das ‚Glühwürmchenmeer' sah wunderschön aus, wurde von „ah" und Beifall begleitet; alle löschten die Lichter als die Ouvertüre zu 'Aida' begann, die Aufführung war ein Erlebnis eigener Art, man konnte gar nicht alles erfassen: den nächtlichen Sternenhimmel über der Bühne auf der ausgezeichnete Sänger schauspielernd agierten, haushohe Kulissen und herrliche Musik, in der Pause dauerte es eine Weile bis ich mich in die Realität zurückgetastet hatte, aber auch mein Sohn saß tief beeindruckt da fing sich allerdings schneller, denn da liefen Bauchladen-Verkäufer herum und schrien: „gelati, panini, aranciata" und wenn's irgendwo Eis gab war Rolf sofort hellwach; spät in der Nacht kehrten wir ins Hotel zurück, ich hatte wegen des Jungen zwar ein schlechtes Gewissen aber dem hatte es so gut gefallen, er war munter und vergnügt und - es waren ja Ferien! Damals ist er 11 Jahre alt gewesen, Darbietungen die so umfassend sämtliche Sinne ansprechen eignen sich bestens dafür Kinder an Klassik heranzuführen, merkte ich - man sollte sowieso viele Möglichkeiten zur Gestaltung des Lebens anbieten, aus denen sich der junge Mensch später das ihm

Gemäße aussuchen kann, je größer die Auswahlpalette desto günstiger die Chance zu finden was befriedigen und Freude machen könnte - aber das nur nebenbei. Zwei Jahre später, wir fuhren längst ohne Reiseunternehmen in unser ‚Stamm-Hotel' - waren beim ersten geblieben, fiel mir ein Plakat auf das für die Aufführung von 'Carmen' in der Arena warb, mein Junge erklärte sich gleich einverstanden das Ereignis Oper noch einmal zu erleben, ich besorgte in einem kleinen Reisebüro am Ort die Karten und bekam die Information wann und wo der Linienbus nach Verona abfuhr; froh gestimmt setzten wir uns am Spätnachmittag in Bewegung, es klappte alles, Aufführung und Ausstattung erneut wunderbar und faszinierend, unsere Plätze nahe Außenrand spannend, die Luftverhältnisse dort hervorragend und in der Pause brauchten wir uns nur umzudrehen: auf der anderen Seite lief der Film ‚Das lebhafte Treiben auf den nächtlichen Straßen von Verona'; noch ganz erfüllt von den Eindrücken begaben wir uns an die Bushaltestelle, viele Busse von Reisegesellschaften gemietet fuhren vorbei - wir warteten, es kam kein Linienbus, schließlich fragte ich eine Reiseleiterin die an den haltenden Mietbus gelehnt ihre ‚Schäfchen' einsammelte, „da brauchen sie gar nicht zu warten" erwiderte sie schnippisch „um diese Zeit verkehren keine Linienbusse mehr" - ich war entsetzt „das hat man mir im Reisebüro nicht gesagt als ich die Karten holte, was sollen wir denn jetzt machen? Das Kind muss doch ins Bett, wohin fahren Sie?" „Nach Malcesine", „ach bitte nehmen Sie uns doch mit, Torri liegt ja auf dem Weg, wir stellen uns in den Gang, wenn wir nur mitkönnen!" „Nein, das kommt gar nicht in Frage, wenn sie etwas unternehmen müssen sie sich auch richtig erkundigen oder solche Extratouren unterlassen", sprach's mit unbewegtem Gesicht, stieg ein, Tür zu, der Bus fuhr los und man konnte sehen dass sogar Sitzplätze darin frei waren; ich stand wie ein ‚begossener Pudel' da, es dürfte wohl der letzte Bus gewesen sein der abfuhr denn der Parkplatz war jetzt leer und die Menschenmenge auf der Straße hatte sich normalisiert, „was machen wir nun" meldete sich mein Sohn zu Wort, „du, ich weiß es nicht, um hier irgendwo zu übernachten reicht das Geld das ich dabeihabe nicht, auf Kredit wird uns um diese Uhrzeit niemand ein Zimmer geben, mangels Sprachkenntnissen könnte ich die Situation auch nicht erklären", auf dem Fahrplan den ich mir jetzt anschaute, war zu sehen dass der erste Bus um 5.30 Uhr fuhr, „zum Laufen ist es zu weit" dachte ich laut, „am besten wir suchen uns eine Kneipe, trinken etwas und warten bis die Busse wieder fahren, es ist ja schon fast 2 Uhr", bei der Idee fühlte ich mich gar nicht wohl in meiner Haut, um diese Zeit hängen auch in Italien nicht gerade die Feinsten noch in den Lokalen herum - unschlüssig blieben wir stehen und ich hoffte, mir würde noch etwas Besseres einfallen als ein blonder junger Mann zu uns kam, der sich schon eine ganze Weile in unserer Nähe aufhielt: „Wo wolln's denn hin" fragte er, „Torri del Benaco" antwortete ich mutlos, „kommen's, steigen's in mein' Wagen da drüben, i' fohr sie, i' muss nur schnöll noch was erledigen, bitte warten's so lang" - ich dachte, ich träume, schlafwandelnd folgte ich dem Menschen mit dem Buben an der Hand zu einem knallroten Cabrio mit offenem Verdeck, er öffnete die Beifahrertür, ich fühlte mich wie gelähmt, „nehmen's Platz, im Handschuhfach san Zigaretten wann's meegen, suchen's sich im Radio a andere Musi, wenn's wolln, i' bin glei' do"; stocksteif im Auto sitzend konnte ich es immer noch nicht fassen, Rolf amüsierte sich schon wieder, fand alles toll - ich ja auch irgendwie, aber komisch war mir doch, allerdings sagte ich mir, wenn man Schlechtes im Schild führt schnappt man sich nicht ausgerechnet eine Frau mit Kind, zudem traute ich dem weizenblonden blauäugigen ‚Siegfried' der uns wie ein Engel vom Himmel fiel nichts Böses zu; es dauerte einige Zeit bis er zurückkehrte, das machte nichts angesichts der Lösung unseres Problems, dann ging es los: im Nu raste er aus der Stadt Richtung Gardasee und mir rutschte das Herz in die Kniekehle, „fohr i' eihne zu schnöll" wurde ich gefragt, sagte „nein, nein" - dachte ja, „den Bus hol i' no ei, Sie wern's sehn!". „Ich bin froh und dankbar dass wir überhaupt zurückkommen, ein paar Minuten mehr oder weniger sind mir nicht wichtig" meinte ich kleinlaut, aber den Anreiz hatte ich durch die Bemerkung des jungen Mannes begriffen, dagegen bewirkte ich nichts also nahm ich die halsbrecherische Jagd gottergeben hin, unser Fahrer behielt das Tempo auch auf der Uferstraße bei, nun wurde es richtig riskant, sie war sehr schmal, aber außer uns niemand unterwegs, Gott sei Dank; gegen sämtliche Ängste angehend versuchte ich eine Unterhaltung zu beginnen, vielleicht gelang dadurch auch ein bisschen Beschwichtigung, ich erfuhr: der Hilfsbereite, ein Italiener aus Tirol stammend, wohnte seit Jahren in Garda und hielt sich pendelnd zweimal wöchentlich in München auf, dort hätte er Deutsch gelernt - offensichtlich, er handelte mit Autoteilen - aber wieso machte er sich mit uns so viel Mühe, das interessierte mich auch," jo mei, i' hab halt g'hört wie mei' Landsmännin sie obg'ferigt hot un mi' fir die g'schamt, sie mitznehma wer doch kei Problem nit g'wese - schaun's da sammer scho' ", wir stiegen aus und bevor ich mich richtig bedanken konnte hatte er schon gewendet und flitzte davon; wir befanden uns direkt vor dem Hotel und sahen nun den Bus mit der ‚unbeweglichen' Reiseleiterin wie er auf der Hauptstraße hielt um ein paar Leute aussteigen zu lassen - es wäre noch nicht einmal Zeitverlust gewesen uns mitzunehmen, Menschen sind schon sehr verschieden; Dankbarkeit erfüllte uns ganz als wir zufrieden und zumindest ich äußerst erleichtert ins Bett schlüpften.

Eine Rückreise haftet im Gedächtnis, eine, die man nicht vergisst: meine Schwester und ihre Tochter hatten sich uns angeschlossen, zusammen ‚urlaubten' wir mit großem Vergnügen - das waren die Ferien, in denen an der Uferpromenade zwischen Hafen und Kirche in Torri eine Personenwaage stand, die mich zur Gewichtsprüfung animierte: „90 kg Quatsch, die Waage ist kaputt!" „Nö", bemerkte mein Sohn treffend, „du bist so dick", womit er recht hatte; die Heimfahrt stand an, bis Rovereto zu kommen war kein Problem, aber dann - gähnende Leere im Bahnhofsgebäude und an den Gleisen - merkwürdig, am Fahrkartenschalter erfuhren wir den Grund: Eisenbahnerstreik, aber heute gibt's bestimmt noch einen Zug – wann, wohin, Achselzucken! Wir warteten, gut dass essen, trinken und Klöchengehn ohne weiteres möglich waren, es ist noch früh am Tag gewesen, die Kinder spielten bald ganz zufrieden, es verging eine Stunde noch eine, langsam trudelten mehr Leute ein sonst tat sich nichts; auf einmal hieß es wir sollen uns auf Bahnsteig 4 begeben, ein Zug fahre ein, „na endlich", Erleichterung rundum auch bei uns, wir schnappten das Gepäck, „auf ihr zwei beiden", Treppe runter, Gang entlang, Treppe rauf - wir warteten, stellten Koffer und Reisetaschen ab und warteten, 30 Minuten vergingen nichts kam, die Hitze machte schlapp, wir setzten uns ins offene Wartehäuschen Kinder und Gepäckstücke im Auge behaltend; wieder liefen etwa zwei Stunden ab da tauchte ohne Ankündigung eine schnaubende Lokomotive in der Ferne auf, das Geräusch hatte zuvor schon Hoffnung geweckt nun konnte man sie sehen aber - keine Ansage, ob sie nur einen Güterzug bringt? Keiner sagte etwas, alle hielten den Atem an und starrten wie hypnotisiert in eine Richtung - ein Personenzug fuhr ein mit vielen Wagen und nur spärlich besetzt, noch bevor er anhielt klumpten sich die Menschen zusammen, schoben und drückten, inzwischen hatte sich eine unüberschaubare Masse angesammelt, die mich unangenehm an Kriegszeiten erinnerte, „schau dir das an", stöhnte meine Schwester „das ist ja unmöglich, in den Zug kommen wir nie rein - und wo fährt der überhaupt hin?" „Wir kommen da rein und wenn's mit nem Hammer ist, wir müssen doch nach Hause! Wohin der fährt wer'n mer merken, jedenfalls stimmt die Richtung, außerdem, worauf willst du warten, vielleicht ist das - und nicht nur heute, die letzte Möglichkeit hier wegzukommen!" Inzwischen hingen wir mitten im Gewühl, die Zweifel in Ussis Gesicht verschwanden sie nickte ergeben, man konnte sich nur noch brüllend verständigen, mit den Kindern an der Hand und dem Gepäck wurden wir voneinander abgedrängt, uns ‚schwammen die Felle davon' - da boxte ich mich zu meiner Schwester durch: „hier, nimm meinen Koffer, gib mir deine Reisetasche, macht langsam, ich hol' euch", „Rolf, Ellbogen raus" rief ich ihm zu und fragte „kannste unsere Tasche tragen?" Er nickte, massiv wie die anderen bahnte ich mir mit dem Knaben im Schlepptau einen Weg bis zur Eingangstür, „gib mir die Tasche und steig' du ein" - er war drin, ich schob die beiden Taschen nach und folgte ihm, der Gang war mit Gepäck verstellt, die Leute quetschten sich daran vorbei ins Innere des Waggons und andersherum; wir steuerten das erstbeste Abteil mit freien Plätzen an: „setz dich da hin und steh nicht auf, gib auf die Taschen acht und halt die Sitze frei", bei diesen Worten wuchtete ich je eine Reisetasche auf einen Platz, eine neben und eine gegenüber dem Buben, ziemlich geknickt hockte er da, „du stehst auf keinen Fall auf, hast du mich verstanden, ich hole jetzt die beiden draußen, klar?" Ohne mich umzudrehen, boxte ich mich zur Tür zurück, es standen nicht mehr allzu viele auf dem Bahnsteig aber das Zugpersonal wollte anscheinend eilig weiter, Ussi hatte sich inzwischen tapfer weiter nach vorn geschafft, doch nicht weit genug, „Platz da für Kind und Gepäck", brüllte ich einfach los, ob mich jemand verstand weiß ich nicht es schien aber sehr kompetent zu klingen, durch bewegungslos stehende Menschen gelang es den Zweien bis zu mir zu gelangen, erst hob ich meine Nichte in den Zug, dann reichte mir Ussi nacheinander die Koffer, schließlich stieg auch sie ein und hinter uns ging das Gerangel wieder los, das uns nicht mehr interessierte; mein Junge saß noch brav auf seinem Platz, mit der einen Tasche neben sich die andere war verschwunden, an ihrer Stelle hatte sich ein Mann niedergelassen, Rolf deutete nach oben auf die Gepäckablage: „du entschuldige, ich konnte nix dagegen machen, die ham sowieso furchtbar geschimpft, weil ich nicht aufgestanden bin und die Taschen da standen", „alles in Ordnung, du warst sehr tapfer, ich danke dir, nur jetzt musst du leider aufsteh'n, wir haben zwei Plätze, das heißt, ihr müsst jeweils auf den Schoß, zwei Plätze ham mer aber wenigstens", Koffer noch ins Netz, der Zug fuhr bereits - das hatte zeitlich gerade so gereicht, die Atmosphäre im

Abteil entspannte sich fast fühlbar, als die anderen merkten dass zu dem Jungen noch drei Personen gehörten; schon unterwegs, noch auf italienischem Boden, stiegen Reisende aus, die drangvolle Enge nahm ab, eine weitere Überraschung harrte unser - wir fuhren durch bis München, der Anschluss von dort nach Frankfurt stellte keine Schwierigkeit mehr dar - doch wir hatten genug von Italien, „da geh'n wir nicht mehr hin", dessen waren wir ganz sicher nach dieser Tortur - später heiratete meine Nichte einen Italiener, lebt dort meine Schwester ebenfalls und die Reisen zwischen den Ländern sind nicht mehr zu zählen, da hat das goldige Mädchen uns etwas eingebrockt! Einer dieser Besuche hebt sich heraus weil er in die Frankreich-Reise mündete, zudem fiel der Aufenthalt in die Weihnachtszeit, mit der Besichtigung etlicher Krippen in den Kirchen, sie rühren besonders an, denn die Geburt Jesu wird eingebettet in die alltäglichen Geschäftigkeiten der Menschen dargestellt, nicht als exotisches Geschehen vor langer Zeit, liebevoll ist die Erinnerung an das Ereignis aufgebaut einbezogen ins ländliche Leben und spricht deshalb unmittelbar an. - Ein weiteres Erlebnis soll nicht unerwähnt bleiben, die deutsche Dogge „Rocky" betreffend: zum Haus der Familie in Italien gehört ein großer Garten den stets etliche Tiere bevölkern, auch Hunde laufen herum, „Rocky" ‚das große Kalb' war ziemlich unberechenbar in seinem Verhalten biss sogar gelegentlich Familienmitglieder - aus für sie unerfindlichen Gründen, der Rüde benahm sich nicht nur wie eine Mimose, er kränkelte ebenso häufig und schnell; als ich ankam hieß es: „der Hund braucht Infusionen, zehn Stück, täglich eine, kannste die geben?" Ja könnte schon, aber „wer hält den so lange fest und stellt ihn ruhig, die läuft ja 'ne Weile", „mach' ich" sagte meine Nichte, „Rocky freut sich wenn ich mir Zeit nehme, ihn zu tätscheln und zu streicheln" - so gingen wir ans Werk, Dauer etwa 1/2 Stunde jeweils, der Hund hielt still, bald lief er von alleine in die leere Garage und legte sich dort auf die ausgebreitete Decke wenn wir mit den Utensilien für die Behandlung bewaffnet erschienen; die ‚Kur' war beendet, Rockys Leber und dem ganzen Hund ging's wieder gut, da standen wir nachmittags auf der Terrasse und unterhielten uns, dann bewegte ich mich auf die Küchentür zu um mir etwas Trinkbares zu holen da hörte ich wie die anderen laut riefen „Achtung, der Rocky!" Ich drehte mich um, der Hund sprang mich an, legte seine Pfoten auf meine Schultern und seine Schnauze war direkt vor meinem Gesicht - ein einziger Schrei erschütterte die Luft, ich erstarrte vor Schreck - da leckte der Hund mir das Gesicht ab, na dachte ich, die Behandlung wurde von ihm wohl als Hilfe erkannt, was für ein Glück! Er wich mir nicht mehr von der Seite wenn ich im Garten unterwegs war, nachts schlief er vor meinem Schlafzimmerfenster im Erdgeschoss, mit heftigem Schnaufen durch den Rollladen demonstrierte er seine Anwesenheit, anfangs konnte ich mir das Geräusch nicht erklären, aber weil keiner der Hunde bellte musste der Ursprung harmlos sein - dann begriff ich, es war Rockys Puste! Bei einem Aufenthalt mit meinem Sohn zusammen wurden beim Gartenspaziergang gern die Lieder gesungen mit denen er aufwuchs: „groß wird er groß (zweimal wiederholen) und wird ein Spanier sein" oder: „es trinken die Matrosen von allen Spirituosen am liebsten Rum, fallerra, Rum, fallera, Rum, fallerra, am liebsten Rum, fallera, den Rum aus Jama-a-ika". Seit ich nach einer Bahnfahrt mühsam meine Knochen sortieren musste, zog ich die Flugreise vor, es gab als Extra-Belohnung schon so manchen herrlichen Blick auf die Alpen oder die Konturen einer Küste des 'Stiefels'. Meine vor Jahren begonnene Gewohnheit morgens nur Obst zu frühstücken, stieß beim Verwandtenbesuch in Italien nie auf Schwierigkeiten, irgendwelche Früchte auf den Bäumen im Garten waren immer reif, z. B. schmecken Maulbeeren mit dem Saft einer Zitrone hervorragend, natürlich alles frisch gepflückt, die üppige Zeit essbarer Feigen mied ich allerdings nach Möglichkeit sehr bald, weil ich da schon einmal 2 kg zugenommen hatte, glücklicherweise wird das vor dem Besteigen eines Flugzeugs nicht kontrolliert, dieses Übergewicht bleibt ohne Aufpreis!

Sylt - endlich ist es festgelegt, das Wiedersehen nach gut 30 Jahren (1996)

Früher verbrachte ich den Urlaub ja häufig da, meistens mit Sohn, teils auch „Ama", meiner Mutter, einmal meiner Freundin Inge, außerdem kenne ich die Insel von beruflichen Kurkinder-Transporten her, als begleitende Sozialarbeiterin:
Am 21.05.1996 um 8.40 Uhr Abfahrt in Mainz, fast pünktlich, natürlich bin ich an der falschen Tür eingestiegen, zwar in den richtigen Wagen aber mein reservierter Platz ist am anderen Ende, ein freundlicher junger Mann wirft meine Reisetasche in die Gepäckablage, dort oben bleibt sie bis ein anderes nettes Opfer sie in Westerland herunterholt; ich habe „Raucher" gebucht und muss es büßen, Lüftung gibt es kaum, die Augen brennen, es ist oft stickig - will uns da ein Ex- oder Nichtraucher bestrafen? Genauso kommt's mir vor, ich rauche zwei Tage nicht mehr, damit der Geruchsinn wieder frei wird - das hab' ich nun davon; über den Hindenburgdamm von 1927, der vertrauten Verbindung zum Festland, erreichen wir den Bahnhof **Westerland,** der aus derselben Zeit stammt, man baut dran herum - an oder so; der Bus-Bahnhof ist links um die Ecke, da steht ein Gefährt nach Hörnum, nichts wie hinein! Weitere Leute strömen, der Fahrer ruft „der nächste kommt gleich", schließt die Tür und los geht's während ich bezahlen will, „Station?" „Hörnum", „ja wo da - Nord, Steintal, Mitte, Hafen?" Ich hab' keine Ahnung sage „Mitte", Mitte ist immer gut, Restgeld nehmen und Fahrschein, große Tasche, kleine Tasche, festhalten, es wackelt, ich bin ziemlich mürb als ich endlich sitze; schöne Fahrt, freu' mich hier zu sein und mir fällt ein meine Wirtin bei der ich „mit Frühstück" wohne schrieb auf ihrer letzten Karte das Haus liege im Zentrum, na also, außerdem werde sie mich abholen; niemand holt mich ab, wo ist das „Blanke Tälchen 5?" Ich erfahre in einem Geschäft - zweiter Aufgang links, da oben sind offenbar zwei oder drei Häuser, breite Stufen führen hinauf, später irgendwann habe ich sie 'mal gezählt - es sind 50, ich wuchte die Reisetasche hinauf, natürlich ist's der entferntere Eingang des dritten Hauses, an der Eingangstür empfängt mich der Junior: „Sie sind schon da? Wir dachten, Sie kämen morgen", wozu schreibt man eigentlich; bei dem Zimmer handelt es sich um ein Stübchen, wirklich arg eng, wenigstens mit Waschbecken und die Heizung funktioniert perfekt, tut mir gut, Frühstück gibt's von 9 bis 12 Uhr, auf Wunsch auch später, den Wecker brauche ich also nicht - ach schön! Erster Spaziergang, zum Abendessen im „Fisch-Bistro" Krabbensuppe mit Sahneklecks und ein Lachsbrötchen verzehrt. Schlecht geschlafen, Süd-Ostseite: bei Tagesanbruch viel zu hell im Raum, frage und bekomme dunkles Tuch, nun ist's in Ordnung dann der Himmel aber auch fast ständig bedeckt.
1. Tag: **Hörnum** erkunden, die Sylter Südspitze umrunden; der Sand ist meistens nicht fest, das Laufen strengt sehr an, trotz Wanderstiefelchen bis über die Knöchel Sand gesammelt, ausleeren; viele Leute, um die Mittagszeit flaut deren Strom ab, gegen 14 Uhr zweite Pause in einem Strandkorb, diesmal mit Futter: Obst und einem hartgekochten Ei, Frühstücksanteil denn morgens esse ich nur ‚süß' - weiterstapfen, wo kann man denn hier raus? Viel Vogelschutzgebiet, abgesperrtes Dünengelände zum Schutz der Küste, seh' ich ein, aber mal einen Zu- oder Abgang vom Strand mit Holzbohlen oder Kies - auch ohne müsst 's doch wohl geben, finde schließlich zwei

Wege, davon einen mit durchweg tiefem Sand sehr durchwühlt, was mir zudem fehlt sind Toiletten-Häuschen, das Wasser und der kühle Wind ‚ziehen', in die Dünen soll man nicht - neidvoll sehe ich auf so manchen Männerrücken! Strandkörbe steh'n doch auch da und Wachhäuschen an den offiziellen Badestränden, im Ort gibt's drei Möglichkeiten trotz Kneipen und Nähe der Unterkunft - die Logik kann ich nicht nachvollziehen; abends im „Ciao Ciao" gegessen wegen Lust auf Nudeln. 2. Tag: Wattseite, laufe wieder zu lang viel zu weit, jetzt kann ich links nirgends raus, ab und zu regnet's ein bisschen, keine Sonne - was für ein Glück! Sie hat mir gestern das Gesicht verbrannt obwohl es meistens dunstig war, die Augen tun sehr weh, ich hatte statt der Sonnen- die Lesebrille erwischt, ‚oben ohne' nahmen sie übel, ab heute habe ich die dunkle Brille immer auf, das Licht ist stets gleißend auch wenn's trüb ist und der Wind reizt der ständig bläst nicht nur weht; mein museumsreifes Cape tut brav seinen Dienst aber es reißt immer wieder ein, der Einsatz hier wird sein letzter sein; abends Lachssteak mit Majo, soo 'ner großen Kartoffel und Quarkcreme. 3. Tag: **Rantum**, ebenfalls ‚explodiert': Straßendorf mit seitlichen ‚Beulen', drei Bushaltestellen (!) früher gab's in den kleineren Orten je eine, fahre bis „Mitte" laufe nach „Süd" und biege dort ab zur Seeseite, wieder Sand mahlen und sammeln, schönes Wellenspiel; die Möwen sind ständig überall wie bei uns die Tauben, Strandläufer-Vögel unterwegs, was das Wasser ablegt ist nichts Unbekanntes auffallend wie früher schon die Austernschalen mit den vielen Schichten; ich bin übers Ziel geschossen und am „Dikjen Deel" herausgekommen, war meine Schuld ich habe mich in der Entfernung verschätzt, hier führen häufig gut angelegte Wege zum Strand bzw. in eine Ortschaft, Hinweisschilder existieren nirgends nur an der Straße gibt's Aufschluss; auf der anderen Seite zurück - marsch, marsch nach Rantum, dazwischen unterm Rosenbusch Obstmahlzeit; im „Klinka" trinke ich einen Kaffee Haag, man hat dort viele Borde an den Wänden alle gefüllt mit kleinen Taschen-Fläschchen jeglicher Art, leer oder voll das weiß ich nicht, auf jeden Fall sieht es lustig und beeindruckend aus - hat da der Urgroßvater schon angefangen zu sammeln? Hübscher Damm-Spaziergang: Schafe rennen mich fast um, Häfchenlein, Campingplatz - jetzt auch überall - Rantum ist zum Wohlfühlen, gemütlich; Rückfahrt, bin sehr feucht, es schauerte den ganzen Tag, abends gibt's im „Kiek ut" gebackene Scholle und Krieben (!), ist ein Einheimischen-Lokal, Feuerwehr nebenan und die Fußballspieler treffen sich hier. 4. Tag: **Keitum**, laufe von Westerland aus noch einmal die gleiche Strecke wie damals, natürlich nun - auf einem Geh- und Radweg! Fußgänger begegnen mir allerdings nur streckenweise und insgesamt etwa eine Handvoll; hier gibt's gravierende Veränderungen: die breite Straße entspricht dem nun regen Verkehrsaufkommen, links zweigt eine Schnellstraße ab nach List und die Zufahrt zum Flugplatz (!), es wurde viel gebaut zwischen den Orten Westerland, Tinnum, Keitum; rechts geht's ins „Gewerbegebiet" u. a. mit großem Einkaufszentrum, ich kaufe in der Apotheke künstliche Tränenflüssigkeit für die geplagten Augen und Ohropax denn im Haus gibt es vier Personen Zuwachs und hellhörig ist's! Weiter geht's: unser' Wäldchen schrumpfte zu einem eingezäunten Baumstreifen, ist nur noch ein kümmerlicher Rest, Erdbeeren und Böschung sind verschwunden, die blöden Schilder stehen aber unverändert da: Keitum 2 km und nach ca. 10 Minuten Marsch auf die Ortschaft zu das nächste:

Keitum 3 km - insgesamt 5 km von Westerland aus dürfte hinkommen; in Keitum erkenne ich nichts wieder, keinerlei Anhaltspunkte für die Erinnerung vorhanden, wo Gärten waren wurden Häuser gebaut, überhaupt hat sich der Ort erheblich ausgedehnt; alles sehr gepflegt wie auch anderswo, die „Anuschka" könnte unsere alte ‚Spelunke' sein, sie ist zu, Mittagspause, nach dem ‚Piraten'-Wirt kann ich also keine Ausschau halten; „St. Severin" grüßt schon von weitem, die alte Seefahrer-Kirche von 1240, mit Wandmalereien, gotischem Altar, Renaissance-Kanzel und romanischem Taufstein - sie ist jetzt ständig offen, wird liebevoll sauber gehalten, ihr Besuch macht Freude und der lebendige kleine ‚Mümmelmann' auf dem Friedhof der sich dahinter anschließt! Es ist schwer um 15 Uhr ein warmes Essensangebot zu finden doch es klappt: Sülze und Bratkartoffeln kann ich haben, prima! In Hörnum und Rantum gelten die gleichen strengen Regeln wie hier: Essen gibt's von 12 bis 14 und 18 bis 20 Uhr, dazwischen stehen Cafés zur Verfügung wenn eins durchgehend geöffnet hat, bieten evtl. auch ein Süppchen an, da ist dann um 18 Uhr Schluss, Crêpe-Buden machen ebenfalls um diese Zeit zu und Fisch- sowie Frittenstände existieren nicht mehr; Keitum wirkt auf mich wie irgendein ‚x-beliebiger' Urlaubsort, unpersönlich und fremd - schade, es ist halt lange her! Rückfahrt mit Umsteigen in Westerland, diesmal ‚Obst und Co.' als Nachtessen; das Wetter war heute gut, vor allem trocken und oft schien die Sonne, Nase und Stirn registrierten das genau. 5. Tag: Abends waren täglich die Knöchel geschwollen, meine Füße brauchen eine Pause - Pfingstsonntag: Masseninvasion, etwas Wandern in Hörnum, wo endet denn nur dieser Wattweg, etwas näher als j. w. d? Mittagessen ‚in Obst', anschließend genüsslich duschen, leeres Haus! Eine Stunde wunderbar geschlafen, faulenze, lese, Abendessen beim ‚Italiano': Überbackene Broccoli-Makkaroni, spazierengehen - alles sehr erholsam. 6. Tag: Es ist kühl, sehr stark bewölkt, auf nach „Sansibar" mit dem Bus, im Regen steige ich aus, laufe nach „Samoa", von da zurück, am Weg steht tatsächlich ein Wetterhäuschen nun gibt's dort eine Pause; Ausstiegspunkt erneut erreicht, ein Stück weiter noch mal ein Schild „Sansibar" an einem großen Parkplatz, sind inzwischen viele angelegt asphaltierte Straßen ebenso, haufenweise Autos, schlimm! Marschiere bis zur nächsten Bushaltestelle „Puan Klent" bei recht böigem aber Rückenwind, das Wasser läuft vom Cape ab, habe Glück nach kurzem Warten ohne Häuschen, wie an den meisten Haltestellen, kommt ein Bus; Obst-Mittagessen im Stübchen, der Wind legt weiter zu, im Regen zum Kurhaus ins Hallenbad, aber das ist kein Schwimm- offenbar lediglich ein Bewegungsbad, das Wasser trägt stark obwohl es nicht salzig ist, der Zustrom-Massagestrahl tut zwar gut, ansonsten - nur ein bisschen paddeln möglich, zum Schwimmen zu klein, man bekommt den ‚Drehwurm', Wasser kühl, Räume überheizt, 5.- DM Eintritt reichlich, nicht empfehlenswert! Lust auf Kakao, einziger Gast in winzigem Café, herrliches Kännchen Schokolade, zurück; später da hungrig verspeise ich „Elsas Edelfischteller", köstlich und umfangreich, dann auf zum Vortrag in die Kurverwaltung: Sylter Sturmfluten, sehr interessant; heute war's anstrengend: starker Wind, unterwegs immer Cape an – aus, an – aus, mühsam, die ganze Nacht jault der Wind; mein Raucher'-Strandkorb am Haus liegt auf der Schnauze aber es regnet nicht. 7. Tag: **Westerland**: Elegant und mondän wie gehabt, das „Bratwurstglöckl" gibt es noch, jetzt als Steinbau, ein Lokal wie jedes andere auch gemäß Speisekarte, Sonderangebote sind nur noch Bratwurst und dienstags Labskaus, esse dort später tolle Spargelcreme-Suppe, aber Bratwurst, Kraut, Kartoffelbrei äußerst mäßig; nachher sehe ich, da ist noch ein „Münchner Hahn" mit zusätzlichem Straßenverkauf, ein Steak- und Haxenhaus und ein „Wiener Wald" - schade, mir zu viele separater Art; Inges „Café Orth" wo sie so gern hinging noch vorhanden und das Hotel „Miramar" hängt nicht mehr beängstigend an der Küstenkante, der Strand wurde durch Sandauffüllung enorm verbreitert, Tetrapoden-Reihen verstärken die Mauern der Uferpromenade; parallel zur Pracht-Fußgängerzone ist eine weitere vorhanden mit „Camargue" Jeans-Boutique-Freizeit-Moden; in einer Seitenstraße finde ich „Toni's Restaurant und Café-Garten", „Bippo's Casa Bianca", abseits vom Rummel stößt man auch mal auf ein Zeitschriften-Geschäftchen oder einen Kiosk aber kein ‚Eulenlädchen' mehr mit gemischtem Krims-Krams-Angebot; schöne Wanderwege nach Wenningstedt-Braderup hat man angelegt, zwei Orte die inzwischen völlig ineinander übergehen, selbst vom Ende Westerlands bis Anfang Wenningstedt gibt es kaum noch Landschaft ohne Häuser, jedoch an den Wegen ist alles reglementiert: „Strand für Hunde verboten" ein spezieller ausgewiesen, „Burgenbauen verboten" - einen extra dafür sah ich nirgends, angeblich Inselschutz! Spazier- und Radweg, meistens kombiniert Skate-Roller benutzen ihn auch, für Fußgänger problematisch, Fahrradverleihe, überall sind ganze Geschwader unterwegs; in den Restaurants und Läden trifft man allgemein auf sehr nette und freundliche Bedienungs-Menschen, nicht nur weil sie's müssen – sollen; in der Kurverwaltung, im Bad, am Fahrkartenschalter und von den Fahrern der Busse werden Belehrungen erteilt, die ich zum Teil nicht nur als unhöflich, sondern sogar ‚dicken Hund' empfinde, Kundendienst ‚kannst de da vergessen'! Außerdem: auf dem Bahnhof in Westerland kostet's für Damen 0,50 DM das blanke dreckige 'Örtchen' mit nichts, kein Papier keine Seife kein Handtuch - also wofür? Und nicht eins einfach offen, das sollte verboten sein! Habe zufällig Ausweichmöglichkeit gefunden: im alten Kurhaus kostet's nichts, ist sauber und ‚bestückt', liegt sehr versteckt! Es bleibt den ganzen Tag trocken, welch ein Glück denn das Cape hätt's zerfetzt, der Wind haut mir die Tellermütze vom Kopf Kaugummi zum Festkleben an den Ohren hat gefehlt, gegen das Geblase anzugehen kostet Mühe, ich wollte mich mit dem Essen im „Bratwurstglöckl" belohnen - na ja s o.; auf dem Rückweg steige ich an der „Oase zur Sonne" aus, Restaurant und Café nahe dem Campingplatz unweit der Stadt, Reitschule und Tierpark sollen auf der anderen Seite sein, ich knipse das Panorama und fahre endgültig weiter nach Hörnum; Obst-Abendbrot eigentlich, doch der Hauswirtin außerplanmäßiger Spende von frischem Hering mit Apfel, Zwiebel, grünen Salatblättern kann ich nicht widerstehen, ganz toll und ich lückenlos gefüllt, Nachtisch-Zigarette im Strandkorb am Haus zwischen den Tonfiguren Schildkröte und Igeln; der Wind flaut ab, später ist's draußen völlig still, die Schaumkronen verschwinden seh' ich vom Fenster aus - die Wellen waren so schön heute, aber der Wind arg fies in den letzten Tagen - alles kann man halt nicht haben, dann jetzt lieber mal ‚Windmaschine' aus! 8. Tag: Denkste, der Wind bläst und es nieselt, bin gut angefeuchtet nach kurzer Strecke bis zur Abfahrtshaltestelle, Zeit zum Trocknen im Bus, umsteigen in Westerland, fahre nach **List** insgesamt eine Stunde: am Hafen

Haltestelle der Fähre nach Rømø mit „Legoland", es sprüht etwas kann aber fotografieren; gemischter ,Rummelplatz': links alter „Knurrhahn" daneben neues Kitsch-Restaurant, geradeaus langgestreckter anheimelnder Flachbau im Stil zweier Buden nebeneinander, Imbissstände rechts, Lotteriehäuschen mittendrin, Parkplatz natürlich! Da hab' ich vor 21 Jahren auf einem halb versandeten Mäuerchen gesessen fast direkt am Wasser und verspeiste in Möwengesellschaft mein Essen, erworben am einzigen Verkaufsstand, einem rollenden, der verschiedene Fischarten anbot mit Kartoffelsalat oder Pommes, der damalige Inhaber betreibt nun den Flachbau, um die Mittagszeit war ich oft der einzige Gast, da die Fähren unterwegs gewesen sind – nein, es ist nicht mehr schön hier am Hafen! Aber eine Toilette existiert, sogar mit Klo-Frau, Eintritt 0,50 DM; der Wind weht massiv und Regen setzt ein, Cape wieder überziehen; Häuser, Häuser so weit das Auge reicht, ein paar alte Ecken erkenne ich wieder, das heißt Plätze, Straßen, ich setze mich in Richtung Weststrand in Bewegung, der Fußgängerweg ist mir bekannt; Böen frontal, ich komme kaum vorwärts, muss manchmal stehenbleiben, damit mich der Wind nicht umbläst, wackle herum wie betrunken; der Regen hört auf, es ist sehr kalt Cape bleibt an weil's wärmt, äußerst schlechte Sicht, Leuchtturm gegen Ende der schmalen Landzunge schemenhaft - ist der so weit weg? Wie oft habe ich dieses Ende umrundet - könnte ich nicht mehr, zu fern, na, bei dem Wetter sowieso nicht! Das Wattufer zwischen Fähr- und Königshafen (ein dänischer König hat da irgendwann irgendwen besiegt) ist enorm gewachsen wie andere Stellen der Insel auf dieser Seite, Salzwiesen bedecken das neue Land ,Rasenmäher' weiden darauf, auch der Königshafen hat sich verbreitert und weiter in die Landzunge hineingeschoben meine ich, ob der dicke Nebel täuscht? Na so was - man kann innen und außen am Bogen gar nicht mehr entlanglaufen wie vor 40 Jahren: Vogel- und Küstenschutz, eine Straße geht quer hindurch mit Maut-Häuschen, der „Ellbogen" wird wohl als Freizeitgelände genutzt - lassen doch nichts aus wo man abzocken kann! Heute nicht möglich in Richtung Nordspitze einen Fußweg zu suchen, schaff's nicht, was soll's man sieht ja auch nichts; bin am Weststrand, an der Seeseite ebenfalls erhebliche Sandaufschüttungen, Wasser weit von den Dünen weg; zwischendurch Obst und Ei verzehrt, Busverbindung großartig: 13.20 der nächste 15.55 Uhr da hab' ich jetzt noch eine Stunde Pause, auf der Höhe ein Lokal - na klar und ein großer Parkplatz, alle sollen einkehren, das ist mir zu deutlich und ärgert mich, erkunde die Gegend, rede mir ein, die salzige Luft zu genießen; die Wolken hängen immer tiefer durch, Umgebung wirkt künstlich, nur ein paar Wanderdünen hat man hier oben naturbelassen - wieder dieses Museumsgefühl, wie so häufig! Damals, lange her, konnte man noch mit der Natur verschmelzen, allein irgendwo auf Sand zwischen Wasser und Vögeln sitzen, das ist vorbei und fehlt mir sehr! Busfahrt mit Umsteigen, zurück nach Westerland im Nebel, bin total durchgefroren - zu spät ausgestiegen, wollte doch Foto vom Denkmal machen, dem Soldatengeschenk an die Stadt, ,was man nicht im Kopf hat' - erledigt; ab nach Hörnum, im „Bistro" zwei Tassen Tee zum Aufwärmen und gegen den Hunger Lachs-Scampi-Pfanne mit Kräutersoße und grünen Nudeln, ein Traum! Nachts Bauchkrämpfe, mir ist immer noch kalt, wenig Schlaf. 9. Tag: Insel-Rundfahrt heute - oder morgen? Es ist trüb und regnerisch außerdem brauche ich

Geld: Reiseschecks unpraktisch, Einlösung bei säuerlichen Damen der Sparkasse, kleinen Einkauf und Fotos in Hörnum gemacht, z. B. von der Evangelischen Kirche „St. Thomas" und welche von älterem Einwohner erworben, einem Inselbeobachter: 2/3 der Südspitze holte sich das Meer, Sand wurde nach draußen verschoben und weit weg auf Bänken abgelagert die nun Seehunde bevölkern, die ‚gurgelnden Trichter' Treffpunkt von Wattenmeer und Nordsee inzwischen so weit entfernt, vom Strand aus nicht mehr zu sehen, baden ungefährlich da keine Unterströmungen mehr, Königshafen versandet, verschlickt, surfen erlaubt, Untiefen füllten sich auf, früher waren baden und schwimmen deshalb verboten. Insel-Rundfahrt heute, da morgen evtl. Sonne also ab zur Bushaltestelle, ein Auto fährt vorbei kommt zurück hält an: „Wollen Sie mitfahren?" Nettes Gespräch mit Hamburger Ehepaar dabei bequemer und schneller Transport nach **Westerland** im Mercedes; Rundfahrt beginnt um 14 Uhr Zeit für einen Bummel, entdecke Geschäft „Butz - für Kinder"; Ausflug fängt am Spielkasino an, Bus fast voll, Unterbrechung in **List**: Ort liegt auf 55. Breitengrad befindet sich in Privatbesitz Geschenk vom dänischen König anno dazumal an eine Familie, Aufenthalt reicht für Fotos und - endlich ein Schälchen mit Pommes und Majo von einem Stand; die Weiterfahrt geht über Keitum und Westerland nach Hörnum, unterwegs erzählt der Fahrer: der kleine Flugplatz bei Westerland wurde 1987 erheblich ausgebaut, man habe sich völlig übernommen, nun kreise dort der Pleitegeier; **Rantum**, „Ran" ist die Frau des Meeresgottes in den friesischen Sagen und „um" = Heim (Morsum, Eidum), 1436 ging Eidum an dieser Stelle in einer Sturmflut unter wo heute die Häuser von Rantum stehen, man zog weiter nach Westen, immer mehr Menschen folgten dem Trend sodass sich „Wester-Land" bereits 1857 zu einer großen Siedlung entwickelt hatte und 1905 Stadtrecht erhielt; das Rantum-Becken ist nun fest eingedeicht, dort zweite „Vogelkoje" - älteste bei Kampen: **Klappholtal** mir wohlbekannt, Beginn als Wildentenfang zur Nahrungsergänzung, Hafen, jodhaltige „Sylter Quelle"; die „Rasende Emma" das Dampf-Bähnchen, befuhr die Insel von 1907 bis 1970, wie schade dass man es stillgelegt hat, war ein Vergnügen sich mit ihm im ‚Blümchenpflück'-Tempo fortzubewegen, man konnte unterwegs während der Fahrt bequem aus- und einsteigen; kommen an 197 m hohem Peilsendermast für militärische Zwecke vorbei der aber auch für zivile Schiffspeilungen genutzt werde und den Seenot-Rettungsdienst - wenigstens etwas Information; Pause in **Hörnum** mit halbstündigem Bootstour-Angebot das ich mir erspare, laufe durchs Gelände und fahre dann noch einmal mit nach Westerland, was unnötig war - gibt nichts mehr Neues zu hören; den ganzen Tag ist's regnerisch und verhangen gewesen, allerdings stets trocken wenn wir ausstiegen, jetzt scheint die Sonne und ein Spaziergang lohnt sich; für's „Bistro" ist's zu spät, im „Ciao Ciao" gibt's noch etwas, Abendrunde bei klarem Himmel, Hoffnung auf gutes Wetter morgen, bin gespannt aufs Morsum-Kliff, ob's wirklich eins ist oder nur so heißt - denn fast alle Orte hier haben ein „Kliff". 10. Tag: wieder mit Bus nach W., umsteigen, Endstation **Morsum**: zum Kliff gut ausgeschildert, nur Wanderung leider auf der Landstraße mit reichlich Verkehr bei dem schönen Wetter, nach 15 Minuten Fußmarsch Autoparkplatz - auch die Parkplätze immer ohne Toilette und bin schon rot von der Sonne! Der bald beginnende Lattenrostweg ist bequem begehbar, reicht aber nicht weit, wenn irgend möglich möchte ich immer alles sehen, also in großem Bogen hinunter an den Strand und wieder herauf - das ist ein Kliff! Auf anderer Strecke an die Haltestelle zurück, stoße auf wunderschönen Teich menschenleere Idylle zum Ausruhen und Erholen - leider kaum Zeit dafür, muss zum Bus, möchte noch nach **Wenningstedt,** dahin schlechte Verbindung; verpasse Vogel-Schnappschuss weil ich einen Apfel kaue, verzehre Obstmahlzeit laufend - bitte wörtlich, fahre dann durch bis Zielort: hübscher kleiner See mit Anlage, Friesenkirche, altes Steinzeit-Grab, Besichtigungszeit sehr begrenzt; gehe Richtung Kampen um den Leuchtturm zu knipsen, es ist heiß besonders mein Gesicht, der Tag war lang, es reicht, Abendessen in Hörnum? Zu spät, also Westerlands „Wiener Wald" ‚heimsuchen': Süppchen, großer Salatteller mit Scheibchen Hühnerfleisch und nun Rückfahrt nach Hörnum, muss Aufenthalt noch bezahlen: Wirtin lustlos, ich nicht - sie redet gern viel darum Abreisetag für diese Aktion mir zu riskant. 11. Tag (Abschiedstag): frühstücke kurz, erhalte liebevoll gepacktes Fresspäckchen für die Fahrzeit von neun Stunden, arbeitsloser, halbwüchsiger Sohn bringt meine Reisetasche an den Bus? Bringt nicht, ist gar nicht da, Hauswirtin ziemlich entrüstet über die Frage danach - und überhaupt! Bilanz: Viel Nepp, Restaurants teuer, in Westerland bessere Chancen da große Auswahl, außerdem dort Unterkunft ab 60.- DM in einem Appartement zu haben, absolut günstig im Vergleich zu kleineren Orten; dann - eine Busfahrt vom Süden bis Westerland kostet 6.- DM, nach Norden noch einmal das Gleiche, Hin- und Rückfahrkarten gibt es nicht, Kurkarte fast 50.- DM, für meine Urlaubstage berechtigt zum Betreten der Promenade sonst nichts, wie ich von den Hamburgern erfuhr betrifft das im Sommer den gesamten Strand; fangfrisch gibt's nur noch kleine Krabben und Heringe, Wasser total überfischt, vorbei die billige ‚Fischkur' - ansonsten kochen sie sehr fett. Warten auf den Zug, Reservierung war schon beim Kartenkauf keine mehr zu bekommen, zwischendurch auch nichts freigeworden hieß es auf meine Anfrage; treffe Leidensgenossin, peile Speisewagen an - nicht nötig, sie hat Plätze gefunden: kleines Abteil, nicht Großraumwagen wie bei der Herfahrt, gemütlich, noch drei Leute, kann essen gehen: eingeschränktes Angebot im IC von Frankfurt, dort keine Zeit zur Warenergänzung gehabt sagt man, Süppchen gut und sonst - na ja etwas Warmes im Bauch, Speisewagen getrennt in Raucher- und Nichtraucherteil, kaum besucht insofern angenehm; nette Abteil-Gesellschaft, 'wenn muntre Reden sie begleiten' - vergeht die Zeit schneller; ‚Genossin' steigt in Bremen aus, die anderen in Duisburg, danach betritt ein ‚Bräunling' mit Redebedürfnis den Raum, will nach Frankfurt, er habe etwas gefuttert und nun Durst, Imbisswägelchen? Gähnende Leere auf dem Flur, junger Mann liest meine TV-Zeitschrift, ich gehe Kaffee trinken und bringe ihm wunschgemäß eine Cola mit, er trägt meine Tasche bis zum Ausstieg, Begegnung hat uns beiden Spaß gemacht wenn ich auch nichts von seinen Sonnenblumenkernen wissen wollte - wegen meinem Gebiss! Taxi fährt mir vor der Nase weg an die Spitze, ein Ausländer erbarmt sich meiner und vor allem der Reisetasche, außer der Reihe (!); wieder daheim - interessant war's und schön, doch während der Saison sollte man woanders hinfahren, denn auf der Insel singen nicht mal mehr die Lerchen wunderbar vor lauter Leut'!

Die erste Berlinreise meines Lebens - es wird auch Zeit! (1996)

Vier Tage - das Handköfferchen ist schnell gepackt, am Tag vor der Reise geht's früher ins Bett als sonst, denn den Wecker habe ich auf 4.15 Uhr gestellt, um 5.40 Uhr soll am Hauptbahnhof in den Bus eingestiegen werden; bin pünktlich an der Haltestelle vom Linientransporteur, der erste soll 5.19 Uhr kommen - er kommt nicht Ferienfahrplan: in dieser Zeit beginnt der Einsatz öffentlicher Verkehrsmittel um 5.34 Uhr, das ist für mich zu spät der Service-Fahrschein des Reiseunternehmens nutzt mich da gar nichts! Natürlich steht auch noch kein Taxi wo sie sonst tagsüber zu finden sind und die Telefonzelle kann man nur mit Karte benutzen die ich nicht habe - das fängt ja gut an, renne zu den Telefonhäuschen in der Hegelstraße, glücklicherweise nicht weit weg und eins mit Münzen dabei, Funktaxe meldet sich, ein Wagen kommt schnell; jetzt bin ich froh über die Uhrzeit, die Straßen sind frei und wir rasch am Bahnhof, da stehen Leute und Busse, aber keiner nach „Berlin", suchend schweift mein Blick, ein neuer Bus schwenkt ein - das ist er, ich war also nicht zu früh; der Fahrer begrüßt mich, die einzige aus Mainz, ‚löffelt mich ein' und wir setzen uns in Richtung Frankfurt in Bewegung; gegen 6.30 Uhr erreichen wir den Hauptbahnhof in Ffm. der Reiseleiter trudelt ein, er und der Fahrer trinken Kaffee, ich hätte auch gern einen „den gibt's nachher, das hier ist nur Pulverkaffee", „das ist mir egal" sage ich, aber es hört mir schon keiner mehr zu und zum Streiten bin ich zu müd', gut dass ich einen Apfel dabeihabe gegen den Durst; nach und nach finden sich noch einige Personen ein, mit zehn ‚Figuren' sind wir schließlich (fast) komplett, um 7 Uhr geht's wirklich los: Richtung Kassel. Einer wird in Gießen abgeholt und um 8.30 Uhr erfolgt Kaffee- Angebot für alle gemäß Bordservice; nun keine Unterbrechung mehr außer den offiziellen Pausen: einmal 30, nochmals 45 Minuten, wir kommen flott voran, vor Helmstedt wird es interessant: über eine lange Strecke bewegt man sehr viel Erde um die Autobahn zu erweitern, die vorhandenen Spuren könnten aber auch eine Aufbesserung vertragen, sie sind holprig bis stark uneben, im Gelände stehen eine Handvoll schmucker Häuser verstreut in der Landschaft, Autos davor, ein paar Kühe irgendwo dahinter - ob die inzwischen ebenfalls 'gewendet' sind? Rechts beginnt die Mauer bis zur ehemaligen Grenzstation, beides noch zum großen Teil erhalten wie kurz vorher der Wachturm links; auf derselben Seite dann eine eckige Säule mit Loch oben in der Mitte, das früher mit dem DDR-Emblem ausgefüllt war, die Darstellungsart erinnert mich lebhaft an Russland, beim Überfahren der Grenze habe ich immer noch ein beklemmendes Gefühl; Mittagessen in der „Raststätte Helmstedt" die beinahe gähnend leer ist, ein hübscher Bau, vorzügliches Essen, aber leider brennt nur die Sonne heiß! Auf der Weiterfahrt gibt es viele Ortschaften mit -leben am Ende: Eisleben, Irxleben z. B., mehr Kleintransporter und Lkws sind von Ost nach West unterwegs als umgekehrt, auffallend mehr, ein Transporter aus Kasachstan ist dabei, jedenfalls steht's drauf; rechts liegt Magdeburg - sieht aus wie Moskaus Satellitenstädte: Betonklötze als Hochhäuser allerdings mehr breit als hoch, in der Magdeburger Börde nahe dem Mittelandkanal geraten wir in ein Stäuchen, über die Elbe wird eine neue Brücke gebaut und die alte marode demontiert, wir passieren die „Raststätte Buckau" ein ansprechendes Holzgebäude, sehr schön und sehr voll: Lkws, Pkws, etliche Polen; es nieselt, um die Abfahrt nach Brandenburg herum erstrecken sich auf beiden Seiten der Autobahn ausgedehnte Wälder, zudem wird links und rechts gebuddelt, die Sonne scheint wieder, einige große Betonpfeiler stehen im Gelände - ob das Hochbahnen geben soll? Erdberge deuten auf den Neubau von Autobahnen hin, rundum im Blickfeld Autobahnen, Autobahnen, der Bus trostert ständig, oh diese Plattenfugen! Auf der Avus fahren wir zur Stadt, rechts stand früher als Wahrzeichen ein russischer Panzer, er wurde durch einen Bagger in pink ersetzt, Abfahrt Wilmersdorf, der „Funkturm" anlässlich einer Ausstellung gebaut kommt in Sicht; „Internationales Kongresszentrum", „Deutschlandhalle", Kurfürstendamm, „Europa-Center", „Kaiser-Wilhelm-Gedächtniskirche"; Fahrstreifen für Busse, Taxis, Fahrräder; Tauentzienstraße die Fortsetzung vom „Ku'damm", „KaDeWe" = Kaufhaus des Westens der „Freßtempel", u. a. mit 400 Brot- und 1 500 Käsesorten, -zig Arten Cervelatwurst und Salami etc. heißt es; am Postmuseum überqueren wir die Grenze zwischen Schöneberg und Tiergarten: die Siegessäule darauf die „Goldene Elsa" oder „Goldelse", benannt nach der Frau des Bildhauers, beidseitig großflächige Tiergarten-Parks, waren früher einmal Jagdgebiet. **Berlin** hat eine Ausdehnung von 820 km², 3,5 Millionen Einwohner, 1 700 Brücken - nur Hamburg hat mehr europaweit; Wahrzeichen der Stadt ist der Bär, stammt von dem Askanier „Albrecht dem Bären", 1100 bis 1170 dem Begründer der Mark Brandenburg; auf der Straße des 17. Juni kommen wir zum „Brandenburger Tor" mit der Quadriga die in unsere Richtung nach Osten schaut; Gebäude werden entkernt, also innen modernisiert, geradeaus der „Palast der Republik" oder „Palazzo Protzo", rechts die Stasi-Zentrale, beide Bauten stehen leer, Asbestprobleme sagt man; „Rotes Rathaus", wegen der roten Klinkersteine so genannt, in das der 'Regierende Bürgermeister' inzwischen eingezogen ist; „Alexanderplatz" für uns um 15.15 Uhr Endstation: „Forum-Hotel". Ich frage den Reiseleiter nach dem Museum in Dahlem das mich interessiert und einem Stadtplan, seine Erklärung das könne ich alles im Hotel erfahren bzw. bekommen finde ich nicht besonders originell, aber - erst mal den Zimmerschlüssel der eine Code-Karte ist, 37 Stockwerke gibt es hier mein Zimmer liegt im 18ten, als ich die Tür hinter mir schließe begrüßt mich der Fernsehapparat mit Namen und „Herzlich willkommen, bitte drücken Sie die OK-Taste" - bin müde, verschwitzt, möchte duschen - wo ist diese verflixte Taste, die Wiederholung der Aufforderung in Englisch hilft mir auch nicht weiter, am TV-Gerät ist ein Knopf, nichts tut sich, daneben zwei kleinere für laut und leise, zwei kaputte - wo steckt denn die Fernbedienung? Auf der Rückseite abgelegt in einer Rille, nur finde ich die blöde Taste nicht, ohne Brille schon gar nicht, Tasche durchwühlen, Brille auf - ich seh' keine entsprechende Taste, also anrufen, fragen, „die hellblaue auf der Fernbedienung", „danke", die Buchstaben auf den Knöpfen sind so abgegriffen dass ich sie auch mit Brille nicht entziffern konnte, endlich ist das Problem gelöst und ich wage zu duschen ohne die Sorge irgendein Kontrolleur stürze herein um den Einbrecher dingfest zu machen; das Hotel, ehemaliges Quartier von Funktionären erinnert mich wieder an Moskau, schon wegen der Fenster, ein sehr schmaler und ein breiter Flügel die man hier allerdings beide nicht öffnen kann, sie setzen sich in einer Glasscheibe fort die fest mit der Mauer verbunden ist, also nichts mit Frischluftzufuhr, zur Lüftung bleibt an der Unterseite ein daumenbreiter Schlitz frei an dem sagenhaft schmutzigen Fenster – na also doch Sicherheitsmaßnahmen, ich wollte mich schon wundern! Kleiderschrank, Nachttisch, Schränkchen sind ohne Tür, Klappe oder Schublade völlig offen - das hab' ich noch nie geseh'n, außerdem ist der Platz spärlich, wenn man zwei bis drei Wochen bleiben wollte hätte man Probleme; was für ein klobiger Wasserhahn, das Duschgerät ist ähnlich klotzig und ein leicht rutschiges Porzellanbecken vermittelt Unsicherheit; erfrischt und umgezogen, Strümpfe aus, erster freudiger Orientierungsblick! Ich erhalte von dem sehr freundlichen und geduldigen „Concierge" einen Stadtplan, zwar in Englisch aber egal und auf einem Extraplan der U- und S-Bahnen ist zu ersehen wie ich zum Museum in Dahlem kommen könnte: „Wie weit ist das von hier, wie lange wäre ich unterwegs?" „Zum Völkerkunde-Museum? Mindesten 1/4 Stunde brauchen Sie für einen Weg", ‚meine Felle sehe ich davonschwimmen' zumal ich nicht sicher sein kann auf Anhieb die richtige Verbindung zu finden, denn am Wittenbergplatz müsste ich umsteigen; der Reiseleiter hatte empfohlen mit dem Bus 100 bis zum inzwischen ‚drogenbereinigten' Bahnhof Zoo zu fahren und einen Ku'damm-Bummel zu machen, ich will erst einmal die nähere Umgebung kennenlernen, über den „Alex" spazieren – gedacht getan: Springbrunnen in der Mitte, Arkaden um den Platz herum mit Bäcker, Lebensmittellädchen, kleinen Gaststätten, Platz durch Menschen belebt, bunt gemischt, ausgeflippteste Typen darunter, es ist warm, die Leute sind friedlich, vergnügt, es macht Spaß sich zwischen ihnen zu bewegen, laufe in Richtung „Rotes Rathaus", Relief dort besteht aus Handwerk-Motiven; auf dem Platz davor der „Neptunsbrunnen" zwischen Rathaus und „St. Marienkirche"; gehe Unter den Linden weiter: Bebelplatz, wo 1933 die Bücherverbrennungen stattfanden, in den Boden eingelassene Tafeln erinnern daran, „Hedwigskirche", „Friedrichswerdersche Kirche", innen Skulpturen von 'Schinkel' besagt ein Werbeband - jetzt ist sie zu; überhaupt viele schöne Skulpturen an Gebäuden oder solo aber auch verschmutzte Löwen, „Gendarmenplatz" oder „Platz der Akademie", Doppelbezeichnungen wie in St. Petersburg; „Deutscher Dom" abgesperrt, wird restauriert, im Winkel dazu Schauspiel- bzw. Konzerthaus - es ist wohl beides, davor mitten auf dem Platz: Schillerdenkmal; gegenüber dem „Deutschen" der „Französische Dom" beide nach dem Vorbild der Kirchen am 'Piazza del Popolo' in Rom gebaut, im Turm des „Französischen Doms" führen 254 Stufen zur Spitze - selbst die Aussicht auf einen wunderschönen Rundblick kann mich nicht mehr zu dieser ‚Heldentat' verlocken, der Dom ist etwa 61 m hoch, seine Kuppe misst knapp 10 m, Größe der Goldfigur darauf welche die triumphierende Religion symbolisiert fast 6 m: Hugenottenmuseum und -bibliothek befinden sich darin und ein Restaurant; Rückweg über die Französische Straße seitlich am „Palazzo Protzo" vorbei und der ehemaligen Stasi-Zentrale die mit großen rechteckigen Metalltafeln geschmückt ist: auf einer Seite verkündet 'Karl Liebknecht' dankbar lächelnden Leuten den freien Sozialismus, auf der anderen steht die Überschrift: Sozialistische Menschen lieben den Frieden - oder so ähnlich, dazu großes Marx-Portrait und Menschenpulk zum Teil mit Gewehren; jetzt hab' ich Hunger es reicht, beim ‚Türken' hole ich mir einen gemischten Salat und zwei Fläschchen Wasser, ersteren da ich von der Suppe im Rasthaus noch ein Brötchen habe, außerdem Obstreste von daheim - und das Wasser weil ich sah was es im Hotel kostet, in meinem Zimmer steht zwar ein vielfältig bestückter Kühlschrank, doch den meide ich - wie immer, egal wo ich bin, Geschenke mache ich gern Einzelpersonen aber nicht Hotels. - Die Nacht war stickig warm, zudem erhellten die riesigen Neonröhren auf der Baustelle "Potsdamer Platz" den Raum, ich schlief trotzdem ganz ordentlich dank Ohropax und Augenklappen, ohne geht's auch in den folgenden Nächten nicht. 8.30 Uhr fängt die Stadtrundfahrt an, also 7 Uhr raus aus den Federn, Frühstück im 2. Stock: Raumart kommt mir bekannt vor, hier zwar aufgelockert durch kleine Tische aber sonst 'Bahnhofshalle mit Podest' und dieses 'Geschwewell' - man versteht ja sein eigenes Wort nicht! Das Buffet ist recht gut bestückt, von Müsli bis Brot gibt's alles, die Vielfalt hält sich in Grenzen, ich nehme mir kleine Brötchen, Butter, Marmelade - aus Töpfen in Porzellanschälchen zu füllen, überbrühe einen Tee, die Durchgänge an den Buffet-Tischen sind sehr eng, es ist eine Kunst mit Teekanne und Teller auf dem das Ausgewählte hin- und herrutscht, ohne Verluste und Verbrühung bis zum Sitzplatz zu gelangen, ich übe jonglieren und - mir boxt man nicht so leicht ein Brötchen vom Teller! Pünktliche Abfahrt: das „Rote Rathaus" wurde 1861 gebaut, die „St. Marienkirche" ist die älteste Berlins, für den „Berliner Dom" war die 'Peterskirche' in Rom Vorbild, 1894 fertiggestellt als Begräbnisstätte für Fürsten und Grafen von Hohenzollern; Schinkelfiguren auf der Schlossbrücke, rechts „Zeughaus" und Wache mit 'Pieta'; Berlin hat ca. 150 Theater, 8 Tageszeitungen - zu Glanzzeiten waren es 40 und eine Menge Parks und Seen, die Stadt entstand ja nicht 'en block' sondern wuchs durch die Eingemeindung der Vororte, z. B. Wilmersdorf, Zehlendorf und man war klug genug Freiräume zu erhalten, nicht zu verbauen; Kongresshalle oder Haus der Kulturen der Welt oder „Schwangere Auster", „Schloss Bellevue" Sitz des Bundespräsidenten, Potsdamer Platz größte Baustelle Europas, Kulturforum mit u. a. der Philharmonie, Landwehrkanal. Links geht's nach Kreuzberg, aus der längsten Straße der „Potsdamer" verschwand das Nachtleben fast völlig, hat sich verzettelt, früher war es hier komprimiert zu finden; legendärer Sportpalast - abgerissen zugunsten von Appartement-Blocks, häufig Grünstreifen mit Bäumen zwischen den Richtungsbahnen, „Hertie" und „Karstadt" je Viertel, „Schöneberger Rathaus", Martin-Luther-Straße, Wittenbergplatz, Ku'damm - „Ku'dorf" mit 20 unterirdischen Lokalen, auch Knast" und „Klo" und einem darunter mit allen Biersorten der Welt, Spezialitäten-Restaurants und Fußballerkneipe - alles da; überall Ausbau der U- und S-Bahnwege, alte vergammelte Reichsbahn-Waggons fahren noch, Erneuerung sei nur in Verbindung mit dem gesamten Streckennetz möglich; der 1844 eröffnete Zoo soll der artenreichste sein, im Osten auch einer - vieles entstand aus Prestigegründen ein zweites Mal; Universitätsgebäude und Mensa, Ernst-Reuter-Platz, „Schillertheater", „Deutsche Oper" an der Charlottenburger-Straße oder „Straße des 17. Juni" oder Bismarckstraße oder ... Der SFB kämpfe ums Überleben, es gehe ihm sehr schlecht wegen erheblicher privater Konkurrenz im Radio- und Fernsehgeschäft; das Berliner Leben beginnt um 9.30 oder 10 Uhr wenn die Läden öffnen, Theodor-Heuß-Platz, Olympiastadion: die Hälfte der Besucherplätze ist unterirdisch, vom Olympiaturm schöner Rundblick über die Stadt, zu erreichen per Aufzug und dann auf einigen Stufen bis zur Plattform, Glocke mit der Inschrift: „Ich rufe die Jugend der Welt" von

Olympiade 1936, Reitanlage mit natürlichen Hindernissen, Waldbühne, Schwimm- und Hockey-Stadion, Jesse-Owens-Allee - großzügige Rasenflächen umgeben von Baumbestand, Haupttor des Olympiastadions gegenüber Marathontor mit Turm; „Schloss Charlottenburg", Baubeginn 1695 durch ständige Anbauten heute 505 m lang, auf der anderen Straßenseite das „Ägyptische Museum" darin die Nofretete - für uns kurzer Aufenthalt? Raus auf die Straße, schnell am Schloss entlang um wenigstens einen gewissen Eindruck zu haben, 15 Minuten vor 12 Uhr müssen wir am Bus sein der uns zu einem „empfohlenen" Lokal bringen will; ich lauere auf das 'grüne Männchen' und eile hinüber zum Museum, trotz Ankündigung ruft mir der Reiseleiter die Uhrzeit nach - weiß ich doch! Sehe die 'Nofretete' - sie ist wirklich wunderbar die Farben sind viel zarter als auf Bildern, für einen Saal in dem hohe Säulen stehen und schöne Statuen bleibt mir noch Zeit - mehr nicht. Die Fütterungsabfertigung in der Gaststätte dauert arg lang, 1 1/2 Stunden verplempert und noch Stippvisite bei „Karstadt" um die Zeit bis zur Abfahrt auszufüllen (?), wieder einsteigen, Ziel Anlegestelle der „MS Spree-Krone" zwecks Schiffstour auf der Spree; 14.30 Uhr legen wir ab, Spree-Kreuz: Landwehr-Kanal - ohne Leiche, Hansa-Viertel, hier standen einmal die Borsig-Werke, heute erinnert nur noch eine Kneipe dieses Namens daran; "Frauenhofer-Institut", links Spreebogen-Center früher Bollenmeierei, rechts Haus des Grafen Stauffenberg ein großes hübsches Gebäude aus Klinkersteinen; Moabit: sehr viele Brücken, alte Hugenotten-Siedlung, erneut Schloss Bellevue, im großen Tiergarten, der „grünen Lunge", haben die Berliner direkt nach dem Krieg Gemüse gezogen, „Auster" mit Glockenspiel-Turm von Mercedes - im Abstand von zwei Stunden gibt's Musik, auch als wir vorbeifahren; „Charité" auf der linken Seite der Spree, früherem DDR-Gebiet, in der Mitte des Flusses verlief die Grenze, am Ufer ein Schild „Baustelle" - sehr sympathisch, wer weiß was da vorher stand! Bahnhof Friedrichstraße ehemaliger Kontrollpunkt für Fußgänger, „Tränenpalast", „Trichter" war Stammkneipe 'Berthold Brechts', Friedrichskasernen, die der 'Langen Kerls', Museums-Insel geradeaus darauf „Bode- und Pergamon-Museum", an der Mühlendamm-Schleuse werden wir um 1,40 m angehoben auf Ober-Spree-Niveau, Hafen mit alten Schiffen; die „Kaiser Friedrich" fährt an uns vorbei - viele Brücken sind extrem niedrig, zur Durchfahrt klappt sie den Schornstein herunter, bei uns wird die Kommandobrücke eingezogen - einen Hund regt das furchtbar auf, recht hat er, Geräusch erschreckend; das Museumsschiff „Heinrich Zille" zieht vorüber, Oberbaumbrücke mit ‚russischen' Türmen 1896 gebaut, dahinter der Berliner Osthafen - Wendepunkt: rechts letztes Stück der Mauer, zwischen ihr und dem Wasser war die illegale Wohnwagen-Siedlung die vor kurzem geräumt wurde, alte Eisenbahnwaggons, Lkws und -anhänger, Holzhütten etc.; Hauptbahnhof zur Zeit im Um- bzw. Ausbau, hölzernes Bahnwärterhäuschen in weinrot hat weiß-rote Streifen an den Seiten, schwarzes Dach; auf nahem Gartengelände ein Wohnhaus, daran ein Schild: „Bitte füttern", drei Glasfassaden-Gebäude in Schiffsform von türkisfarbenen Metallbändern in Etagen geteilt - sieht sehr schön aus; goldene Kuppel der Synagoge kurz sichtbar, wurde in der Reichskristallnacht nicht zerstört sondern später durch Bomben, steht im Oranienviertel, dort auch jüdische Restaurants; Museum für Verkehr und Technik, Gedenkstätte für die Fluchtopfer an der Spree:

Ertrunkene, Erschossene - auch Grenzsoldaten insgesamt 588 Menschen, der Fluss ist hier besonders schmal, von Ufer zu Ufer reichen fünf bis sechs Schwimmstöße, für manche damals sicher Tantalusqualen! ‚Baustellen-Stau' auf dem Wasser, die Spree war umgeleitet das wird jetzt beseitigt, älteste Brücke in warmem braunrotem Farbton wie die Charité, Glasgebäude ehemals „Bolle", Michael- und Lessing-Brücke, „Heilandskirche", ein Klinkerbau also aus roten Tonziegeln mit ‚Grünspan'-Dächern, allerdings in recht hellem Grün; 17.55 Uhr ist die Fahrt zu Ende auf der man außer Informationen auch Getränke aller Art, Würstchen mit Brötchen, Kuchen und Torte erhalten konnte; als wir zum Treffpunkt mit dem Bus laufen bestätigt sich meine Vermutung - es ist die gleiche Stelle wie mittags, vor dem Schloss Charlottenburg! Ich bin traurig und ‚sauer', hätte mir das jemand gesagt, wäre mir das Mittagessen doch egal gewesen, fast zwei Stunden hätte ich im Museum bleiben können, welch verpasste Chance! Auf der Rückfahrt zum Hotel am Theater des Westens vorbei, Parkanlagen mit hübschen Winkeln, Blumenanpflanzungen, Springbrunnen, außer U- und S-Bahnen fungieren auch Doppeldeckerbusse als öffentliche Verkehrsmittel; wir nähern uns dem Fernsehturm, von der Sonne angestrahlt formt sich auf dem Kupfermantel ein Kreuz - die West-Berliner nannten das „die Rache des Papstes am Kommunismus". In der DDR war vieles preiswert, aber beispielsweise für die Erhaltung des S-Bahnnetzes oder die Modernisierung von Wohnbauten wurde wohl nichts getan, die Fassaden in den Hauptstraßen sehen noch recht gut aus, sobald man jedoch durch Seitenstraßen geht wird's auch außen schrecklich, zum Teil sieht's da noch aus wie nach dem Krieg, manchmal ‚lässt Potemkin grüßen'. Unser Reiseleiter hat uns mittags verlassen und erklärt, der Fahrer übernehme das Weitere, für morgen steht Potsdam auf dem Programm, der Busfahrer eröffnet uns es gäbe da einen Reiseleiter der morgen einen freien Tag habe, für 50.- DM würde er uns begleiten wenn wir wollten, 5.- DM pro Nase seien doch nicht viel, er könne nicht wie dieser Kenntnisse vermitteln - alle einverstanden? Alle - nur ich nicht, „da lege ich die 5.- DM eben drauf" meint er zu mir gewandt pikiert, Getuschel fängt an, eine Dame hinter mir „es gibt Studenten, die sich etwas verdienen möchten" „oder Arbeitslose, die froh sind für ein paar Mark" - da platzt mir der Kragen: „Moment, er hat gesagt dass es sich um einen ausgelernten Reiseleiter handelt mit fester Anstellung, der einen freien Tag hat!" Stille, Fahrer „ja das ist richtig, aber dem wäre es langweilig hier", Dame zu mir „na ja wir können ja nochmal abstimmen" - zu spät der Busfahrer telefoniert bereits per Handy mit dem ‚Kumpel' und sagt ihm zu - betretenes Schweigen ringsum; nach dem Aussteigen setze ich mich in Richtung „Berliner Dom" in Bewegung, erbaut auf dem Gelände eines 1297 gegründeten Kapuzinerklosters, er ist offen auch die angeschlossene Tauf- und Traukirche, einem schlauen Menschen ist es gelungen den Dom als Kulturdenkmal unbehelligt durch die DDR-Zeit zu bringen, Spruch über dem Eingang am Lustgarten: „Setzet eure Hoffnung ganz auf die Gnade die euch angeboten wird durch die Offenbarung Jesu Christi", es ist eine evangelische wunderschöne Kirche: Gemälde der vier Apostel in den Nischen, Goldaltar, Reliefband um die Kanzel, Orgel und Gestühl aus Eichenholz, Sarkophage, herrlich verziert, einen hat man mit einem Tuch zugedeckt denke ich - von weitem sieht es so aus, es ist der Faltenwurf eines Stoffes aus

Marmor; u. a. das Grabmal eines Kurfürsten „Cicero" - wo gibt's denn so 'was, hatte da etwa ein Italiener Gefallen an einer deutschen Dame gefunden? Die Gruft zu besichtigen erspare ich mir, der Organist übt für Vesper und Gottesdienst am Wochenende, das ist ein Erlebnis besonderer Art in dieser Umgebung - leider kann ich vom Dom kein Heftchen mehr kaufen, der „Souvenir"-Raum ist geschlossen, frage einen freundlichen Menschen der mit Plastik-Namensschild am Revers herumläuft, „morgen bis 17.30 Uhr geöffnet" erfahre ich; auch das Hauptportal sehenswert mit den schönen Skulpturen, nur - wie so oft so schwarz, von Ruß?, Girlandenbeschriftung links: „Siehe ich bin bei euch bis an der Welt Ende" und die Jesus-Statue - nicht schwarz, rechts: „Unser Glaube ist der Sieg der die Welt überwunden hat"; linkerhand vom Dom steht das „Alte Museum" dahinter beginnt die Museums-Insel aber für Besichtigungen ist es zu spät, alle Museen schließen um 17 Uhr ohne Ausnahmetage - Weltstadt Berlin das verstehe ich nicht: herrliche Sehenswürdigkeiten, vielfältige Restaurants, Cafés, Kneipen, Theater, Konzertangebote und mehr - es ist alles da z. B. auch das (fast Luxus-) „Kaufhaus Lafayette", zwar um diese Uhrzeit längst geschlossen doch vorhanden; möchte ins Nikolai-Viertel, sehe mir dort die Kirche an und den Bärenbrunnen davor, ein Stück weiter kämpft der 'Hlg. Georg' mit dem Drachen - er stand einmal vorm Dom, evtl. hat man ihn zu DDR-Zeiten als 'Siegfried verkauft', ich weiß es nicht, würde aber passen; auf dem Weg zurück zur Hauptstraße "Unter den Linden" kreuze ich einen Rummelplatz, an der zweiten Bude mit gebrannten Mandeln werde ich schwach, sie schmecken wunderbar, sind gar nicht hart, die Köstlichkeit tut mir auf der Heimfahrt zwei Tage später noch gute Dienste; am „Gaukler-Treffen" vorbei - leider nicht viel davon mitzubekommen nur Randerscheinungen, Essen beim 'Chinesen', ab ins Hotel, schlafen - denkste: Abschlussfeuerwerk der Sonderveranstaltung! Natürlich hänge ich am Fenster, extra für uns so eine Show - schon toll! Eine nicht allzu lange Nacht geht zu Ende, Abfahrt nach Sanssouci: heute auch am Funkturm dem „Langen Lulatsch" vorbei und zum Teil über die Stadt-Autobahn nach Potsdam, der Wannsee Berlins „Badewanne" ist eine Ausbuchtung der Havel - nein es sind zwei, denn es gibt den großen und den kleinen Wannsee mit dem Grunewald drumherum, links „Schloss Babelsberg"; Berlin endet an der Glienickerbrücke die wir passieren, auf der anderen Seite der schicksalsträchtigen Brücke beginnt **Potsdam,** das ein russisches Viertel „Alexandrowka" und ein holländisches hat mit jeweils baustiltypischen Häusern, Friedrich der Große nahm hier Religionsflüchtlinge der damaligen Zeit auf heißt es – möglich, denn die Hugenotten holte er bewusst ins Land wie man weiß und tat damit einen guten Griff, es waren tüchtige begabte Handwerker darunter Leute mit 'Köpfchen'; **Sanssouci**: Ehrenhof, Park, Tee- und Drachenhaus, Orangerie, Windmühle; Schloßbesichtigung: Rocaille, französich = Muschelwerk, daraus entstand das Wort Rokoko, kleiner Empfangsraum mit bemalten Säulen aus Gips (?), eine kleine Galerie enthält Bilder französischer Maler die das höfische Leben zum Thema haben, 2 000 Bände wertvoller Bücher umfasst die Bibliothek Erstausgaben darunter; ein kleiner fast runder Raum mit besonders geschmackvoller Holztäfelung und -verzierungen, teilweise blattgoldbelegt, der Aufenthaltsraum Friedrich des Großen, nach dessen Tod sofort klassizistisch verändert, zum Teil traf es auch das Mobiliar - seine Statue mit den beiden Windspielen

„Alkmene" und „Hasenfuß" ist aber u. a. noch vorhanden, sein Schlafgemach schließt sich an, danach verschiedene Gästezimmer, Fensterbänke aus weißem Marmor, Türen: bemaltes Holz, Ornamente mit Blattgold belegt, teilweise Seidentapeten; Musikzimmer: die Spiegel darin dienten der Erhellung des Raumes um für abendliche Konzerte bei Kerzenlicht die Noten besser lesen zu können, wurde manchmal auch als Speiseraum benutzt wegen des Kamins, der allerdings nicht der einzige ist; kleiner Empfangssaal à la Pantheon; Marmorsaal mit Glaskuppel, Monolithe von Carara als Marmorsäulen, Marmorverkleidung der Wände, Fußboden mit Einlegearbeiten, Zugang von draußen durch ein schmiedeeisernes, goldverziertes Tor, über den Ehrenhof oder durch das Vestibül - Ablauf der Empfänge vorstellbar; Chinesisches Zimmer: hellblaue Bezüge der Polstermöbel, Wandmalereien chinesischer Motive in rosé und gold; blau-weißer Raum mit Sternen-Parkett, rot-weiß gestreiftes Zimmer mit Bildern von 'Panini', alles italienische Motive, Voltaire-Kabinett: Lindenholztäfelung handgeschnitzt, mehrfach überlackt; die Lüftung ist überall vorzüglich und meistens unsichtbar, nur im Eingangsraum waren mir gleich, ganz am Anfang in der Wand jeweils rechts und links, zwei vergitterte hübsch verzierte Löcher aufgefallen - die Gemälde haben also optimale Bedingungen, nur schade dass alles so eingestaubt ist, meines Erachtens keine Frage des Geldes - oder doch? Ein Armutszeugnis bleibt's wenn man für Eintrittsgeld Touristen durchschleust, vor den Ausländern schäme ich mich, es juckt mir in den Fingern, am liebsten nähme ich ein Staubtuch ... Ein kleines feines Schloss mit gemütlichen Räumlichkeiten, der weitläufige Park darin spezielle Anziehungspunkte wie das „Chinesische Haus" und lauschige Plätzchen, insgesamt ein Ort wo „das Vergessen von Sorgen" leicht ist, Zeit müsste man haben die erholsame Atmosphäre zu genießen, statt dessen - zurück zum Bus; kurzer Halt beim „Neuen Palais" dann Vorbeifahrt am Bahnhof Wildpark zum „Ulan" um die knurrenden Mägen zu füllen, also - schnell geht's hier auch nicht, aber es schmeckt und das Junge-Leute-Personal ist richtig nett; danach auf zur Stadtrundfahrt: Wasserwerk an der Havel als Moschee ,getarnt', holländisches Viertel mit katholischer Kirche - hier gibt's wirklich alles auch ein Brandenburger Tor; Beginn der Fußgängerzone: leicht belebt, ein Funkturm, Rathaus mit Kuppelturm und 'Atlas' der die Weltkugel auf dem Rücken trägt, „Nikolai-Kirche" à la 'St. Paul's Cathedral' in London - zum Anschauen für uns 10 Minuten, fast reine Gemäldekirche, sehr schön; wieder vom Bus aus: ehemalige Filmstudios der UFA dann DEFA erneut UFA, jetzt Medienbüros und Filmmuseum. Über eine lange Brücke fahren wir nach Berlin zurück: Teltow-Kanal, Checkpoint Treptow, Rathenauplatz, ein großes Glasgebäude fällt auf in japanischem oder chinesischem Stil: letzte Etage Galerie mit roten schmalen Säulen und über dem Hausabschluss schwebend wirkendes geschwungenes Dach in schwarz, irgendwann kommen wir auch an dem Bau vorbei in dem die Stasi-Akten lagern und an der „Humboldt-Universität"; es ist erst etwas über 15 Uhr, ich wackele zum Fahrer nach vorn und bitte ihn, mich beim „Berliner Dom" rauszulassen wenn möglich - es ist, er macht's, lege meine 5.- DM hin und steige aus, verdutzte Gesichter bleiben zurück, mir ganz egal, es reicht fürs Pergamon-Museum! Wie ein geölter Blitz sause ich los und suche den Eingang, dann gibt's nur noch staunenswertes Genießen: Babylonisches Ischtar-Tor und Pergamon-

Altar, ein Weihegeschenk an Athene beeindrucken stark, weitere Stockwerke erklimme ich nicht mehr, Aufnahmefähigkeit nicht überladen, die restlichen 30 Minuten sind ‚PP' und werden zum Erwerb von Broschüren und Postkarten verwendet; zum Dom ist's nicht weit, ich bin überrascht - was eine Menschenschlange! Meine gespitzten Ohren vernehmen man stehe für Eintrittskarten an (?!), das Heidelberger Ehepaar aus unserer Gruppe kommt vorbei und schimpft über die Preise, ich sage nichts wundere mich nur, gestern wollte niemand Geld von mir - strebe aus der Schlange, an ihr vorbei, erstehe lediglich das Heftchen das ich wollte an einer anderen Kasse; Verschnaufpause an der Spree im Schatten, auch der zweite Tag ist wieder heiß, ein Stück entfernt leuchtet die Kuppel der Synagoge und ich sehe die Spitze eines weiteren Kirchturms – hingehen, betrachten? Die Uhr sagt ja, die Füße sagen nein, ich verspreche ihnen, dass sie morgen überwiegend transportiert werden und trabe los: die Synagoge ist ein imposantes Bauwerk mitten in einem Häuserblock; durch Seitenstraßen schlendere ich in Richtung Kirchturm - sogar das umgebende Gelände ist wegen der Restaurierung abgesperrt, nichts mit Besichtigung! Müde bin ich und hungrig, da fällt mein Blick auf ein Schild an einem schmiedeeisernen Arm: „Restauration No. 11", mal gucken: ein dunkler Durchgang, erreiche Tageslicht und steh' in einem Hinterhof mit Baum, Tischen und Stühlen, aus Leder- und Wachstuchresten hat man Tischdecken geschnitten und aufgelegt dekoriert mit Kerzen und Blümchen - hier bin ich genau richtig, an den Mauerwänden befinden sich Gestelle mit alten Weinflaschen und Hufeisen, darauf Zinngeräte; es gibt sogar eine „Bar": Fass mit Schirm, von Hockerchen umgeben, alles ein bisschen wacklig aber liebevoll zurechtgemacht; Spargelsuppe, Kartoffel mit Quark schmecken prima und die Bedienung ist wieder so ein goldiges Mädchen, diesmal ein ‚Sexy Hexi'; vor mir sitzt ein junges spanisches Pärchen, die anderen Gäste stammen offenbar aus der Nachbarschaft, gehören zu den Stammkunden, von den Gesprächen bekomme ich zwangsläufig etwas mit: die Menschen kämpfen sich durch 'die Wende', russischer Einfluss macht sich in der Umgangssprache bemerkbar, wie bei uns der amerikanische, sicher hat auch sonst noch einiges ‚abgefärbt', wir kennen das aus eigener Erfahrung; gelegentlich stecken ein Paar Touristen den Kopf in den Hinterhof schütteln dann denselben und verschwinden wieder - die versteh' ich nicht. Im Hotel überlege ich: es wäre schön, einen Abschiedsblick auf das nächtliche Berlin zu werfen etwas umfassender als vom eigenen Fenster aus, im 37. Stock befindet sich ein Spielkasino das wie erwartet nur einen Teil der Fläche einnimmt - die abendlich erleuchtete Stadt liegt mir zu Füßen! Für ihren Umbau bemüht man die besten Architekten der Welt warten wir auf das Ergebnis in einigen Jahren, im Moment stolpert man von einer Baustelle zur anderen. - Auf der Heimfahrt ein letzter Blick: ein Haus, Etagenabsatz erikafarben und dunkelblau, wenn sie so weitermachen wird's auch farblich schön; bei Königslutter fällt mir die sattgelbe Erde auf, aber Safran im Boden gibt's ja nicht - unser ‚Schlaumeier' hat sich verfahren, ist in Richtung Frankfurt/Oder abgebogen, na mehr wie 20 Minuten dauert der Umweg nicht - kommt wohl öfter vor; ein Stäuchen, Ansage dass wir nie länger als 2 1/2 Stunden an einem Stück fahren werden; etwa bei Magdeburg auf sehr langer Strecke große landwirtschaftlich genutzte Flächen, hübsche Seen bei Northeim - schon 4 Stunden unterwegs - man fragt, angeblich existiert bis zum „Rasthof Göttingen" kein vernünftiger Haltepunkt nur 'ne Würstchen-Bude, sagt der Fahrer, „McDonald's" sah ich und in den nahen Ortschaften ist auch nichts? Sie könnten den Verdienst doch gut brauchen, auch die „Raststätte Seesen" wirkt ansprechend und scheint nicht voll zu sein – nein, nur noch 39 km bis Göttingen und jetzt stehen wir richtig im Stau! ‚Er' macht das Radio an um sich zu informieren - schon, ich beruhige mich mit den restlichen gebrannten Mandeln und stelle fest, dass die Landschaft um Göttingen herum hügeliger wird; bis wir am Rasthof aussteigen sind seit der Abfahrt 5 Stunden vergangen, es ist 14.30 Uhr die Mägen hängen am Fußboden, voll ist's und teuer; weiter: mal Sonne mal Sprühregen, gewittrig, schöner Weitblick in die Gießener Senke, leider arg dicht besiedelt, wir fahren in die Stadt, ein Reisender ist zu Hause - glücklicher Mensch! Der Hintermann vom Busfahrer hat mit diesem ein Gespräch angefangen, dabei kommt heraus dass heute mehrere Busse dieses Veranstalters zurückkommen, aus Bregenz, Verona, Dresden, sie treffen sich auf einem Parkplatz vor dem Messegelände von Frankfurt um 18.30 Uhr, früher da zu sein hat also gar keinen Sinn deshalb nur keinen Stau vermeiden - nun hab' ich's begriffen; am Frankfurter Hauptbahnhof werden die ‚Einheimischen' ausgeladen sowie Offenbacher die abgeholt werden, der Bus aus Bregenz steht bereits am Messegelände-Treffpunkt und wir warten - eine Portion soll nach Mannheim und Heidelberg fahren die andere nach Wiesbaden und Mainz, Köfferchen ‚umtopfen' und warten - zwei Busse trudeln ein, der aus Dresden nicht, um 20.20 Uhr entschließen sich die Fahrer dazu uns weiterzutransportieren auch weil alle maulen, ich denke, hätte jemand am Bahnhof gesagt wie das laufen kann, mit dem Zug wäre man längst am Zielort! ‚Mein' Linienbus steht da wie zur Versöhnung und den einen Gutschein kann ich nun wenigstens benutzen. Schön war die Reise, ich bin dankbar so viel gesehen zu haben, wenn mir auch die blauäugigen 'Langnasen' aus den Höhlen bei Turfan noch fehlen, für sie reichte die Zeit nicht; Berlin ist eine Reise wert - aber nicht unbedingt mit diesem Unternehmen.

Provence und Camargue (Oktober 1996)

Ussi hatte seit vielen Jahren immer wieder einmal den Wunsch geäußert die Camargue zu sehen und die Pferde dort, als ihr 70. Geburtstag näher rückte und ich überlegte womit man ihr eine Freude machen könnte fielen mir ihre Nebenbei-Bemerkungen ein, die Idee besprach ich mit Rolf und Conny, meinem Sohn und seiner Frau, doch sie bezweifelten dass es eine gute sei, erklärten sich aber zur Kostenbeteiligung bereit falls meine Schwester eine solche Reise wirklich machen wolle; im Reisebüro konnte ich nur zwei diesbezügliche Vorschläge erhalten mit Berührung der Camargue, ein ausschließliches Programm dafür gab es nicht - Ussi freute sich über das Geschenk und wählte eine Reise aus, ich meldete uns an und so wurde der Plan konkret. Mitten in der Nacht geht's los, Abfahrt mit dem Bus ist auf 5.40 Uhr angesetzt, der Treffpunkt mit „Wiener Wald" gegenüber dem Hauptbahnhof angegeben, das Taxi per Gutschein musste zwei Tage vorher bestellt werden - es klappt alles wie am Schnürchen; diesmal habe ich Kaffee in der Thermoskanne dabei, wir brauchen also nicht auf das erste offizielle Angebot zu warten, eigentlich sind wir noch müde hätten gut noch ein Stück schlafen können; die Autobahnstrecke bis Freiburg ist keine unbekannte aber wir sind voller Spannung; **Ottmarsheim**: erste Besichtigung wegen einer wuchtigen Kirche mit hohen Gewölben, Ussi nimmt Kontakt mit einer Katze auf, Verständigungsschwierigkeiten gibt es offenbar nicht aber wir sind auch noch im Elsaß! Der Ort ist Wasserscheide für die Rheinarme, ein Teil fließt nach Norden und mündet in den Atlantik, andere speisen die Rhône und erreichen mit ihr das Mittelmeer; an der Straße steht innerhalb und dann außerhalb gelegentlich ein sonnenbeschirmter Tisch mit Weinflaschen oder Obst und einem Karton mit Wechselgeld wie wir es aus der Gegend um den Kaiserstuhl her kennen, wohltuend dieses Stück heile Welt; das Tal des Doubs trennt das Jura-Gebirge von den Vogesen, wir haben einen herrlichen Blick auf letztere plastisch und nah in eigenartigem Licht das Farb- und Strukturfeinheiten betont; **Belfort** im Hügelland der Franche-Comté - Teil des Jura, u. a. interessant durch ein Standbild von „August dem Löwen von Belfort" in der Festung, geschaffen hat es der Elsässer 'Bartholdi' der auch der Schöpfer der Freiheitsstatue in New York ist; rechts drei wunderschöne Teiche, noch zwei, werden für Freizeitvergnügen genutzt z. B. Segeln in kleinen Booten; **Montbehard**: Fahrrad-, jetzt mehr Peugeot-Produktion; wir überqueren einen Rhein-Kanal, immer wieder schön gemalte große Hinweisschilder auf alte Kirchen, abwechslungsreiche Hoch-Tief-Landschaft in wunderbarer Herbstfärbung, Serpentinen winden sich hinauf; also ‚heut' hatte mer kei' Witterung': Sonne und Wolken, grell hell und trüb wechselten sich ab - Sonnenbrille auf, Sonnenbrille ab, Sonnenbrille auf ... am „Aire du Boulet" fahren wir vorbei und am „Baume des Dames" - noch 30 km bis **Besançon**, dort gibt's Abendessen und traumlosen Schlaf im „Novotel". Besançon liegt in der Doubs-Schleife ist Bischofssitz und Handelsplatz, das Uhrmacherhandwerk hat wieder Bedeutung seit der Rückkehr von Hugenotten (= Eidgenossen, Verschworene) aus der Schweiz, zur Zeit der Vertreibung flüchteten viele von ihnen über den nahen Jura, doch - vor näherer Betrachtung gibt's erst mal Frühstück im „Novotel": 1 Brötchen, 1 Mini-Croissant, 1 ebensolches Schoko-Wickelchen - nicht gerade begeisternd! Unsere Gruppe besteht aus 17 Leuten und Ussi stellt an diesem Morgen messerscharf fest, alle sind sehr zweckmäßig angezogen: lange Hosen, Pullover, Jöppelchen, niemand dabei der besonders aufgetakelt wäre; wir sehen die Zitadelle oberhalb der Stadt, eine riesige Anlage mit mächtigem Bauwerk, sie sprengt alle Erwartungen und lässt erahnen was sonst noch auf uns zukommt, stammt aus dem 17. Jahrhundert und von Sebastian le Prestede Vauban, der Triumphbogen ist aus dem 2. und die gotisch-romanisch gemischte „Cathédrale St. Jean" aus dem 11. bis 13. Jahrhundert, der Glockenturm hat ein Dach mit buntglasierten Ziegeln, typisch für Burgund; wir fahren nach Lyon, dafür wird die Saône überquert die Ausbuchtungen aufweist - oder sind es Teiche die auflockernd die Landschaft verzieren? Nebelschwaden bedecken das Tal, oben ist der Blick frei auf das schöne Panorama eines Teils des Massif de Serre die Lyonai; es geht etwas bergab, rechts ist die Abzweigung nach Paris, Dijon hatten wir bereits hinter uns gelassen, Hügelketten begleiten uns in drei Linien hintereinander, die Fernsicht ist phantastisch! Am Rain sitzt eine lustige Bübchenfigur und zeigt mit dem Finger auf die „Eglise Roman", sehr bald turnt eine zweite zwischen Morscheln, danach hängt die dritte in der ‚Mittelschwebe' beim Handstand auf einem Fliegenpilz und da ist er - der Kinderspielplatz, ausschließlich mit Pilzgeräten ausgestattet; wir fahren am Macon vorüber, erneut an einem hübschen Teich mit Inselchen, Ussi füllt ihn mit Forellen; diese Hinweisschilder sie begeistern: groß wie Plakate, schön und informativ; passieren nun u. a. **Cluny**, dunkle Gewitterwolken hängen in der Ferne, links glänzt ein Fluss im Sonnenlicht, rechts geht der Blick zum „Opferfelsen", einem breiten Bergrücken mit spitz zulaufender Felsnase wie eine Muschelhälfte die eine steil abfallende Abbruchkante in der Mitte hat; oft kreuzen Raub- oder Greifvögel unseren Weg, hier existieren noch Reviere für sie, geringe Besiedlung, hie und da ein Bauernhof, nur in größeren Abständen eine kleine Ortschaft mit ebensolcher aber kompakter Kirche in romanischem Stil und einer „Cafeteria" oder dem Hotel „Campanile" - wo befinden wir uns eigentlich, Sprache und Geld jedenfalls sind französisch; wir verlassen Burgund und kommen ins Departement du Rhône, wieder eine Bergkette als Begleiter, rechts großzügige von Pappeln umsäumte Wasserfläche, ein ganzes Wäldchen dieser Bäume läuft von der „Brest'chen Geflügelzucht" weg, Artischocken wachsen hier und links bringt die Sonne einen Teich zum Glänzen; Schilder auf der Autobahn weisen auf die Geschwindigkeitsbeschränkung hin: 130 km/h darunter eine Wolke aus der es regnet, sie ist mit 110 km/h beschriftet - nette Idee versteht jeder; weniger nett die Péages Mautstationen, ich habe sie während der Reise nicht gezählt aber es waren eine Menge, wir erreichen eine ganz große nach der Fahrt durch die ‚Lüneburger Heide' mit gelegentlich Birken dazwischen den Knotenpunkt: Grenoble/Genf/Mailand, er imponiert, auch die Fläche hinter der Zeile von den Gebührenhäuschen - uns bewegt was ist das da links, diese Kugel auf zwei Beinen - könnte ebenso ein Pilz sein, ein Wasserturm oder ein Observatorium? Letzteres, beim Näherkommen dann Vorbeifahren bestätigt's sich und - es ist rund; Einfahrt in **Lyon** (ehemals Lugdunum) bekannt für Seidenproduktion, Textilgewerbe etc., hier wurde der bewegliche Webstuhl erfunden; rechts der Fluss, links eine schöne Kirche, Justizpalast mit über 20 Säulen - gut dass wir weiterfahren sonst würden wir heute noch zählen bei wechselnden Ergebnissen, am Ende der Halbinsel mündet die Saône in die Rhône, das Wasser hat die Farbe von hellgrünem Glas; wir fahren über einen ‚Eisernen Steg' in Windungen hinauf zur „Sacré Coer de Saint Marie" oder „Notre Dame de Fourvière" der ‚Zuckerbäckerstil'-Wallfahrtskirche aus dem 12. bis 15. Jahrhundert mit eigenem Charme und bester Aussicht über die Stadt: auf den Platz mit Reiterstandbild z. B., das höchste Hotel Frankreichs und einen Turm der lebhaft an Frankfurt erinnert; bei nun erneuter Fahrt durch die Stadt fallen an einem Gebäude dreidimensional aufgemalte Etagen-Balkone ins Auge mit handelnden Personenplastiken bestückt, der Römer in seiner Tunika auf der obersten Veranda wirkt besonders lebensecht; links nun der Place des belles Courts mit bereits erwähntem Reiterdenkmal, geradeaus Turmrest von einer Kirche, Anlass für wieder einen so be- und geliebten Kreisel. Kreisverkehr gibt es überall wo es irgend möglich ist und funktioniert hervorragend, außerdem sind die Plätze eine Augenweide in ihrer phantasievollen vielfältigen Gestaltung; wir biegen nach links ab zur Innenstadt, passieren einen Brunnen, auf steiler Höhe geradeaus steht ein Riesenrad; Rathaus rechts, Opernhaus mehr Erahnen da Seitenanblick; nach erneutem Richtungswechsel links auf dem Place de les Terreaux frontal ein großer Brunnen „Fontaine Bartholdi" mit weiblicher Statue und Pferden, Darstellungen der Rhône und ihrer Nebenflüsse - habe gerade gelernt dass es le Rhône heißt, nun rechte Kurve und Vorderansicht des Rathauses sowie Seitenansicht des Brunnens; langgezogene Marktfläche am Flussufer: Stände mit allem Denkbaren auch einem lebhaft besuchten „Marché aux Puces"; wir fahren über die Pont Bonaparte in den anderen Stadtteil zurück um die Altstadt anzusehen und fürs Mittagessen bekommen wir (knappe) Zeit, im „Papillon" schmecken uns ‚crepierte Säckchen' mit der Füllung „Geheimnis" ganz vorzüglich wenn auch deren Würzung teilweise eins blieb; Postkartenkauf erfolgt nach einem Blick zur Uhr auf die ‚Grappschmethode', das Einüben dieses Stils erweist sich in den folgenden Tagen als sehr nützlich; Fahrt hinaus, der Markt ist zu Ende, es wird alles gesäubert - und zuletzt mit Schläuchen abgespritzt haben Spuren keine Chance! Die Reiseleiterin erzählt immer mal von ausgegrabenen Altertümern, Skulpturen, Fresken, da ist nun auch ein entsprechendes Hinweisschild; trüb geworden, Sonnenbrille wegpacken - plötzlich grelle Sonne Tasche hoch Brille wieder raus, ein TGV saust vor uns über eine Brücke, für ihn wird geworben mit der Aussicht die Strecke Paris-Marseille nach Endausbau in drei Stunden zu bewältigen; großer Containerhafen und Raffinerien, Eintritts-Péage wird kassiert für **Vienne**: Römischer Tempel von Augustus und Livia, „St. André-le-Bas" Kirche älter als der romanische Kreuzgang aus dem 12. Jahrhundert; es geht an der Rhône entlang: hier eine Ruine, auf dem nächsten Hügel ein Mauerrest, dann eine alte Kirche - vermutlich ist die Landschaft gespickt mit ‚Erinnerungsstücken', das bewahrheitet sich zunehmend, dabei ist sie für sich genommen schon wunderschön mit Bergketten, Taleinschnitten und Seen; das Massif Centrale, wir haben auf mehrere Gipfelreihen einen herrlichen Blick, die erste ist ganz nah mit klaren Konturen, faszinierendes Licht- und Schattenspiel! Das Massiv besteht aus Vulkangestein, Mineralwasser existiert und Wintersport wird betrieben, **Clermont Ferrand**: Industriezentrum und berühmte Universität; Departement de Drome: „Isardrome Hotel", links Bauwerk analog 'Wetterauer Tintenfaß' (Burg Münzenberg), rechts angelegte Fischteiche dann häufig Waldstücke, auch reine Laubbaumbestände oft nur Pappeln, links hügelt's erneut in fernster Ferne, fast in der Mitte Anhöhe mit flacher Kuppe, wir fahren über eine Brücke, ein hoher Berg kommt näher, später passieren wir ihn seitlich und er entpuppt sich als langgestreckter Rücken; ‚Früchtetal' bei **Valence** dem Tor zur Provence, Brücke führt über das ziemlich ausgetrocknete Flussbett der Drome, Höhenzug rechts jetzt vorne und links von Grünbewuchs völlig überzogen – Wälder, Wälder. **Montélimar**: Spezialität Nougat (nux gatum) 'Türkischem Honig' ähnlich, jetzt rechts im Tal vier Atommeiler den typischen weißen Rauch ausstoßend, das Tal hat eine enorme Ausdehnung in Länge und Breite, liegt sehr geschützt, wenig Herbstfärbung. Mont des Baronnies links, Übergang vom Ventoux Massiv zur Dauphine über 1 000 m hoch und weit weg; Ardèche-Schlucht im Westen, rechts Reben, am Horizont wieder zwei Reaktoren, ein paar zerzauste Nadelbäume: Region Provence Alpes/Cote d'Azur/Cevennes/Mornas mit Burg auf Berg wie aus dem Fels gewachsen; im Tal, unmittelbar an der Innenseite ein Dorf mit ganz alter Kirche, Péage für **Orange** (Oranien, keltisch Arausio) Zentrum: Arena bzw. Theater aus dem 1. Jahrhundert n. Chr. mit Kaiserstatue, darunter das Königsportal, in den Wänden oberhalb die Reste viereckiger Düwelöffnungen sichtbar zur Befestigung von Skulpturen wie in Ägypten und China; Triumph- oder Stadtgründungsbogen Rückseite besser erhalten, Lamabrunnen nicht alt aber sehr vergnüglich, Aigues mündet in die Rhône; Weiterfahrt auf der Sonnenstraße zum Ventoux Massif, höchster Gipfel Mont Ventoux wie ein riesiger geometrischer Kegel zu sehen, wir werden ihn noch besuchen - von Norden nach Süden: Ausläufer stoßen ans Zentralmassiv, daran schließen sich die Cevennen an; Châteauneuf-du-Pape, Platanengalerie, immer noch eine Brücke zu überqueren, Eintrittsgebühr für **Avignon**: Stadtmauer, inzwischen nur noch 2/3 über der Erde zu sehen, stand früher direkt am Ufer, gotischer Papstpalast „Palais des Papes" aus dem 14. Jahrhundert, „Notre Dame des Doms" unmittelbar daneben zwei Jahre älter; Pont d'Avignon oder Pont St. Bénézet 1185 gebaut, die seit dem 17. Jahrhundert nur noch (berühmte) vier Bögen hat, darauf die Kirche „St Nicolas" - parallel dazu die neue Brücke Pont Eduard Daladier; sechs Übernachtungen mit Frühstück im „Mercure Hotel" stehen bevor: Zimmer in der Größe sehr unterschiedlich, Comfort erträglich, sauber, Türschlösser per Code-Karte nur mit Geduld - dann raschem Zugreifen eines robusten Handgelenks zu öffnen, schwierig für mich; ein Gespenst pfeift nächtens einen hohen nervigen Ton der das Hirn martert, wechselnde Opfer, Ussi betroffen, ich bleibe verschont; Abendmahlzeiten jeweils im „Forum": Vorspeisen und Desserts gut aber meistens lieblos angerichtet, Hauptgericht - keine Werbung für die 'Französische Küche', selbst das selten servierte Gemüse stammt aus Dosen oder Groß-Eimern außerdem - die Nudeln mit Gulasch heute Abend sind zu kontrastreich zum „Boeuf bourguignon" am Tag zuvor, der „Kir", spezieller Provence-Aperitif aus schwarzem Johannisbeerlikör und Wein, den man uns vorhin im „Mercure" kredenzte, trübt nicht diese Wahrnehmung. - Andertags: Man vertreibt uns vom Frühstücksbuffet, für die Gruppe liege die Zuteilung auf den Tellern - wie gehabt: ein Brötchen, Mini-dies, Mini-das, auf meine und die Bitte anderer hin an die Reiseleitung um zwei handfeste Brötchen anstelle der Teilchenlein bekommen wir in den nächsten Tagen ein Mini-Buffet das wenigstens die Brötchen sicherstellt; das Personal steht oft an strategisch wichtigen Punkten herum um den Nachschub an Kaffee zu gewährleisten, Ussi sagt er sei zum Aufwecken nicht geeignet, um heißes Wasser für Tee muss ich - müssen wir uns selbst kümmern, man bedient sehr distanziert; am Abend möchte ich ein Mineralwasser aus der Bar mitnehmen, Auskunft: „Sie haben im Zimmer eine Minibar", war mir noch nicht aufgefallen, gucken gehen - keine da, jetzt bekomme ich ‚unten' ein Wasser - hier im Haus gab es manches Erlebnis dieser Art die spätere Abreise eingeschlossen, schade Avignon ist soo schön! Ussi und ich schwänzen heute die Besichtigung des Papstpalastes, wir bummeln durch die Stadt, herrlich so ohne Zeitdruck, auf der Post gibt's Briefmarken nur aus dem Automaten, am Schalter „non" und - keine Nummer gezogen? Na so 'was! Briefmarkenmangel - das bei Ussis Schreibfleiß, im Tabakgeschäft haufenweise welche zu haben „pas de problème", man suche solchen Laden auf mit oder ohne Bar; „die Hallen" sind schräg gegenüber nichts wie hinein – mittelgroß, überschaubar, hauptsächlich Nahrungsmittel im Angebot meist frisch: Fleisch, Fisch, Käse, Wurst, fertige Salate und mehr, sehr appetitlich nur direkt nach dem Frühstück zu ertragen aber - wir suchen ja Honig und Marmelade und werden prima fündig; eine Stadt zum Wohlfühlen mit vielen kleinen und größeren Geschäften, kein Supermarkt weit und breit; wir sehen scheinbar wie einkaufende Omas aus mit unseren großen Handtaschen denn ein junger Mann spricht uns wegen einer Straße um eine Auskunft an und zeigt sich ganz enttäuscht darüber die Falschen erwischt zu haben; das Areal innerhalb der Stadtmauern ist nicht allzu groß, wir sind durch und landen wieder im Zentrum, dem Place de l'Horloge an dem auch das „Forum" liegt aber ebenso Rathaus, Theater, ein Kinderkarussell und das Mosaik das keiner erklären kann: in der Mitte ein Schlüssel, auf beiden Seiten je ein Drachen-Fabeltier mit Flügeln und Löwen-Hinterkeulen, das Stadtwappen kann's nicht sein das sind drei Schlüssel vertikal; Essen in der Nähe des Hotels: Ussi eine „Quiche italienne" ich einen „Plat du jour" – vorzüglich, reichlich, preiswert, ein Genuss, der richtige Auftakt für die Camargue.

Tagesausflüge beginnen: Wieder erfreut uns herrliche Landschaft am Rande der Petite Crau, mal ein kleines Mäuerchen dann behauener Fels, eine Burg, Wiesen und Äcker, auf den Hügeln oft nackter Stein; **Tarascon,** nahe der Ausläufer von den Alpilles: Schloss des „Guten Königs René" oder Burg von 1450, Maulbeerbaum-Seide, Muskatellertrauben, auf der Flussseite gegenüber „Schloß Beaucaire", Kirche „St. Martha" Bezwingerin des Ungeheuers „Tarasque", fruchtbare Gegend Gemüseanbau, üppige Blumenfelder für Parfum-Herstellung; zwei Mündungsarme der Rhône umschließen fast die Meer-Schwemmlandschaft der Camargue, zum großen Teil Brackwasser-Seen, am Rande gelegen **Saint Gilles**: Portal der aus dem Jahrhundert stammenden Abteikirche, eine Besonderheit - und die Wäsche aufhängende Frau voller Gottvertrauen auf verrosteter hoher Plattform wohl Balkon genannt! Großes weites Land: salziges Gelände mit breiten Schilfstreifen, Reisanbau, Anlegung von Kanälen zur Entsalzung des Bodens, es wird aber auch Salz gewonnen; ab und zu kleinere Häuser um ein Gutshaus herum: unabhängiger Gutshof mit allem notwendigen Personal ausgestattet, auch Handwerkern, heute meistens Weingüter; kleine Ansiedlung, immer wieder einmal

Produkt-Verkaufsstände an der Straße. Große und kleine Rhône bilden jeweils ein Delta, auf riesigen Feucht- bzw. Nassflächen stolzieren Flamingos umher sehr blass rosa - da fliegt einer auf und zeigt die ganze Pracht seines Gefieders: Innenseite der Flügel dunkelrosa dazu schwarze Schwingspitzen; Pferde und Stierherden hatten wir schon gesehen, schön dass sie wie bestellt alle erschienen sind, Merino-Schafe auch vorhanden. Paddelboot auf dem Kanal, Le Grau du Roi, Möwenschwärme; doppelte Beschriftungen auch in der ureigenen Sprache, provençalischer Stierkampf wird gepflegt: ist im Grundsatz ein Wettrennen durch die Straßen einer Ortschaft, ein Kräftemessen das damit endet einen Stier bei den Hörnern zu packen und seinen Kopf auf den Boden zu drücken was nur gelingt wenn das Tier jung ist, massenweise Züchtung von Stieren dafür, **Aigues Mortes**: im 13. Jahrhundert Kreuzritter-Hafen, Gefängnisturm, die Stadtmauer von mehr als 1 500 m Umfang umschließt heute noch die ganze Stadt, ‚Burg'-Kirche mit unpassend hässlichen modernen Fenstern - aber dem Medaillon von Saintes-Marie-de-la-Mer unserem nächsten Ziel; Mittagessen am Marktplatz mit Königsstandbild, für mich natürlich „Crêpe" darin dort übliche Füllung und darauf Spiegelei-Dekor – wunderbar; am Gefängnis Gedenkstein für die inhaftiert gewesenen Hugenotten, Ein- bzw. Ausgang ins Zentrum durchs „Martinstor": Wappen mit 'St. Martin'; per Bus geht's weiter: links länglicher Holzbau hübsch hergerichtet mit Tischchen, Stühlen, Sonnenschirm, eine einladende ‚Futterstelle', Verkaufsbude auch für Produkte der Gegend; ein paar Jäger sind unterwegs, Brücke über die kleine Rhône die beachtlich breit ist, erneut eine Holzbude mit Fähnchen geschmückt - man lässt sich etwas einfallen, Freizeitvergnügen: Ausritt zu Pferd kommerziell angeboten, große Wehrkirche geradeaus zu sehen rechts graugrün das Meer, wir erreichen **Les-Saintes-Marie-de-la-Mer** Arena und Wallfahrtskirche: Legende der zwei Marien - oder waren es drei und außerdem Martha und Trophimus und - ihrer Landung an diesem gottverlassenen Ort mit dunkelhäutiger Dienerin der Zigeunerin Sara(h), sie ist wichtig, nämlich der Grund für die Wallfahrt der Roma und Sinti hierher, Prozession und Fest jeweils 24./25. Mai, Krypta heiß von Kerzenflammen vor der Sara-Statue; Medaillon, Traubenpresse-Platz und Gaststätte „Mama Mia"; ständiger Bodenverlust an das Meer, ganz feiner Sand, viele Pallisaden dicht aufgestellt gegen den Flugsand; unterwegs häufig wie hier ‚Zieltoilette' mit und ohne Haltegriff, mit und ohne Wasserspülung, Turnübungen sind ab einem gewissen Alter ziemlich mühsam! Wir rollen wieder: eine ganze Gruppe Pferde mit Reihern auf dem Rücken, "Zigeunerwagen-Museum", Sumpf und Heide wechseln ab, Reisernte erfolgt mit Spezialmaschinen, die Fahrrinnen füllen sich sofort mit dunkelbraunem Brackwasser; rechts großer Verkaufsstand wie Halle, Pinien von exakter Pilzform in Reih und Glied oder gebündelt wie gemalt, wenig besiedelt; Stiere und Pferde ständig im Wechsel - wir kurz ungestört zu Fuß unterwegs, letztere ‚knipsen' klappt, Zuckerl geben nicht, die Zeit ist zu knapp und der Straßengraben zu tief; Himmel heute bedeckt zeitweise tröpfelt's, Sonne scheint nur kurz und versteckt sich zuletzt hinter einem Schleier; fast keine Herbstfarben, Naturschutzgebiete vorwiegend wegen der Vögel, auch die Umgebung des größten Binnensees Étang de Vaccarès, gelegentlich ein typisches Landhaus wie auf dem Hinweg, große Abstände dazwischen, wunderschöne

Landschaft: hohes kräftiges Schilf lange stabile Gräser, Pampasgras in Büscheln, Ussi entdeckt erneut eine Wachtel - Schilf und Wasser, Wasser und Schilf, Pferde, Flamingos, Reiher in Mengen, abgeerntete Felder, zum Teil abgeflämmter Ginster und leider - ein totgefahrener Biber, **Salin du Midi** (Grand Giraud): die größte Salzgewinnungsanlage Frankreichs, im Hintergrund ein Gewitter, die weißen Salzberge heben sich prächtig gegen die nachtblauen Wolken ab, enormes Gelände - es nieselt als wir wieder in den Bus steigen, Elstern, ein Greifvogel, ein ganzes Feld mit Ginster, erneut einer dieser praktischen Kreisel darin liebevoll angelegte und gepflegte Plätze, nun rechts eine Siedlung aus Häusern gleichen Stils, Gewächshäuser, zwei Pferdekutschen, jetzt tauchen am Horizont erstmals wieder Berge auf; nochmalige Durchfahrt von **Bauce Beaucaire** mit Stierdenkmal, die Staumauer überqueren wir da wo der Gard in die Rhône mündet, bei hohem Wasserstand bedecken Schaumkämme eine große Fläche, die Umrisse von Avignon kommen in Sicht – essen, duschen, schlafen. - Heute Morgen zwei Brötchen und erneut hinein in den Bus - auf nach **Arles,** griechisch Arelate, römisch Colonia Julia Paterna Arelate Sextanorum genannt „Gallisches Rom“: Arena aus dem 2. Jahrhundert v. Chr. der Zeit der Stadtgründung, Fassungsvermögen heute 25 000 Zuschauer größtenteils dank eingebauter Sitzreihen auf Metallgestellen, wirkt arg entstellt, wird für Stierkämpfe benutzt; Stadt war gleichzeitig Festung, auch Zufluchtsort, Obelisk am Place de la République Relikt des römischen Zirkus: **St. Trophime**: Gobelin-Kirche aus dem 11./12. Jahrhundert, Kreuzgang mit zwei romanischen und zwei gotischen Galerien, reizvolle Ausblicke aus den Fensteröffnungen, schräge tribünenartige Steindächer, antikes Theater für 10 000 Besucher; Ort steht auf felsigem Untergrund, auffällig an Gebäuden filigrane schmiedeeiserne Stützpfeiler für Balkone oder entsprechende Umrandungen, 1944 ein Hauptkampfplatz in Brückennähe - Gedenkstein, hohe Brückenstützen mit wundervollen Löwen, Besichtigungsbähnchen wie in Besançon, Fest der Rinder, Foto-Tage: 'Van Gogh' äußerte, hier sei das Licht am schönsten, bekanntes Gemälde der 'Brücke von Langlois' - sie für uns in natura verbunden mit einer Suppenpause; schroffe Felsen, grauer Stein sonst gemischte Landschaft, „Les Alyscamps“: von Römern angelegter Friedhof, oktogener Glockenturm von „St. Honorat“, 1170 wurde mit dem Bau der Kirche begonnen sie danach häufig an- und umgebaut, hübscher Wasserspeier; Fahrt zur ehemaligen Benediktiner-Abtei „Montmajour“, links duscht ein blauer Elefant - Auto-Waschanlage; breites Tal zwischen einem felsigen und einem bewaldeten Bergrücken, diese Abtei wurde wie viele alte Gebäude von nachfolgenden Generationen als Steinbruch benutzt, besonders deutlich zu erkennen an einer Treppe die ins Leere führt, Wehrturm durch Restaurierung erhalten, Kreuzgang - Interesse für die Altertümer weckte Victor Hugo durch seine Romane, das trug Früchte die wir jetzt bewundern; in dem Dorf **Fontvieille** steht die Büste des provençalischen Schriftstellers 'Daudet' u. a. berühmt geworden durch seine 'Briefe aus der Mühle', diese oder eine ähnliche befindet sich nahebei, doch das Werk wurde in Paris verfasst - aber die Mühle ist hübsch und dient als ‚Erinnerungs-Aufhänger', ein Stier ersetzt auf ihr den Wetterhahn; Steinbruch, Fasan, Zypressen und Häuser - noch ‚italienischer' als sonst, **Maussane des Alpilles**: Ort mit ‚italienischer Kirche' und im Turm frei schwebender Glocke, **Les Baux** abgeleitet von Bauxit: Wehrfestung, exponierter Felsbrocken der Alpilles mit steil abfallenden Kanten zur Grand Crau, früher Sümpfe nun Ebene; zum Val d' Enfèr und dem Vallée de la Fontaine, Karstschluchten die nur von einer Seite her zugänglich sind, Sarazenenturm, gewaltige Ruinen der „Toten Stadt", streng asketische Karthager gründeten sie, bauten dicke Mauerwände wie so häufig, war dann Hugenottenzuflucht, auch in den Felsen ringsum Öffnungen von Menschenhand - bei der Besichtigung bläst uns beide der Mistral auf dem großen Plateau fast von den Füßen aber wir haben ja viel Bodenhaftung; kleiner Ort unterhalb der Ruinen, wir sind durstig und suchen ein Café - Seitenstraßen sind immer gut, ein Schild verheißt Erfolg, durch den Eingang des schmalen Reihenhäuschens betreten Ussi und ich ein Boutique-Lädchen, die Wendeltreppe dort führt nach oben in einen Raum, rechteckig wie ein Badetuch, urgemütlich; Rückfahrt durch die „Kleinen Alpen" das halbhohe Kalksteingebirge mit ausgewaschenen interessanten Höhlen, nach jeder Biegung neuer Anblick anderer Formen dann wird es flacher: Schilf, Pampasgras, Pinien, heute ist aber die Landschaft überwiegend von Zypressen geprägt, oft in gerader Linie als Ackergrenze angepflanzt; Bergkette geradeaus verrutscht nach links, Hügel kommen ganz nah heran, nach Hauptstraßen-Kreuzung und Abbiegen Richtung Avignon Herbstfarben und üppige Beerenrispen in rot und gelb. - Bereits ab dem zweiten Reisetag schlich ein ‚därmlicher' Infekt durch die Gruppe, mich traf's nicht dafür leistete ich mir einen Rheumaschub mit ‚aufgeblasener' Schulter - alles wurde lebend überstanden gelegentliche Dezimierung ergab sich nur beim Abendessen, Ussi zog zweimal das Bett der langwierigen (-weiligen) Fütterung vor wegen der ‚Kaugummi-Zeit', bis man dann noch ein Getränk bezahlt hatte waren jedes Mal zwei Stunden um - so verpasste sie leider die seltsame Verwandlung eines von uns erbetenen Gemüse-Hauptgerichts in Omelett mit Pommes frites - laut Flüsterpropaganda auf Wunsch des Busfahrers, wirklich versäumt hat sie nichts! Am nächsten Tag Fahrt über beinahe dieselbe Strecke, zwischen Arles und Nimes werden in kleinen Ortschaften und außerhalb häufig Häuser zur Miete oder zum Kauf angeboten - landschaftlich schön aber abgelegen, als Zweitwohnsitz begehrenswert; **Nimes** „Kleines Rom", Ursprung keltische Siedlung aus ca. 3. Jahrhundert v. Chr., Name von Nemausus einem Keltengott, dann 121 v. Chr. römisch: Colonia Augusta, Stadtwappen: Krokodil mit Halseisen an eine Palme gekettet, „Tempel von Christobal" gegenüber dem „Maison Carré" dessen Säulen von Pferdezügeln eingekerbt sind, am Fuß des Mont Cavalier die Quelle Jardin de La Fontain Nemausus geweiht, im dazugehörigen Park ein Diana-Tempel aus dem 2. Jahrhundert v. Chr. - wenig davon übrig, Arena mit 124 Eingängen im 1. Jahrhundert n. Chr. erbaut, zum Teil wurden die Holzsitzreihen durch solche aus Stahl ergänzt für die heutige Nutzung, wie in Arles, doch nicht komplett nur oben, dadurch Eindruck erhalten, weitere schöne Kirchenportale; trinken Kakao in ‚Spelunken-Kneipe' wo junge Leute Bahn- und Motorradrennen aus Rosenheim am Bildschirm verfolgen; Landschaft zwischen Nimes und Uzès: halbhohe Bäume, Büsche, karger Boden, blühende Yucca, herrlicher Fernblick, ganz weit hinten Berge, sobald sich die Straße etwas nach unten neigt ist die Sicht auf die Hochebene versperrt; die Reiseleiterin erwähnt immer wieder einmal Sarazenen die als räuberische Horden unterwegs waren - plötzlich liegt **Uzès** vor uns: Schloss, Kirche „St. Theodorit" aus 17. Jahrhundert mit dem seitlich leicht geneigten Tour Fenestrelle, bereits im 12. Jahrhundert errichtet; weiter - zur Pont du Gard (oder Gardon) in der Languedoc, drei Bogenreihen übereinander 49 m hoch, (noch) 269 m lang, ohne Mörtel verfugt, 2000 Jahre alte antike Wasserleitung von Uzès nach Nimes für Quellwasser der Eure die hier in der Nähe entspringt; im Rhônetal „Kloster de Beauregard", Höhenzug begleitet uns rechts kurze Zeit sehr nah - Abstand wird größer, nun biegen die Berge nach rechts ab und verschwinden, Hinweisschild auf alte Mauern, ein Schloss; die Rhône ist u. a. Trennlinie zwischen Provence und Languedoc, hier einbetoniert sieht sie wie ein Kanal aus - hässlich! Links mit Grün überzogener Hügel, ab und zu schaut nackter Fels heraus, auf der anderen Seite dichter Baumbestand, wenig zersiedelte Gegend; heute scheint die Sonne, der Horizont versinkt im Dunst, neue Trasse für Hochgeschwindigkeitszug wird gebaut, **Aix-en-Provence** Aqua Sextiae liegt auf unserem Weg nach Marseille an diesem Tag; Querriegel des Lubéron-Gebirges, Teil der Dauphine schützt den Ort vor dem Mistral: Erholungs- und Kurort für Kreislauferkrankungen, Quellen, Kathedrale „Saint-Sauveur" Portale aus Nussbaumholz, „St. Madelaine", Rathaus, Justizpalast, „Cours Mirabeau", Fontaine de la Rotonde. Danach unterwegs häufig Mühlen bei Burgruinen; hügelig mit durchgehend grünem Bewuchs, **Marseille**: älteste Stadt Frankreichs als Massalia 600 v. Chr. von Griechen gegründet die Römer nannten es Massilia; 19 km Kai-Anlage einer der größten Häfen der Welt: „Tor zum Orient", fahren auch nach Korsika und Nordafrika, neuestes und modernstes Schiff ist die „Napoleon Bonaparte" die wie ein Luxus-Liner aussieht; Kathedrale „La Major" in romanisch-byzantinischem Stil, Boulevard Canebière, hübsche Häuserfassaden mit z. B. Skulpturen von kleinen Schiffsbugen verziert und schmiedeeisernen Balkonen, links ebensolcher Musikpavillon, der kleine Trinkbrunnen daneben hat vergoldete Figuren - sehr schön; Kathedrale à la Notre Dame in Paris, wieder Alleen mit zum Kuppeldach geneigten Baumwipfeln, „Palais Longchamps"; kleine Imbißstuben wie die „Pizza Lambada", gelegentlich eine „Bodega": „Corsaire" oder „Marocaine", auch Geschäfte; schönes altes Karussell, Place Castellane, Hauptstraße analog Champs Elysée mit Triumphbogen, der „Arc" ist neueren Datums doch die Straße wirkt! Eindruck: internationale Stadt mit afrikanischem Einschlag, bisher registrierten wir nur zwei Dunkelhäutige, einen ‚Saubermann' und einen hinterm Tresen in - Avignon; Marseille ist wunderschön, imposant, die negativen Erscheinungen bekam man in den Griff indem man das verrufene Wohnviertel, im zweiten Weltkrieg zerstört, abriss, dadurch den Fremdenlegionären und sonstigen zwielichten Gestalten in ihren Umgangsformen nicht zimperlich das Spezialmilieu entzog, auf dem Gelände stehen nun ansprechende Neubauten; für Einheimische hier insgesamt recht gute Lebensqualität, Problem: hohe Zahl illegaler Einwanderer - Segelschiff „Le Marseillois" und alte „Marie" liegen vor Anker; wir setzen mit der Fähre zur anderen Seite des Hafenbeckens über, nehmen uns Zeit für eine echte Bouillabaisse - sogar mit Drachenkopf-Fisch im „Le Ruban" in der Rue de la Paix Marcel Paul - hervorragend! 152 m über der Stadt trohnt die Seefahrer-, Prozessions- und Wallfahrtskirche „Notre-Dame-de-la-Garde" aus dem 12. Jahrhundert, sie selbst ist sehenswert und der Blick von dort auf Marseille unbeschreiblich, den alten Hafen jetzt speziell für große Segelschiffe schützen rundum Felsen, eine Inselgruppe dient als

Riegel gegen das offene Meer, ideal sicher; das „Château d'If" versah zunächst die Aufgabe eines Vorpostens, ab dem 17. Jahrhundert wurde es als Gefängnis benutzt z. B. für den 'Grafen von Monte Christo' (Alexandre Dumas) oder den 'Grafen Mirabeau', dieser allerdings ein Lebemann und Filou der wegen seiner Schulden einsaß, aber er hatte dort Zeit für politische Überlegungen, ist später zum Führer der Revolution geworden - heute kann man das Château das durch eine Brücke mit der Nachbarinsel verbunden ist besichtigen; am Rande einer kleinen Freifläche hier oben steht das Symbol der Seefahrer aus Metall: ein Herz umschließt den Längsbalken eines Kreuzes das in einen Anker mündet = Glaube, Liebe, Hoffnung - irgendwo unterwegs sah ich es schon einmal auf einem Kreisel! Das Wetter ist gut, die Sonne scheint, wir fahren als Zugabe am Meer entlang zum Cap de Croisette, auf dem Weg zunächst klares Wasser von hellem Grün, geht nach und nach über bis in Dunkelblau; „Shenandoa" ein Laden für Wassersportzubehör, es folgen Übersee- und ein Yachthafen, Hafen für Surfer und kleine Segelboote, noch einer extra Seglern vorbehalten, Gelände um Drachen steigen zu lassen, Strand für Wellenreiter - man tummelt sich, das Zusehen macht Freude; Taucher am Cap in ruhiger Bucht zwischen den Felsblöcken die Seeseite gischtet erheblich - diese Aussicht! Die riskanten und meisterhaften Manöver unseres Busfahrers haben sich ausgezahlt – Premiere, ohne baldige Wiederholung, sagt er! Auf der Uferstraße geht's wieder zurück an Vorstädten vorbei - adieu Marseille; erneut über Land unterwegs: rechts ein Teich mit kleinen Pelikanen (?) die „Notre Dame de Beauregard" jetzt links, rechts Flussbett mit sehr geringer Wasserführung, Autobahn auf beiden Seiten wenig frequentiert - um 18 Uhr herum fällt das besonders auf, links altes Gemäuer mit Turm, der Dunst am Horizont kriecht näher und wird dichter der Wind frischt auf, die Sonne geht unter mit einem Schal um den Hals, sicher hat sie sich vorgestern in Baux auch erkältet wie etliche aus unserer Gruppe! - Anderntags fahren wir wieder über eine Brücke, dieses Mal fließt die Durance darunter die bei Avignon in die Rhône mündet: frisch gepflügter Acker, dunkle fette Erde, sehr fruchtbar, große Plantagen von Birnen und Quitten; Region um **St. Remy de Provence** Tor zu den Alpilles: Samenzentrum, Gemüse, Obst, Blumen, hier siedelten bereits Kelten dann Griechen, Römer, ihre Handelsbeziehungen gingen bis Massilia von Glanum aus nahe dem heutigen St. Remy; auf beiden Seiten eine Menge Olivenbäume, ehemaliges romanisches Kloster „St. Paul-de-Mausole" mit Hospital bereits zur Zeit van Goghs existent, Kirche und Kreuzgang, über eine Wiese mit wildem Thymian erreicht man Triumphbogen und Mausoleum von **Glanum** aus dem 2. Jahrhundert v. Chr., Trümmer griechischer Bauwerke dienten Römern dazu Mulden aufzuschütten für ein großes Forum, den Ort zerstörten später nochmals die Germanen, da gaben die Bewohner ihn auf; in **St. Remy**: Platanen-Dom-Alleen, Durchfahrt auf dem Weg nach Fontaine de Vaucluse, erneut ein strahlender Sonnentag, viel Schilf, Gräben mal links mal rechts eher zum Ent- als zum Bewässern teilweise typische Sumpflandschaft, Unmenge Quitten-Plantagen, Erdwälle und sonstige Anlagen mit Plastikplanen abgedeckt, darin Löcher für die Pflanzen, Unkraut hat keine Chance, das Gewünschte wächst drüber - schlau, **Cavaillon**: Umschlagplatz für die Erzeugnisse der Provence; wieder blühende Yucca, Herbstfärbung, niedrige Weinstöcke, kurzer Mais, Brückchen über den Coulon - **Fontaine de Vaucluse**: die Quelle der Sorgue ist noch nicht bis auf ihren Grund erforscht, zu tief für bisherige Methoden, Hochland von Vaucluse ist Karstlandschaft, -gebirge rings um die Ortschaft; uralte Kirche mit Resten keltischer Ornamente, holzgeschnitzter Madonna mit Kind und seitlich Knieender aus dem 15. Jahrhundert, Brunnen davor mit Drachenkämpfer der offensichtlich dem Drachen gegenüber im Nachteil ist, Petrarka-Säule auf Platz, Tontopf-Laden, kristallklares Flusswasser bis auf den tiefen Grund; in der „Hostelerie de Château" gibt's pikanten Salat als Vorspeise, für Ussi danach „Canari" und mich frische Forelle, als Dessert Eis bzw. sahnigen „fromage blanc", letzteres als Käse zu bezeichnen ist reichlich übertrieben - eine köstliche Mahlzeit und für uns sehr preiswert evtl. durch den günstigen Umrechnungskurs bedingt, jedenfalls waren Essen und Trinken, wenn man es uns überließ, unproblematisch; gestärkt geht's weiter: an in Spalten eingebauten Behausungen vorbei (wie in 'Mesa Verde', USA), auf einmal bietet hoch oben Gordes einen faszinierenden Anblick, rechts davon Gebirge des Lubéron, Lavendelfelder; Steinmauern nach alter Art lediglich geschichtet, „Bories" = Steinhäuser ohne Mörtel wie die Trulli in Italien, **Gordes** oberhalb des Coulon ist ein Wohnort, keine Festung: Schloß ohne Museum von Vasarely - dieses leider verlegt nach Aix, romanische Kirche aus dem 12. Jahrhundert; freundlicher älterer Herr im Laden überlässt Ussi erst meinen Erwerb von „Herbes de Provence" als von ihr erklärt wird dass sie meine Schwester ist - überhaupt sehr liebe Leute dort; Ortschaften hauptsächlich oben auf die Berge gebaut wohl um zu sehen was aus den Tälern heranrückte; Ockerbrüche von **Roussillon**, Vaucluse: ergiebigste Vorkommen Frankreichs, 15 m mächtige Erdschicht mit kräftigen Farben wird abgebaut um daraus wunderschöne Töpferwaren herzustellen; durch Berglandschaft zurück an etlichen eleganten Häusern mit hübschen Gärten vorbei und großem Tennisplatz; zwischen den Bergrücken sieht es ähnlich aus wie auf dem Hinweg außer streckenweise Pappeln auf einer Seite oder kurzen Gräsern mit langgezogenen Büscheln; wieder mal alte Mauern: Turm, Kirche, Burgruine, türkisfarbener Wacholder in Zierformen geschnitten z. B. Brustbild-Männchen mit Hut, Kegel, viereckig überdachte Türme. Abschiedsspaziergang über die Pont Eduard Daladier in Richtung Villeneuve-les-Avignon und Île de la Barthelasse mit Aussicht auf die Stadt bei heftig wehendem Mistral - an manche Besichtigungsstationen war er uns nicht gefolgt, am Meer blies ein anderer Wind, aber immer wenn wir nach Avignon zurückkehren ist er da als habe er auf uns gewartet! Glänzender Sonnenaufgang, bei der Fahrt über die Sorgue strahlt die Sonne noch hüten dann aber ‚Schäfchen'-Wolken; Platanenallee, riesiger Markt am Fluss entlang, „Garden- Center", „Ranch", „Bedoin"; Brunnen verziert mit Blumentöpfen, Tankstelle kleine Bumenbeete davor, schmale Straße St. Colombe, „Les Bruns"; in Toulon wurden für den Schiffsbau kahlgeschlagene Hänge als Mischwald wieder aufgeforstet - herrliche Herbstfarben besonders kräftig leuchtend, nur ganz oben kahle Hochebene; wir winden uns die Serpentinen hinauf, für Motorradfahrer ein Genuss – aha, war früher Rennstrecke und befinden uns auf dem höchsten Gipfel des Ventoux-Massivs, dem Mont Ventoux 1909 m hoch, dem „windigen Berg", er ist uns gnädig und gewährt zudem einen phantastischen Rundblick, zwar nicht auf die ganze Provence aber uns reicht er:

Alpen-Panorama, Vaucluse-Hochland, Lubéron, interessanter Pflanzenbewuchs, der 'Hausberg' der Provence ist ein Erlebnis eigener Art; 'Schwarzwaldhaus' rechts, ein Tier überquert die Straße - ein Fuchs? Sah so aus, ah - hier gibt's ein „Chalet Reynard" vermutete Tier-Zuordnung also gut möglich, Geröll in allen Abstufungen, Latschenkiefern, Skigebiet mit Lift, langgestrecktes Hochplateau hat enorme Ausdehnung in der Breite, sanft geschwungene mild geneigte Hänge für Ski-Abfahrten etwas weiter auch sehr steile; auf der anderen Seite säumen überwiegend Nadelbäume die Straße, erneut Picknick-Plätze, schöne Sicht auf weitere Bergketten, ganz klares Bächlein: Source du Groseau, Pappelallee; links, natürlich oben, **Crestet** mit Burg und Kirche, **Vaison-la-Romaine**: winklige kleine mittelalterliche Gemeinde an der Ouvèze, Fähnchengirlanden schmücken die Straße, Fragmente eines Amphitheaters erhalten - diese Kreisel bepflanzt oder à la Steingarten hergerichtet sind sehr schön! Departement Drome: Hauptwirtschaftszweig alles aus und mit Oliven, Obst wird aber offenbar auch in Hülle und Fülle produziert, Schild: Trauben, Äpfel, Quitten, **Nyons** am Eygues gelegen Hauptstadt des Departements: Filigran durchbrochener Glockenturm, breites Flussbett; Les Pillas ein herrliches Tal mit zum Teil in altem Baustil gemauerten Häusern, dann geht es am Ufer entlang, zwischen den Bergen hindurch, Fluss führt wenig Wasser daher selbst in seinem Bett teilweise Baumbewuchs: Gräser, Büsche - jetzt herbstlich gefärbt, wunderbare Täler, vor uns ein massiver hoher Bergrücken, noch einmal zu Erbsensuppe aus Bordverpflegung ‚verurteilt' aber in sehr schöner Umgebung; weiter am Ufer: Steine vertikal oder horizontal von Rillen durchzogen wie Zungen, unterbrochen von dunklem und hellem Fels in grau mit ablesbaren Schichten, nun Stufengestein wie Treppen, da ist Faltung sichtbar, links arg verfallene Burgruine, dabei Kirche, Verclause (?); vor uns graue ‚Bärentatzen', Rinnen und Furchen in dunkel- und hellgrau Lavafluss ähnlich, alles aus Sand teilweise beachtliche Ausmaße; Bergkegel ein enormer Brocken breite Felskrone mit buntem Waldcape, Ziegen-Kral, Schafe; heute Morgen war's richtig dunstig jetzt mittags ist's sonnig und klar; L'Épine, Höhenzüge in drei Schichten hintereinander, Wiesen, Montclus La Blème und Bach, Schlucht der Serre; bunte Büsche am Hang und im sehr großen Tal nach der Seite hin wo das Wasser fließt leicht geöffnet, rechts geht's nach Gap, die Route Napoleon verläuft parallel, danach Erde sandig weich im Gegensatz zu der steinigen harten und schroffen der Alpilles; Aspremont, Segelflieger am arzurblauen Himmel, herbstfarben: goldgelb in allen Abstufungen braun und grün desgleichen rot von leuchtend bis bordeaux, orange, lila alle Schattierungen - atemberaubend; **La Faurie** eine Handvoll Häuser, etliche direkt unter Felsenfingern zwischen Straßenmauer und Stein ‚eingeklemmt', sogar ein großes Haus mit Gartenanlage darunter, Geröllstreifen, Baumstriche oder Almen trennen - die Gegend mutet an wie ein kleines Paradies; Lus Croix- Haute rechts, hinter einer Hügelkette nackte zerklüftete Felsberge, eine Menge Kühe, die Alpenlandschaft ist nun eindeutig, wir fahren durch die Dauphine - früher Dauphiné, Teil der Hochalpen, benannt nach den damals in der Region herrschenden Grafen mit Vornamen „Delphinos", sie trugen ihn durch Generationen da der älteste Sohn jeweils erneut so hieß; Spezialität hier: „Gratin dauphinois" = Kartoffelscheiben in Bechamelsoße, käseüberbacken - schmeckt ausgezeichnet, war Bestandteil des „Plat du jour" in Avignon - jetzt weiß ich endlich wie man das nennt was ich da gegessen habe! Massiver gebaute Häuser mit schrägen Dächern damit der Schnee abrutschen kann - da ein typisches Almhaus ein ganz schickes mit großem Balkon; Departement L'Isère Hauptstadt Grenoble - heute fehlt uns die Suse zum Zählen alter Türme und neuer Kühe, 2200 m hoher Mont Egide auf der langgestreckten breiten Basis befindet sich ein schmalerer Aufsatz, herrliche Bogenbrücken, Gebirge hat kahlen Zackenring an einer Seite auf der anderen einen ‚Schokoladenrücken' mit unregelmäßiger Grüngarnierung; **Moestier de Clermont** puppiges Straßendorf, leider aus neueren zum größten Teil nicht so schönen Häusern, links Felsburg hat massive Türme und Zinnen; Dunst nimmt zu, gegen 16 Uhr ‚Vorhang' für seitlichen Weitblick geschlossen, Lämpchengirlande in VIF, Häuser zunehmend à la Schweiz oder Österreich, man bewegt viel Erde; wir fahren über den Drac in **Grenoble** an der Isère ein, der „Blumenstadt" laut Werbung - uns erscheint's nicht so weit her damit: moderne Kirche mit rundem Unterbau und kleinem Zacken-Glockenturm, Jardin, Stadien, hässliche Gebäude, schmutzige Fassaden wenn nicht gerade Neustbau; Fort de la Bastie und Silberkugel-Seilbahn, Kabinen wie Platanen-‚Bommeln'; in Parks und Anlagen gepflegte Blumenbeete, Kernforschungszentrum, Universität, Justizpalast; beste und billigste Schokolade getrunken bei nettem altem Ehepaar in appetitlicher kleiner Bar; auf dem Weg von der Altstadt zur Autobahn hohe Neubauten mit Mosaikverzierung, sauber und schön, Chaine de(s) belle(s) Donne(s) hoher Berg mit Schneedecke welche die Sonnenstrahlen hell zurückwirft; für die Autobahn Grenoble-Genève Hinweis auf Gleitschirmflieger-Schild, Parkplatz und See zauberhaft gelegen; Air de Chênes Chambéry wieder schöne große Hinweisplakate, viel freies Land und eine Menge Mais; Les Massif des Bauges hebt sich mit Hilfe des Sonnenlichts ab, Kegel mit Grün überzogen Türmchen obendrauf, kurz vor Chambéry hat der langgezogene Rücken ein Gipfelkreuz an der Kante; Le Dent du Chat, **Aix les Baines**: Kurort der Franzosen, Rückentwicklung durch Sparmaßnahmen der Krankenkassen, Hotels und Casino; auf den Straßen abends kein Betrieb, die Bars in der Seitenstraße fast leer aber die Girlanden über den Verkehrswegen mit Bogen, Schiffchen, Sternchen sind hübsch; die Abendmahlzeit im - angeblich ersten Haus am Platz dem „Parkhotel" schmeckt vorzüglich, eine Speisekarte wurde extra für uns gedruckt, schöne Zimmer doch der Comfort nicht überwältigend, auch im Bad die separate Toilette ziemlich eng - also für zwei Leute im Doppelzimmer wär's schon etwas unbequem; wieder nur ein Fernsehapparat und kein Radio, mir fehlt Musik aber - was soll's, sobald ich in diesen Raum komme wird ja sowieso geschlafen! Geschlafen? Nachts weckt mich der ominöse Pfeifton aus Avignon! Meine Suche hat Erfolg, das ‚Gespenst' sitzt im Schrank, jemand hat es mir in die Manteltasche gesteckt – nein, es ist der Elektro-Sicherungskasten der darin untergebracht wurde, ich schließe die Schranktür ganz fest, stark gedämpft stört mich das Geräusch nicht mehr. - Es gibt erneut ‚zugeteiltes' Frühstück unseligen Angedenkens, dazu offene Butterstücke, Marmelade knapp und heißes Wasser ohne Teebeutel - erbarmungswürdig, es dauert geraume Zeit bis ein Mensch vom Personal zu greifen ist der dann drei Beutelchen bringt für einen Acht-Personen-Tisch, aber auf ihm ist für mehr Leute gedeckt als zu unserer Gruppe gehören, so ‚klauen' Ussi und ich ein Brötchen vom Nachbarteller und teilen es uns, so wenigstens ein halbes mehr, die anderen ‚Weckchen' verschwinden genauso - einvernehmlich. Aufbruch: Der Geysir-Brunnen gefällt mit wunderschönen Blumenanlagen in geometrischen Mustern; Morgennebel entwickelt sich zur ‚Waschküche', plötzlich freie Sicht, erneut leichter Nebel - und weg ist er, **Annecy**: Wassersport- und Skimöglichkeiten, rechts langgezogenes Tal abgedeckt von dicken Nebelschwaden, Berge im Dunst haben weiche Konturen, Nebelbank-Abschnitte, **Saleve**: Seilbahn, Les Genévois, auch rechts ganz flach, Berge links werden immer niedriger und verschwinden dann; die Schweizer Grenze passieren wir kurz vor Genf, fahren über die Rhône die den Genfer See durchquert der um 40 km² größer ist als der Bodensee; alles eben, übliche Herbstfarben, Bergkette links, erneut ein Hügel, werden mehr und höher, idyllische kleine Ortschaften, dann vereinzelt Häuser am Hang verstreut zwischen Weinbergflächen mittelgroßer Reben, nun plumpe Häuser dazwischen mal eine ansprechende Villa, **Lausanne**: viel Industrie und Schienenwege, Klotzbauten soweit einsehbar, evtl. hübsches elegantes Viertel am See beim Sitz des „Olympischen Kommitées"; gelegentlich ‚glückliche' Schweizer Kühe, Parklandschaft mit Häuserblocks, kurzer Blick auf den Genfer See im Sonnenglanz sowie Boote im Dunst, breite Sonnenstreifen, Landzungen, ziemlich dicht bebaut, Industrieanlagen: „Vevey", ‚Fa. Nestle' identifizierbar, Alterssitz von 'Charly Chaplin' ganz in der Nähe sein Grab und das seiner Frau; kleine Unterbrechung: **Montreux** Kur- und Festivalstadt (TV-Rose), erstes Haus am Platz das Grand Hotel „Montreux Palace", Rosenlämpchen-Girlanden über der Hauptstraße Stiele und Blätter in grün rote Blüten, ein paar schöne große Häuser in Chalet-Art; wunderbare Lage der Stadt mit dem See auf einer Seite von Felsmassiv begrenzt; in duftendem Käseladen der mit einem durchlöcherten Käsehemd wirbt herrliches Obst gekauft; weiter: an Chatel St. Denis vorbei typische schweizer Landschaft: grüne Matten, Kühe, Häuser, Anwesen von viel Gelände umgeben auch wenig besiedelt - Information „Gruyère-Käse" sei gut fürs Fondue; Sprachgrenze bei Fribourg bzw. Sarne, hübsche Insel in breitem Fluss darauf Ruine und Kapelle: kleiner Bauch geschlossene ‚Zwiebelhaube'; Bergzug läuft rechts aus, scheußliche Neubausiedlung folgt sieht wie Bienenwaben aus, wurde wohl schnell hochgezogen, **Fribourg**: Betonklötze dann Einfamilienhäuser und Neubaublöcke, überqueren die Sarne die schmale ‚Fenster' in der Steilwand am Ufer hat, in der Gegend hier auch spitze gotische Kirchtürme; Region Bern Name von Bär, ständiger Wechsel von Schweizerhäusern und Neubauten, letztere stets in Hochhausmanier; mehrfach Gruben - wir vermuten Abbau von Sand und Kies, passieren Emmental, zwei Rehe äsen am hellen Mittag völlig geruhsam nahe der Autobahn, Raubvogel unterwegs - schon die ganze Zeit macht stutzig dass uns so viele Autos mit eingeschalteten Scheinwerfern entgegenkommen, wir fahren in des Rätsels Lösung hinein: Nebel; Tankstelle mit Steinbedachung wie geblähtes dreieckiges Zeltdach sieht phantastisch aus; es bleibt nebelverhangen doch auf der Straße freie Sicht, im Belchentunnel ein Fahrzeugbrand deshalb Sperrung - wie stehen eine Stunde im Stau, Ussi schläft ein und fragt als es endlich weitergeht ob wir schon wieder fahren, dabei hat sie mit dem ‚schon' sogar recht, denn wir befinden uns nicht auf der Seite des Unglücks dürfen den Tunnel alsbald benutzen, die anderen hängen noch um Stunden länger fest, gemäß Radiomeldung; nochmals Stau - wegen aus 3 mach 2 Spuren vor Tunnel Arisdorf, Augusta Raurica, Römerstadt rechts, Aufenthalt in „Raststätte Protteln": Ausfahrt Schweizerhalle/Auhafen, Zahlungsmittel sind schweizer und französische Franken sowie D-Mark - nur das Münz-Klöchen ist auf 1/2 „Fränkli" eingestellt das wir nicht haben, aber eine freundliche To-Frau nimmt von Ussi 2 Franc was ich mit langem Hals registriere, gleich schiebe ich eine entsprechende Münze nach das verhilft mir ebenfalls zum 'Sesam öffne dich'; Essen ist ausgezeichnet aber arg teuer, die Grenze zur BRD überfahren wir am Dreieck Weil a. Rh./Markgräflerland/Parkplatz Rheinaue, es folgt das Dreieck Neuenburg/Kaiserstuhl/Rasthof Breisgau; Hinweisschilder auf die Landschaft nur noch halb so groß wie in Frankreich, Herbstfarben dünn - wir sind verwöhnt, werden immer wortkarger, nichts mehr da um es euphorisch zu kommentieren, Hoch- Mittel- und nördlicher Schwarzwald, Segelflieger bei Baden-Baden, Karlsruhe, Bruchsal, ‚Prattel'-Pause; Bus rollt, wir mit, Dunst nimmt zu, Abfahrt Frankfurt-Süd: Frankfurt, Hochheim, Verteilung nach Herkunftsort, es klappt alles wenn auch das Schnürchen etwas länger ist. - Wir hatten vor der Reise eine gewisse Ahnung von dem Angebot an Sehenswertem aber diese Fülle erwarteten wir nicht, fast an jeder Straßenbiegung wurde erneut Altertümliches sichtbar, so ist ganz klar dass wir nur einen Bruchteil davon genauer in Augenschein nehmen konnten - aber was für einen! Nicht einmal auf 'amerikanische Art zu reisen': aussteigen, fotografieren, wieder einsteigen - wie böse Zungen behaupten hätte man alles bewältigen können, wir fuhren deshalb an vielem vorbei zugunsten von Schwerpunkt-Besichtigungen, diesem Anteil gehörte dann unsere konzentrierte begeisterte Aufmerksamkeit; die Ausmaße besonders der Festungsanlagen aber auch sakraler Bauten sind enorm, oft blieb nur überraschtes Staunen, unterschiedliche Epochen in denen an den Bauwerken gearbeitet wurde sind, da nicht vermischt, gut ablesbar gewesen, starken Eindruck hinterließen ebenso die unwahrscheinlich klaren Wasser. - Noch etwas ist wert es festzuhalten: weder in Restaurants noch Cafés und Geschäften stießen Ussi und ich auf unübliche Distanz oder gar Ablehnung obwohl als Deutsche zu erkennen - für mich eine angenehme, erstaunliche Erfahrung.

Hollandreise (April 1998)

Die Werbung lautete: „Windmühlen, Tulpenfelder und Holzschuhe - das ist nur ein Teil der Niederlande".

1997 – nein, ich habe mich nicht in der Jahreszahl geirrt, diese Reise hat nämlich eine Vorgeschichte, also 1997 wollte mir meine Schwester zum Geburtstag keinen Blumenstrauß schenken sondern gleich ganze Blumenfelder: die Tulpenblüte in Holland, ich hatte die Sorge dass der dafür vorgesehene Zeitpunkt mit dem Übergabetermin der neuen Wohnung kollidieren könnte, was prompt eintrat und war dankbar für die Verschiebung, allerdings hieß das ein Jahr warten denn die Tulpen haben ihren eigenen Rhythmus; dann stand der Termin fest - s. o. Im Reisebüro werde ich damit überrascht dass wir um 6 Uhr abgeholt würden, nur wir beide exklusiv aber - ‚mitten in der Nacht' - es bleibt nichts anderes übrig: 4.30 Uhr aufstehen 5.30 Uhr lostraben in Richtung Treffpunkt, ein freundlicher junger Mann kommt auf uns zu und fragt per Familiennamen ob wir wir sind, weil die Bestätigung artig gegeben wird dürfen wir in einen geräumigen PKW einsteigen, bequemer geht's nicht; ich muss weder auf die Straße sehen noch auf den Verkehr achten wie sonst, ich werde gefahren und kann herumgucken; gleich hinter Mainz fangen Obstplantagen an, die Bäume stehen in voller Blüte, bis Ingelheim kommen wir durch blühende Landschaft - wörtlich genommen, danach dämpft sich die Üppigkeit ab und in der Eifel sind die Knospen noch nicht auf; wir fuhren früher in Mainz weg als ursprünglich gedacht sind also überpünktlich und der Umstieg in den Reisebus klappt nahtlos, uns beschäftigt nur ob wir wohl gutes Wetter haben werden, der klare Fernblick deutet auf etwas anderes hin doch er ist herrlich: vor uns der Hunsrück dahinter das Rheinische Schiefergebirge – zum Greifen nah; wir fahren noch immer auf einer Hochebene, die Winninger Brücke überspannt die Mosel, das Ahrtal liegt zu Füßen wenn auch seitlich, spätestens am Meckenheimer Kreuz hat uns das Flachland wieder; ein Stau bei Köln-Ost, längere Zeit erreichen wir nur ‚Blümchenpflück'-Tempo oder stehen, warum? Aha, ein Unfall auf der Gegenfahrbahn, die beiden Autos sehen ziemlich zerquetscht aus, Krankenwagen, Feuerwehr - mein Blick geht zur Seite: Ussi schlief, jetzt blinzelt sie, „laß die Augen zu, ein Unfall", „schlimm" wird gefragt ich nicke und schnell schließt sie die Augen wieder ganz fest; wir gehen über die Wupper allerdings per Bus und mittels Brücke, rechts spaziert ein Fasan auf der Wiese, es begegnet uns ein Auto der Spedition „Dapprich" die für das „r" sicher sehr dankbar ist, am Kreuz Mettmann staut sich's leicht nach Überquerung der Dussel, es nieselt, 9 Uhr wir sind im 'Ruhrpott' und machen im „Rasthof Hosel" Pause - nichts dagegen denn wir sind ja noch nüchtern, auch hier tröpfelt's ein bisschen; gestärkt geht's über Ruhr und Emscher den rechten Nebenfluss des Rheins, nun wird die Abzweigung Richtung Arnheim genommen, alles ist flach aber grün, ein paar Männer befinden sich auf Treibjagd, Pappelalleen auch ein kurzes Stück entlang der Autobahn, der Baumbewuchs nimmt zu der Regen ebenfalls, oberhalb Emmerich spaltet sich der Rhein in die zwei Mündungsarme Waal und Lek; die Grenze markieren zwar noch Wechselstuben und Zollhäuschen, letztere sind aber unbesetzt und jegliche Formalitäten fallen aus - bis mir die Grenzüberschreitung bewusst wird ist der historische Augenblick längst gewesen; an Arnheim vorbei fahren wir über den Lek noch 137 km bis Den Haag, jetzt ist alles grau in Grau, es regnet Bindfäden! Bei uns piepst's schon eine ganze Weile und manchmal schreit uns der Computer richtig die Ohren voll - mit den Apparaten im Bus stimmt was nicht, zurück nach Arnheim oder weiter, bis Utrecht noch 50 km, riskiert's der Fahrer? Nun leuchtet die Batterie-Kontrollampe auch noch auf wir aber rollen gemächlich voran; ein langes Stück der Strecke ist die Autobahnböschung mit Ginster bewachsen der in voller Blüte steht - wunderschön, es hat aufgehört zu regnen, wird immer heller, 45 km bis Utrecht, rechts Schafe mit schwarzen und weißen Lämmern, ein paar Kälbchen, Rautengeflechte an den schrägen Hängen verhindern Erdrutsche, noch nicht von Pflanzen überzogen erkennt man sie gut; ab und zu befindet sich in der Landschaft ein mehr oder weniger großes Wasser, ein Storch fliegt parallel zu uns und es gibt wieder eine Flussüberquerung, rechts erneut zweimal ganz große Wasser zu sehen die sehr ursprünglich wirken, der erste Graureiher, weitere Wasserstellen, ein idyllischer Teich mit Insel wir fahren über eine große moderne Brücke in **Utrecht** ein, da - „Hotel Bastion" nicht ‚unseres' das steht in Den Haag, ein Teich, viel Raum für breite Straßen und zwischen den Gebäuden im Industriegebiet ein Fluss von Bäumen gesäumt, wir haben's tatsächlich geschafft trotz bedrohlich rot entflammter Warnlampe, sitzen vor einer Autowerkstatt und warten - es ist 12.30 Uhr, Pause bietet sich an welche wir zum Essen nutzen sollen wollen, die dafür vom Busfahrer empfohlene Stelle erweist sich schnell als viel zu weit, eine Stunde Unterbrechung erscheint sowieso schon recht knapp (am Ende waren 1 1/2 verbraucht), ich geh' fragen: in dem nahen Möbelgeschäft erklärt mir ein gemischter Asiate in einwandfreiem Deutsch wo wir Gesuchtes finden können, ca. 10 Minuten von hier gibt's was zu futtern; es ist windig und kalt wir landen deshalb bald und erfreut im Lokal einer „Brasserie" (Brauerei), Ussi begnügt sich mit einer Tomatensuppe, ich hab' schon wieder Hunger entscheide mich für die „Wochenplatte": Schollenfilet, Salat, Dauphin-Kartoffeln = überbackenen Kartoffelbrei, alles preiswert und gut, erfahre dass meine Nichte auf Reisen ebenfalls ständig hungrig ist bzw. sich bemüht dem abzuhelfen, woher sie das wohl hat - ja am Zielort herrscht vielleicht Hungersnot man muss doch vorbeugen! Uns erwartet die Mitteilung eine der beiden Lichtmaschinen im Bus sei defekt Ersatz nicht vor Ablauf von zwei Tagen zu bekommen, aber wir könnten weiter - na denn; von der Stadt selbst sehen wir leider nur einen Hauch, z. B. das Dach des Doms das kleine gotische Türmchen umgibt, die Kirche soll spätgotisch sein und ein Glockenspiel haben, Universität vorhanden, Reichsmünze und -archiv außerdem verschiedene Industriebranchen, vom ‚Möbelzweig' sahen wir etliche Firmengebäude; dass die Landschaft hier flach ist hatten wir uns gedacht, mit Eintönigkeit und Langeweile gerechnet, was wir zu sehen bekommen ist weder das eine noch das andere, unwahrscheinlich abwechslungsreich - wir staunen! Ellenlange Strecken Grünfläche mit Wassergräben dazwischen, teilweise zusätzlichen davor, halten das Interesse wach durch die verschiedenen Farbtöne, halbhoher Baumbestand, mal vereinzelt mal dicht, die vielen Tiere finden hier ideale Lebensbedingungen, an die vorbeifahrenden Autos haben sie sich offenbar längst gewöhnt, verhalten sich völlig unbeeindruckt nutzen das Gelände bis unmittelbar an die Autobahn besonders Enten und Vögel; dieser Wassergraben umgeben von Weiden verläuft parallel zum Verkehrsweg, ein Rebenfeld unterbricht kurz das grüne Areal, uns ganz nah sitzt ein Schwan auf seinem Nest ein anderer fliegt gerade davon - sein Partner? Schon die ganze Zeit erfreuen uns große gelbblühende Pflanzen auf dem Mittelstreifen der Autobahn: „Ussi, ich glaub' ja dass es kein Raps ist, sieht ihm halt nur so arg ähnlich!" Grundsätzlich tragen die Farben hier zum Reiz der Landschaft bei: die Erde unterschiedlich braun, weiße Blumen wie der Wasserschierling und gelbe; da sind kleine Schweine auf der Wiese, die Gräben nehmen an Breite zu und langsam rücken Straßen ins Blickfeld, der Ackerboden ist nun fast schwarz, enorme Gewächshausflächen schließen sich an und - immer wieder Wasser, in Gräben gelenkt mit und ohne Weidensaum; wir fahren über die Rotte, Baumreihen stehen gestaffelt direkt an unserem Weg, die Ebene weitet sich nun aus, kleine Wäldchen in der Ferne werden stets von den gleichen schlanken lichten Laubbäumen gebildet, wir sausen auch später immer nur daran vorbei so können sie uns nicht sagen wie sie heißen, die schwarzen Lämmer sind wirklich putzig dort hüpfen erneut welche herum; in hiesiger Landschaft sind die Ansprüche der Menschen und die Bedürfnisse zur Naturerhaltung ideal in Einklang gebracht, diesen Eindruck gewinnen wir, finden keinen Grund ihn irgendwann zu revidieren, außerdem ist da so viel Platz man empfindet angenehm die Weite und - nirgends liegt Abfall herum; die Marschgebiete mit den künstlichen Entwässerungsgräben bieten besonders Tieren, doch auch Pflanzen breiten Raum, jedes Lebewesen kommt zu seinem Recht Eingriffe zerstörten nicht; die Holländer haben wirklich „Wasser satt" wie es unser Fahrer ausdrückt, die Flüsse nicht zu vergessen: Ijssel, Maas, Schelde, Rhein; in **Den Haag** suchen wir den „Alten Bahnhof" um eine hoch gebildete kundige Reiseleiterin für die Stadtrundfahrt abzuholen, sie ist extra zu diesem Zweck mit dem Zug von Amsterdam angereist, wir kommen an hübschen alten Häusern vorbei die an Puppenhäuser erinnern, aber auch die Reihenhäuser wirken sehr ansprechend, es folgen Hochhäuser deren Stockwerke in Wülsten abgesetzt sind Erkern ähnlich, es folgt ein langgezogenes Gebäude mit großem Kuppeldach, Hochautobahnen in mehreren Etagen entzerren erfreulich den Verkehr, die Straßenbahnschienen verlaufen ebenfalls oben; der „Alte Bahnhof Hollandsboor" war bestimmt einmal sehr schön in den Farben rostrot und ehemals wohl beige mit Stuckarbeiten und Filigrangitter-Verzierung; ‚sie' ist da, erzählt uns dass der Name „Niederlande" von der Tatsache herrührt dass über 1/3 des Staatsgebietes ursprünglich Geest und Moor unter dem Meeresspiegel liegt; in Den Haag befindet sich der Sitz der Regierung Amsterdam ist die Hauptstadt, „die Leute sagen „in Rotterdam wird gearbeitet, in Den Haag wird nachgedacht (über Gesetze etc.), in Amsterdam wird gefeiert"; das Land betreibt Viehzucht, Milchwirtschaft, Gemüse- und Blumenzucht, Kartoffel- und Getreideanbau, seine Seefischerei ist bedeutend; was für eine Idee das Hochhaus dreifarbig anzustreichen: rot, weiß und hellgrün, in Form langgestreckter Blätter! Erneut ein hübsches altes Haus, links Kanal und darauf Boote, die alte Kirche auf der gleichen Seite heißt „Neue Kirche", rechts steht ein riesiger Mehrzweck-Neubau in dem u. a. das Rathaus und das Theater untergebracht sind; danach erspähen wir neues und altes Parlamentsgebäude, die vielen

Regierungsbauten nehmen wir näher in Augenschein und werden darüber informiert, dass die Journalisten das Privatleben der Königin respektieren obwohl die Leute im Land mehr darüber erfahren möchten, ihr politischer Einfluss sei übrigens nicht gering, weil sie ständig da ist die Regierungen aber wechseln; am Ende unseres Spaziergangs kommen wir an einem Teich mit Inselchen heraus, dann einem Juxplatz mit durch Luftballons geschmückten Bäumen, bezaubernder kleiner Freifläche darauf ein Brunnen und - da ist eine Krone aus Blüten oben am Hausbalkon; auf der Weiterfahrt werfen wir einen Blick in die Einkaufsstraße, sehen wo die Botschaften zu Hause sind und amüsieren uns über den riesigen Hund im Schaufenster, die posaunenden Engel hinter den Scheiben eines Antiquitätengeschäfts und die 'Kleopatra'-Gallionsfigur am „Lloyd's"-Gebäude sowie das Auto mit den Reiserbesen obendrauf und der Aufschrift „Vegen"; Den Haag hat 450 000 Einwohner, in den Vierteln werden unterschiedliche Dialekte gesprochen innerhalb der Niederlande sowieso - übrigens „ij" im Schriftbild wird „ei" ausgesprochen und die Stadt durchziehen nicht nur normale, sondern auch Wasserstraßen auf denen ab und zu ein Kahn dümpelt; in Richtung Scheveningen ist auf der rechten Seite der holländische ADAC, dann kommt eine Kaserne, nun stehen hier und gegenüber ansprechende Häuser, es sei eine gute Wohngegend - sieht man; jetzt rechts nichts mehr außer Sand und Dünen: Naturschutzgebiet; auf der linken Seite das Gefängnis sieht genauso aus wie das in Frankenthal mit den hohen Außenmauern und vergitterten ‚Luftlöchern'; **Scheveningen**: die Häuserreihe mit hübschen Vorbauten nehme ich kaum wahr denn das Meer ist in Sicht, aussteigen: über die Strandpromenade weht ein strammer kalter Wind, „De mollige Hahn" bietet Artgenossen zum Verspeisen an, ein ‚Backofen-Häuschen' Happen und Getränke; ich will ein Stück auf dem Steg laufen der ins Meer hinausgeht und in einem Restaurant-Café - oder umgekehrt endet, wir passieren Souvenirläden und ein Schaufenster mit Kugelfisch im Vogelkäfig da sehe ich Ussis rotblaue Nase und ebensolche Wangen - also zurück marsch marsch, ich wollt' ja nur mal nach der Mole auf der anderen Seite des Stegs gucken, nun hab' ich sie gesehen - gut ist nicht nur das, ich fand zudem eine Stelle von der aus man das Kurhaus, das wie eine Moschee aussieht, knipsen kann, natürlich gibt's da auch ein Casino; an ein oder zwei Läden am Ufer gehen wir jetzt nicht nur vorbei sondern auch hinein und verschaffen uns zuletzt noch etwas zu trinken, bevor die Uhr zum Aufbruch treibt das heißt zum Bus; das Seebad Scheveningen war ein Dorf, wirkt heute kleinstädtisch anheimelnd, die Reiseleiterin sagt das Besucherniveau sei stark gesunken und die Gemeinde bemühe sich intensiv um ein Aufpolieren des Ansehens, offensichtlich wurde hier viel dazugebaut, das kleine alte Viertel rechterhand ist mühelos als solches zu erkennen, die anschließenden Reihenhäuser mit breiten durchgehenden Erkervorbauten als neueren Datums ebenfalls, Scheveningen und Den Haag gehen inzwischen ineinander über, es besteht kein klarer Trennungsabstand mehr; nun sind die Fassaden der Häuser wieder reizvoll gestaltet, aus dunkelroten Ziegeln, beigen oder hellgrauen, in Mustern zueinander versetzt, auf beiden Seiten folgen Häuser deren Dächer wie die Hauben der Holländerinnen gestaltet sind; die Anna-Paulowna-Straße stößt auf eine große Querstraße, angenehm breit sind die meisten, der mächtige Bau auf der gegenüberliegenden Seite sieht wie eine Kirche aus ist jedoch der „Friedenspalast", die älteste und größte Kirche steht übrigens im Zentrum der Altstadt die Niederländer sind gute Calvinisten; ein kleiner Platz wie eine Insel fällt uns angenehm auf bestückt mit Tischen, Stühlen, Sonnenschirmen, etwas zurückgesetzt von der Fahrbahn und ohne Fußgänger zu behindern - ach was viele Baustellen, z. B. wird im Moment ein U- Bahnschacht angelegt, uniforme Neubauten stehen an diesem Verkehrsweg, der ganze Straßenzug hier macht einen sterilen Eindruck daran ändern auch die komischen Balkone mit den schwarzen Gittern nichts welche die Eintönigkeit gelegentlich unterbrechen; Kanal mit „Coffeeshop" und Partyboot kommt in Sicht, erneut ein Gewässer, noch eins, der Rand ist fast immer von Baumreihen gesäumt, ab und zu einer Weide deren Äste bis zum Wasser reichen, sind wir dann vorbei und beginnen Wasser zu vermissen - schon kommt ein neues; auf dem Weg zum Hotel fahren wir an „Rijswijk" vorüber der Kirche mit dem ‚Grünspandach', noch einer und der nachfolgende See hat ein abgeteiltes Schwimmbad, die Straße ist wieder großzügig angelegt, auf dem Mittelstreifen ließ man kräftige alte Bäume stehen - Sperrung der Ausfahrt zum Hotel deshalb hinauf auf die Autobahn und hinein in die Schlange, die ‚Gestauten' bewegen sich aber noch - nicht mehr - doch wieder, Stotterfahrt bis zum „Hotel Bastion" eines der Kette „your friendly hotel"; der Zuschnitt ist einfach, etwas merkwürdig was man hier unter einem Vier-Sterne-Hotel versteht, daran gemessen dürften die Unterkünfte die darunter liegen indiskutabel sein, es zeigt sich erneut dass in den einzelnen Ländern die Kriterien für eine Kategorie völlig unterschiedlich gehandhabt werden: einen geschlossenen Schrank für die Kleidungsstücke gibt es nicht, das Prinzip ‚alles offen' erinnert mich lebhaft an das Hotelzimmer im Ostteil Berlins, kleines Waschbecken, die Ablage dort reicht gerade für eine Person im Doppelzimmer, ein echtes Problem stellt die Dusche dar: Haftblätter gegen Ausrutscher fehlen, ebenso Schwellen die verhindern dass sich das Wasser im ganzen Raum ‚verläuft', das ist primitiv man bekommt beim nächtlichen To-Besuch nasse Füße - tut mir leid Badetuch aber du wirst als Barrierewurst zweckentfremdet missbraucht! Nachts ist es kalt, vergeblich suche ich nach einer zusätzlichen Wolldecke, glücklicherweise stellt das allein in einem Doppelzimmer keine unlösbare Schwierigkeit dar weil man beim Nachbarn die Decke ‚stiebitzen' kann; diese kleinen Unebenheiten fallen jedoch nicht weiter ins Gewicht, das Essen ist wirklich ganz vorzüglich und reichlichst, am Begrüßungsabend war das Tomatensuppe (!) Pommes mit mexikanischem Gemüse und Steak sowie Salat, dazu fehlten weder Mayonnaise noch Mexikana-Salsa auf dem Tisch; eine Übernachtung kostet 100, das Frühstück 15 Gulden (fl. = Florin, ursprünglich Goldmünze aus Florenz), einerseits nicht ganz billig andererseits für Den Haag - die Sternchen irritieren mich halt! Heute steht der „Keukenhof" auf dem Programm, die Fahrt führt uns Richtung Leiden/Amsterdam, zu sehen ist zunächst Industriegebiet, dann flaches Land in sattem Grün, Wassergraben, Windmühle, nun dehnt sich links eine große Wasserfläche, rechts grasen Kühe, es folgen Gewächshäuser, wieder ein Wassergraben, ein breiterer und danach ein See, auch hier mit Storch, jemand hat sich hinter einem Graben ein idyllisches Fleckchen hergerichtet: von Wasser umgeben steht da ein kleines Haus, Windmühlchen und eine Sitzbank in

Grün gebettet - uns ist nur ein kurzer Blick vergönnt schon huschen wir vorbei, begegnen weidenden Schafen, Kühen, erneut Schafen auf großen Flächen von den üblichen Baumreihen angenehm unterbrochen - Ulmen sind das? Na prima! Da noch so eine Idylle, dieses Mal etwas entfernter und mit Gärtchen, wirkt wie Spielzeug, bezaubernd schön; die Ansiedlung zu der wir jetzt kommen hat wenige Häuser und zwei Kirchen, eine braun-weiße und das Dach der anderen erweckt durch farbige Schindeln den Eindruck von Blüten; auf einer Hebebrücke überqueren wir den „Oude Rhin", ein Yachthafen beeindruckt durch Größe und Ansammlung von Schiffen mit und ohne Segeltakelage, lichter Baumbestand begleitet uns bis zur nächsten Brücke; dieses Dorf hat eine Kirche mit ‚Grünspandach', in Abständen machen nun Windmühlen die Landschaft zu einer typischen, kleine Schäfchen mit natürlich ein paar großen tummeln sich und eine Menge Gewächshäuser sind prägend; wir fahren durch einen Tunnel, über uns befindet sich der Kanal – richtig, Kanäle gibt's auch noch und haufenweise, wegen der vielen Möglichkeiten bestehen oftmals Probleme Gewässer die wir zu Gesicht bekommen zuzuordnen; die ersten Blumenfelder und das Schild „Keukenhof" aber - zunächst wieder ein Teich von Bäumen umgeben; Alleen laufen ins Land hinein weite Felder und Grünflächen dazwischen, Wohnhöfe manchmal von Wirtschaftsgebäuden umgeben und großen Bäumen, auf derselben Seite eine Ortschaft dann erneut Wassergräben, links jetzt auch und eine Brücke über einen Kanal, wir sind in „Zuid Holland" (wo wir ein „s" nehmen, haben sie immer ein „z" und umgekehrt); die nun auftauchenden Felder sind voll, nicht nur von Tulpen auch Osterglocken, Narzissen, Hyazinthen etc. dicht an dicht und in allen Farbschattierungen - wirklich eine Pracht; zwar ist es ständig trüb, ab und zu regnet's unterschiedlich stark, doch das schmälert den Eindruck nicht, evtl. wäre das leuchtende Gelb ohne Schutzbrille bei Sonnenschein gar nicht zu ertragen - wir sind da, 10.35 Uhr und bekommen freie Zeit bis 17 Uhr; die alleinreisende Dezernentengattin will sich uns anschließen sie zügelt sogar zeitweise ihr Redebedürfnis in gewohnt frischer Lautstärke; im **Keukenhof** selbst, der zwischen Amsterdam und Den Haag liegt, ist zunächst Schluss mit den riesigen Feldern, der Vergleich mit dem 'Palmengarten' in Frankfurt oder 'Planten und Bloomen' in Hamburg vermittelt eine gewisse Vorstellung von dem was wir dort erleben, spezialisierter, konzentriert auf überwiegend Zwiebelblumen in diesem Jahr, auf 32 Hektar ca. 6 Millionen davon; wir wandern durch das Blütenmeer aus strahlenden Farben, selbst die schwarzen Tulpen wirken wunderschön im Kontrast, natürlich trifft man auf diese Gattung immer wieder auch in Formvariationen, z. B. Federtulpen mit gekräuselten Blättern und kleinen grünen Knoten oder zweifarbigen Kelchblättern innen und außen verschieden; weiße Osterglocken die handgroßen Außenblätter stark zurückgebogen sehen wie Orchideen aus, Zweifarbigkeit gibt's auch bei anderen Arten: Narzissen, Amarillis Stiefmütterchen, Akeleien, Margeriten stehen am Mulchweg, Azaleen, Rhododendren, Hortensien, Flieder und Krokus variieren in den Farben, die ‚Kronen der Kaiser' blühen ebenso in gelb, Anemonen und große dicke Maiglöckchen wachsen da sowie Traubenhyazinthen; von der Windmühle aus (1892 -1957) genießen wir den schönen Anblick der „Endlos-Blumenfelder" in den herrlichen Farben ganz nah - hier ist die

Kehre; auf dem Rückweg haben es uns besonders die blühenden Schneisen zwischen den Bäumen angetan und die Glashallen mit den Arrangements außerdem das Orchideenhaus; trotz des Wetters das nicht ins Freie lockt bewegt sich eine stattliche Menschenmenge durch das Gelände, deshalb entscheiden wir uns für die Empfehlung des Fahrers im nahegelegenen **Lisse** ein Restaurant aufzusuchen, meiden die Futterstellen hier im Keukenhof = Küchengarten; an der Straße ist aber guter Rat teuer, rechts eine Kreuzung, links eine Tankstelle, Fußwege dorthin - weder noch, Häuser schemenhaft gegenüber hinter steiler Böschung ohne Zugang, da vorne gehen Leute am Fahrbahnrand zur Tankstelle hin, wir schlagen ebenfalls diese Richtung ein laufen und laufen; schon den ganzen Morgen machten wir die Schirme dauernd auf und zu, jetzt bleiben sie ständig offen denn es strömt herab, ich möchte gerne von hier aus die Blumenfelder fotografieren mit dem Café-Restaurant und dem Souvenirladen in orientalischer Zeltform im Hintergrund - verrenkt wie ein Fragezeichen gelingt es sogar und der Apparat bleibt trocken; auf der anderen Seite der Ampel beginnt die Ortschaft, die Straße zieht sich wie Kaugummi, jetzt schon warten einige Schaulustige an einem trockenen Plätzchen auf den Umzug - wir suchen ein Mittagessen, am Ende fragen wir uns zum Zentrum durch und landen im China-Restaurant „Dragon Town", verharren und erkämpfen uns einen Tisch, verspeisen ein vorzügliches „Bami Goreng"; gegen 14.45 Uhr streben wir hinaus um ebenfalls „Corso" zu gucken, unsere Begleiterin versichert uns später und erzählt dann auch den anderen es habe ihr „beim Griechen" ausgezeichnet geschmeckt; langes Stehen ist nicht jedermanns Sache unsere auch nicht, so gehen wir langsam Richtung Rückweg, schon wieder ein Schild: Rechtsanwalt und Notar, auffallend häufig und an schönen Häusern - kommt der Zug? Nein, nur ein Info-Auto und Jugendliche die alles Mögliche und Unmögliche zum Kauf anbieten - aber nun: Musikkapellen, die Uniformierten tragen schwarze Bärenfellmützen, dazwischen blütenverzierte Pkws oder mit Blumen geschmückte in Form goldener Kronen, auf großen Anhängern sind aus Blüten die Sphinx und zwei Pyramiden aufgebaut, verschiedene Tiergestalten fahren an uns vorüber, auch ein Dino-Wagen, Clowns, Türme mit Burgmauern, Windmühlen; wir stecken mitten im Gewühl, vor uns meistens Köpfe und aufgespannte Regenschirme vernünftige Fotos zu machen kann man da vergessen, selbst mit den Augen gelingen nur Schnappschüsse, doch die auf jeden Fall; für den Weg bis zur Ortsmitte von Lisse brauchten wir eine Stunde jetzt probieren wir die andere Seite aus und - siehe da wir kommen an der Kreuzung unweit vom Keukenhof heraus, nach 30 Minuten - oh Ingo, hätten sie rechts oder links gesagt! Na ja nun haben wir noch Zeit für einen Kaffee bzw. Kakao für mich und die geäußerte Feststellung dass uns die modernen Plastiken im Park zwischen den Beeten gestört haben; in der Information frage ich nach einer Broschüre und stelle wieder fest: langsam und deutlich gesprochenes Hochdeutsch wird überall verstanden, die Frau mit Brille neben mir die, mich ab und zu unterbrechend, auf das Mädchen hinter der Theke einredet, stößt allerdings auf erhebliche Schwierigkeiten als sie sich bemüht klar zu machen sie brauche Hilfe, sie finde weder ihre Gruppe wieder noch den Bus, die verzweifelte Frau erhält die Auskunft dass es keine Lautsprecheranlage gibt - ich denke erschrocken, wer hier verlorengeht ist wirklich verloren, da hilft auch kein langsames gutes Deutsch! Dann begeben wir uns zum Bus - gar nicht so einfach, ein lebensgefährliches Unternehmen weil Fußgänger im Gänsemarsch in beiden Richtungen an fahrenden Bussen vorbeiströmen, einige Menschen schleichen sich zwischen ihnen hindurch; wir sind die Letzten obwohl bis zur Abfahrt noch eine Viertelstunde Zeit wäre, aber wir haben's geschafft, sind in Sicherheit! Hier existiert keinerlei Organisation: man fährt per Handzeichen, von den Seiten kommend müssen die Autobusse irgendwie eine Reihe bilden sonst geht gar nichts, es gibt nämlich nur eine Ausfahrspur, dabei waren wir auf dem asphaltierten Parkplatz, da sind noch zwei weitere für Pkws und Busse, Wiesenflächen die nachgeben - unser Fahrer erzählt von einem Omnibus dem ein Räderpaar einsank, er konnte nur mit Hilfe mehrerer Lkws herausgezogen werden; mittlerweile dem Knäuel entronnen kommen wir zügig voran, nehmen eine andere Strecke, passieren ein altes Bahnhofsgebäude zum Lokal umfunktioniert „De verlorene Koffer" und das Haus das mit „Heksenketel" beschriftet ist - ansonsten das Übliche und doch abwechslungsreich: Gewächshäuser, Blumenfelder mit und ohne Unterbrechung durch Grünflächen, ein großes Wasser und Wassergräben gelegentlich ein Reiher, keine Blumen mehr, Grünflächen, Bäume und Wasser bleiben direkt am Straßengraben, im Schilf ein Schwanennest, Möwen - erstaunlich das Meer ist ziemlich weit weg; Häuserblocks tauchen auf und das „Winkelzentrum" mit Auto-Großverkauf: die Nummernschilder bleiben beim Auto klärt man uns auf und dass alle die in Holland durch die Fahrprüfung gefallen sind mit einem gelben fahren müssen! Über ein größeres Gewässer führt eine Hebebrücke, Hausboote liegen vor Anker, hübsch da zu wohnen, es folgen Wohnblockkasernen, weitere Blocks einer hässlicher als der andere, ein ganzes Viertel - noch mehr ein ganzer Ort? Also Scheußliches bauen können sie auch, wie schade; welch ein Glück endlich wieder Grasfläche, diesmal begrenzt durch gestaffelte Streifen von Gärten mit Häuschen, dann Windmühlen, Baumreihen, Birkenwäldchen, Wasser - auch von oben, es gießt; Graureiher stehen oft völlig unbeweglich auf einem Bein in der Gegend herum, hier gibt's sehr viele und erneut Schwanennester, sie machen uns Freude die Tiere die gar keine Scheu erkennen lassen; auf der Autobahn läuft der Verkehr problemlos in drei bis vier Etagen übereinander und kurz nach 18 Uhr sind wir im Hotel - da entspinnt sich tatsächlich eine Diskussion über die Frage ob wir anderntags Rotterdam besuchen oder einen Safari-Park, das Programm weist Rotterdam aus, dabei bleibt es! Heute Abend bietet man uns wieder Baguette und Knoblauchbutter vorweg an, danach Gemüsesuppe, Putenmedaillons, Bohnen, Kroketten, Salat, Soße und Majo stehen immer auf dem Tisch, als Dessert wird jedem ein Eisbecher mit dicker Schokoladensoße und Sahne serviert - herrlich! Verdauungsspaziergang wäre dringend notwendig, fällt aber aus denn Mantel und Schuhe sind gut eingeweicht und bedürfen der ruhigen Trocknung, ja - schaun wir mal, was haben wir hier im Fernsehen? Aha, ein Kanal mit Willkommensgruß des Hotels und Informationen des Hauses in Holländisch, Englisch, Deutsch, dann 19 weitere Programme, darunter BBC, ARD, ZDF, RTL, TV5, Eurosport und RAI Uno, aber auffallend viele eigene beachtliche Filmproduktionen in Muttersprache. Das Frühstücksbuffet enthält Weiß- und leichtes Graubrot, noch warme Brötchen, ebensolche

Croissants, Butter, Marmelade, Kaffee mit und ohne Coffein, Säfte, Sauermilch und normale, Flakes, Käse, Wurst, am Sonntag außerdem Eier und Obst - ausreichend doch nicht überwältigend üppig; auf der Autobahn Richtung Rotterdam geht eine Abzweigung nach Delft, hier säumen nur wenige Hochhäuser den Weg, eine Windmühle, Schafe, Lämmer, Kühe und ein Auerhahn bevölkern viel Grün und – Wasser, dazu singt Heino; der Himmel ist bedeckt aber bisher blieb's trocken, in den Wiesen stehen Wasserpfützen, links ist jetzt der Europort „Hoek van Holland" zu erblicken das heißt vor allem der Kontrollturm, über eine große Stahltrossenbrücke erreichen wir die ersten Häuser von Rotterdam vor denen ein nicht zu übersehendes Plakat mit 'Muhamed Ali' prangt; **Rotterdam** ist eine Industrie- und Hafenstadt, die Häuserzeilen sind ein Gemisch von hässlich bis sehr schön, z. B. hübsche Backsteinfassaden in rot mit grau, ein Dach aus besonders großen Schindeln; der riesige Bergungskran fällt auf sowie der 1960 gebaute 185 m hohe Euromast, die zentrale Kontrollstelle des Hafens dem eine Kette von Radarposten zuarbeitet; wir sind über die Maas gefahren deren Nord- und Südufer 1940 durch einen Tunnel miteinander verbunden wurden, die Stadt besitzt u. a. ein „Museum für Völkerkunde", die „Erasmus Universität" und hat 600 000 Einwohner, der Hafen macht die Hälfte des Stadtgebietes aus; wir bekommen Gelegenheit zu einer Hafenrundfahrt, nicht mit „De Pannenkoenen" - Schiff das da liegt sondern wir haben auf eins der Reederei „Spido" zu warten, dadurch Zeit zum Herumgucken: als Wahrzeichen erhebt sich hinter der Anlegestelle das Monument „De Boeg" = der Bug, ein Stück weiter auf der Uferpromenade stehen die gleichen weißen ‚orientalischen Zelte' wie im Keukenhof das „Tulip Inn"; das da links von uns ist die „Willemsbrücke", die mit den zwei roten Pfeilern, die auf der rechten Seite mit den hellgrauen Streben und dem abgeknickten Pylon trägt den Namen „Erasmus Brücke", über sie führt eine Schnellstraße aus mehreren Bahnen, sie ist 800 m lang, hochklappbar und hat einen 130 m hohen Knickmast; 'Erasmus' eigentlich Gerhard Gerhards war der bedeutendste Humanist sagt man, geboren in Rotterdam zwischen 1465 und 1469, gestorben in Basel 1536, er ist der Mitbegründer der neuzeitlichen Philologie, übte nachdrücklich Kritik am Katholizismus, leistete erhebliche Vorarbeit für die Reformation, betätigte sich dann aber als Vermittler und blieb Katholik während seine Landsleute zum Calvinismus übertraten, er hatte internationale Kontakte Verständigung erfolgte über die Gelehrtensprache Latein; unmittelbar vor uns das große Tor erinnert mich an das in Bombay, symbolisiert die bereite Offenheit des Hafens der sich aus kleinen Anfängen zum „Tor für Europa" danach zum „Tor der Welt" entwickelte, nach und nach wurden die dem Meer zufließenden Wasserläufe genutzt und ausgebaut; die „Marco Polo" dockt an und spuckt ihre Passagiere aus, wir dürfen uns beteiligen das Schiff wieder zu füllen, ein Löschboot macht uns die Freude und sprüht vor dem Ablegen aus vollen Rohren - ein toller Anblick! Während der Fahrt werden wir über Lautsprecher ‚gebildet' in Deutsch, Englisch, Französisch: „Waterstadt" ist also der älteste Teil von Rotterdam 1613 entstanden durch Hafenerweiterung; da balancieren Kubuswohnungen auf Stelzen und jetzt piekt ein schönes Glas-Hochhaus wie ein Finger in den Himmel, in einer breiten Einbuchtung liegen alte Segler, dahinter steht eine kleine Windmühle - von hier aus sind die Pilgerväter nach England aufgebrochen um dann mit der „Mayflower" in die USA weiterzureisen, inzwischen besteht längst eine Direktverbindung: zunächst durch HAL = Hamburg-Amerika-Linie für Personen, danach HAPAG auch für Fracht; am Ufer ein Wohnblock mit 'Delft -Obergeschoß'; auf dem Wasser das große Segelschiff „Europa", weitere Wohnblöcke und antike Seefahrerkirche dahinter, wir erreichen **Sriedam**: älter als Rotterdam bekannt für den „Genever", Ort hat durch den Rheinarm direkten Zugang zum Bodensee; die zahlreichen Becken des Hafens geschickt ausgerüstet schaffen ideale Bedingungen für das Ziel der Welt größter Hafen zu sein und zu bleiben, das Erdöl betreffend ist die erste Etappe bereits geschafft, Symbol dafür der 230 m hohe „Shell"-Turm, doch andere Gesellschaften sind unterdessen ebenso in den fünf Petroleum-Häfen vertreten wo man auch Raffinerien betreibt; die Becken nutzt man heute spezialisiert, es gibt beispielsweise den Massengut-Hafen, den für Stückgut Autos = „Brittanie-Hafen", sowie den Container-Hafen, 4 Millionen Einheiten werden abgefertigt ca. 40 000 pro Schiff, bis 2010 rechnet man mit 9 Millionen Einheiten, an Fracht werden z. Zt. insgesamt 300 Millionen Tonnen jährlich umgeschlagen; natürlich sind auch Schwimmdocks vorhanden und 350 Kräne, viele Waren können auf dem Strom sofort in Binnenschiffe umgeladen werden, der Bau einer unmittelbar zugänglichen Eisenbahnlinie wurde begonnen; der Gezeitenunterschied beträgt 1,75 m, um die zweckdienliche von Natur aus günstige Tiefe der Wasserstraßen zu erhalten ist ständiges Ausbaggern nötig; der Hafen verändert sich dauernd, er wird vor allen Dingen vergrößert und auch verbessert, der Betrieb und die Dienste laufen rund um die Uhr auch die Lotsen arbeiten so, es gibt welche die Schiffe vom Meer hereinholen und meistens mit Hilfe von Schleppern zur Anlegestelle bringen, der offene Zugang zur Nordsee ist inzwischen durch Sturmflutwehre regulierbar ein dringend erforderlicher Schutz; nach 8 km Fahrt mit 25 km Abstand zum Ozean wenden wir, bestaunen weiterhin Schiffe die heute am Sonntag friedlich vertäut sind, passieren die Schiffsbau-Fabrik RDM „Albatros" die früher große Passagierdampfer baute, nun U- Boote und Haubitzen herstellt; es folgt das ehemalige Verwaltungsgebäude der HAL mit grüner Kuppel - schon sympathischer, dient nun als Hotel und trägt den Namen „New York", ein Stück voraus fällt ein Turm ins Auge mit ‚Bienenwaben' – Wohnungen, wahrscheinlich ein Oktogon, „Het Potlood" originell - manchmal haben sie ja Ideen! Die Rundfahrt ist nach 70 Minuten konzentriertem Erlebnis zu Ende und unser Bus nimmt uns wieder auf: es geht an einem alten Wohnturm mit Stadtmauer vorbei und hübschen historischen Gebäuden in einem Halbrund, hohen langgestreckten Häusern, am Stadion entlang, erneut ein ‚Fingerhaus', hinter der Brücke die wir überqueren befindet sich ein ausgedehnter Teich; eine Laubenkolonie schließt sich an, eine Unmenge Gewächshäuser folgt, danach viel Grün, Gelb, teilweise gemischt mit dem Weiß des Schierlings, Wasser, Bäume - eine ansprechende Landschaft von großzügigen Verkehrsadern durchzogen und die Sonne scheint! Baustellen: links eine große rechts eine kleinere, nun begleitet uns auf dieser Seite ein Fluss, auf der anderen tauchen adrette Reihenhäuser auf, wieder Wassergräben, ein Kanal und die Linge - der Fahrer hat eine Volkslieder-Kassette eingelegt und pfeift die Melodien hingebungsvoll und völlig falsch mit; Alleen unterschiedlichen Alters säumen den Weg, links ein Wäldchen, rechts die Abfahrt nach Leerdam - und wieder mal ein Hinweisschild auf Polder: dieses geschützte eingedeichte Marschland, Schafe farblich verschieden und Kühe schwarz-weiß, braun-weiß und braun vertilgen geruhsam leckeres Grünzeug, ‚Windmühlentreff': eine in schwarz, ein Auto dem eine aufgemalt wurde und ebensolche Blumentöpfe, danach eine im Dunst; das Sumpfgebiet mit Weiden weckt Interesse, auch die Brücke die vier graue Pfeiler hat und starke Streben, unweit einer Ortschaft trägt der dortige Kirchturm oben zwei Metallgalerien mit gotischen Ziertürmchen an den Ecken; Pause in der Raststätte „De Lucht": Möglichkeit noch ein paar Gulden loszuwerden aber schwierig sich zurechtzufinden, der Aufbau des Angebots ist auch ziemlich unübersichtlich; als wir weiterfahren gibt's rechts eine Plantage zu sehen mit vermutlich Obstbäumen, Industrieblocks davor ein stilisierter Schiffsmast mit Segel aus blauen Mosaikeinlagen, Kirche hat ein Zackendach über dem Turm wie in Den Haag; Schlösschen mit kleinem See und Springbrunnen davor, links ein Teich, Bäume nehmen erheblich zu, in Richtung Venlo mischen sich solche mit Nadeln darunter; die Autobahn weist viele Abzweigungen auf in langgezogenen Schleifen - nun kommt ein leichtes Gehölz ins Blickfeld und drei Rappen, Gartenhäuschen mit Grünstreifen, Einfamilienhäuser - dann der Ort, wir bestaunen stattliche Pferde, schlanke in allen Brauntönen und zwei kräftige wie für eine Bierkutsche, Kühe, eine Reihe Birken wächst unmittelbar neben der Autobahn - zunächst nur rechts, jetzt auf beiden Seiten, erscheint endlos bis sie rechts ein größeres Wasser ablöst, Gewächshäuser folgen, es regnet die Kühe werden nass, hier ist die Erde auf einmal schwarz, bleibt auch lange so; ein Teich, Kanalbrücke, die Autobahn wird verbreitert, blühende Bäume, 35 km bis Venlo; ausgedehnte Ackerflächen wechseln mit Weiden und kleinen Wäldern ab, ebenso reinen Birkenwäldchen, Kühe und Pferde grasen zwischen den Bäumen, ein großes Wasser ändert das Landschaftsbild und ausgedehnte Nadelwälder in Mischwald übergehend; eine Brücke führt über einen Fluss wir sind in der alten Hansestadt **Venlo**: hier scheint es ausschließlich Gewächshäuser zu geben besonders für Tomaten, Gurken usw., die Reihen erstrecken sich unendlich, das Container-Denkmal an der Kreuzung ist allerdings Geschmacksache, dann haben uns die Treibhäuser wieder - oder wir sie für lange Zeit, da ist ja noch mal so ein Monument jetzt ein Doppel-Container - na ja, wirklich! Auf der schmalen Böschung am Straßenrand wachsen kleine Nadelbäume, der Boden von Moos und Untergehölz bedeckt sieht schön aus - vorbei, Industriegebiet, das Überfahren der Staatsgrenze auf der Strecke Nettetal/Viersen geschieht noch unmerklicher als auf dem Hinweg; die Wasserflächen verlassen uns noch nicht, ein gefüllter Graben verläuft quer, beachtliche Baumanpflanzungen wurden vorgenommen, in **Breyell** gibt's eine Kirche die gefällt, danach viel Gehölz, ein großes Wasser und riesige Folienareale; Ackerland und Grünflächen im Wechsel, mal mehr von dem einen mal mehr vom anderen, sehr flache Gegend mit weit entferntem Horizont, eine Siedlung, Felder und Wiesen und einige Büsche und Bäume; hohe hübsch mit Pflanzen überzogene Straßenränder versöhnen etwas und leiten in eine gemischte Landschaft über - na so was, da steht eine Windmühle in Steinpilz-Form; nun wird's aber richtig langweilig: tischeben, außerdem regnet es Bindfäden, wenigstens blühen ein paar

Bäume und langsam wellt sich's leicht am Horizont rechts, links betreibt jemand eine Obstplantage; schön die Bäume mit den dunkelroten Blüten zwischen denen in weiß oder rosa, da ist tatsächlich Raps, ein ganzes Feld dieses wunderbare Gelb! An den Wolken hat sich eine klare Abgrenzung gebildet, die dunklen ziehen sich langsam nach hinten zurück, wir bewegen uns in die Helligkeit hinein mit Äckern voller Raps und Kirchlein auf Hügeln, die dicht bepflanzte Böschung flacht ab der üppige Bewuchs bleibt, herrlicher Fernblick; nach viel Wald sehen wir in ein besiedeltes Tal - das Wetter ändert sich schon wieder: große gelbe Streifen durchziehen den Himmel, rechts wo der Burgturm auf einer Anhöhe steht hängen dunkle Wolken, doch wir fahren im hellen Bereich; „Brohltal-Raststätte" die Abhol-Anrufe erfolgen von hier aus, deshalb wird kurz pausiert - weiter: im Mischwald blüht's, der Höhenzug vor uns ist noch sehr weit weg, verrutscht nach rechts, zwei Kuppen kommen ganz nah, links rücken niedrige Berge nach, erst wenige dann mehr, nach der Ruine auf der rechten Seite führt unsere Straße stetig nach oben, Hügel rundum und die unangenehm aussehenden Wolken befinden sich mittlerweile links, auf der Gegenseite haben wir einen traumhaften Blick auf die Moselschleife, nun geht es gemächlich bergab, Funkturm auf einer Erhebung, zunächst unerreichbar fern, kommt langsam näher - sehr langsam es dauert und - die drei roten Kontrollämpchen auf dem Armaturenbrett vom Bus leuchten immer noch, was soll's, wir fahren und es regnet wieder mal; unser beider Bustour endet am Rasthof „Mosel-West", dort wartet schon das „Taxi", der freundliche Junior-Chef bringt uns bequem und sicher sogar bis vor die Haustür; das Motto der Reise können wir bestätigen: in den Niederlanden gibt es außerdem - viel Wasser! Sollte der geneigte Leser in der Erzählung Lücken entdecken, so ist die Ursache dafür dass die Empfehlungen der Dezernentengattin was alles „für die Zeitung festgehalten werden muss" von der Schreiberin nicht immer befolgt wurden, es war der lieben Frau nicht zu vermitteln dass die Notizen nur für den ‚Hausgebrauch', das heißt die Daheimgebliebenen bestimmt waren und - mehr kam dabei nicht heraus.

Island-Reise (September 1999)

Der Bahnhofsvorplatz wird umgebaut, trotzdem gewohnter Treffpunkt beibehalten, heute vor der dortigen Kneipe Drogen-Razzia durch Zivilfahnder, suche mir lieber eine andere Stelle zum Warten auf den Zubringer-Kleinbus, Abfahrt dann doch am ‚Filzplatz' und pünktlich, obwohl es wegen der vielen Baustellen in der Stadt dauernd Staus gibt, sofort entsteht die Diskussion: über Rheinböllen oder Brohltal, wie fahren wir? Mir egal wenn ich nicht streckenverantwortlich bin - an Rheinböllen vorbei fällt bei Laudert ein wuchtiger Wind-Energie-‚Quirl' auf und jemand der Birnbaumzweige im Kofferraum transportiert; schöne Moselschleife - bisher flotte Autobahnfahrt, Telefongespräch nahe dem Etappenziel Brohltal: sieben Leute im Kleinbus zwar verspätet aber wohlbehalten angekommen - Dame aus Rheinböllen fehlt, man entscheidet sie wird separat ‚behandelt'; für uns nur kurze ‚PP' nichts mit Imbiss, Umstieg in einen großen Bus, ca. 19 Uhr geht's weiter: zunächst gemächlich wegen einer Baustelle dann etwas schneller aber mit Tempobeschränkung; strahlend blauer Himmel, Talbrücke Bengen sehr gute Fernsicht, Hinweisschild: Köln/Aachen/Venlo; rechts ziemlich weit weg letzte Erhebungen danach flach, Ballons tauchen auf, erst links jetzt beiderseits, wahrscheinlich für den Bonner Flughafen zur Markierung der Überlandleitungen - so große, ah das sind Fesselballons unter ‚Pinselstrich'-Wölkchen, wir bewegen uns geruhsam haben noch viel Zeit; Abzweigung nach Aachen/Venlo, wir behalten die Richtung Köln bzw. Dortmund bei, nehmen nicht die Abfahrt Düsseldorf-Süd sondern Krefeld/Worringen, noch 34 km; Sonnenbrille absetzen, die Abendsonne ist strahlender Mittelpunkt einer goldfarbenen Fläche in rötlicher Umgebung, taucht alles in dieses Licht, die meisten Autos haben bereits ihre Scheinwerfer an, auf den Schildern nun Düsseldorf mit Flugzeug-Emblem; Sonne geradeaus wechselt von glutrot zu blutorangefarben und sinkt immer tiefer ins sie umgebende Dunkelgrau, weiterhin entsprechend ausgeschildert Zentrum und Flughafen, rechts bestellte Äcker auch Gemüsefelder, eine Brücke führt über Bahngleise - jetzt haben fast alle Autos Licht an, über Hochbahn und Rheinbrücke, nun kommt das weiträumige Flughafengelände in Sicht mit großen Parkplätzen zwischen den verschiedenen Hallen A bis E, bei der Einfahrt steht rechts das Urlauber-Parkhaus, gedeckt mit einer Reihe hellgrüner ‚Asiatischer Hüte'. Unsere Gruppe ist vollzählig: 21 Personen, Abflugsteig erst E 95 - dann 96, LTU 1928 ist ein Airbus, der nette junge Mann gab mir einen Fensterplatz, wo? Auf leuchtendem 3/4 Kegel am Ende einer Leiste steht die Nummer, seitlich sind die Buchstaben für die Sitze angegeben, Giraffenhals wäre dafür günstig! Wir fliegen 21.30 Uhr ab und sind 2 Stunden und 50 Minuten unterwegs meistens in 10 700 m Höhe, die Sonne geht für uns heute noch einmal unter und braucht dazu viel Zeit, um 23.30 Uhr ist sie endgültig weg so scheint es; Großbritannien zu sehen, dazu Inseln mit und ohne Brückenverbindung - Schluss mit gucken es gibt etwas zu essen: Spätzle, weißes Geflügelfleisch, gelbe Rüben und Erbsen, Vollkornbrot und Butter, Fischsalätchen, Süßspeise und eine kleine Toblerone - reichlichst also und geschmacklich ansprechend; kurz vor Mitternacht geradeaus Abendrot am Horizont, von der linken Seite dorthin gerutscht, Ankunft in **Keflavik** um 0.30 = 22.30 Uhr Ortszeit, sehr sanfte Landung, Löwenanteil des Flughafens ist militärisches Gebiet der Amerikaner seit 1940 aber auch NATO-Stützpunkt, wir rollen bis zum Schild „Civil", darüber hinaus bis zur Halle, die Koffer sind auf anders deklariertem Band aber da; draußen nimmt uns Wind in Empfang, tatsächlich und - der einheimische Reiseleiter heißt so: Kari, trockenen Fußes erreichen wir den ersten Bus links, alle drin alles verstaut; wir fahren: es regnet, die amerikanische Siedlung an der wir vorbeikommen ist eine der größten Islands; im weiten Gelände zwischen den Ansiedlungen lebt „verborgenes Volk" z. B. Elfen, die natürlich nicht jeder sehen kann, nach 40 Minuten erreichen wir **Reykjavik** = rauchende Bucht, links „Perle" mit Drehrestaurant und Leuchtfeuer obendrauf für den Flughafen hier, Universität, interessante Kirche (von Architekt Samùelsson), älteste Kirche auf der anderen Seite; Rechtsverkehr, viele Ampeln und Bäume (!), See im Zentrum, großflächig angelegte Stadt nichts mit - schnell mal quer durchlaufen! Vier Einzelzimmer ausgelagert ins „Foss-Hotel", ich nicht dabei, dann Zimmerverteilung im „City-Hotel" Rànargata 4a, gegen 2 Uhr - nach unserer Zeit, im Zimmer dankbares Zurückstellen der Uhr um zwei Stunden: eine sowieso und eine da keine Sommerzeitbenutzung, erholsamer Schlaf ist angesagt denn die Stadtrundfahrt morgen beginnt erst um 11 Uhr. Bis dahin habe ich sogar, wie andere von uns auch, einen Morgen-Spaziergang hinter mir, mich führte er zur einzigen hiesigen katholischen Kirche, erste Fotos geknipst; Landflucht in die städtischen Ballungsräume, Statue des Stadtgründers vor dem Nationaltheater, er legte 874 hier einen Bauernhof an; Hausberg Esja 790 m hoch mit erstem Schnee von letzter Nacht, hier wachsen Kartoffeln und Mohrrüben, Alkohol gibt's sehr teuer in staatlichen Geschäften (wie in Skandinavien), Nationalgetränk ist „Brennivin" = schwarzer Tod; rechts Altersheime mit Blick aufs Meer, Lebenserwartung: Frauen 80,6 Männer 76,5 Jahre - Fisch und heiße Quellen machen's möglich, auf der gegenüberliegenden Seite befindet sich der Frachthafen; ein Wohnhaus in pink, eins in lila, Isländer lieben es farbig und dürfen wie sie wollen, sie gehen gerne ins Kino und zu ihren Partys bringt jeder sein Bier mit; eine Oper, zwei Theater existieren, die Menschen leben der Helligkeit angepasst, nur drei Monate im Jahr haben sie Sonnenlicht; Kirchen in moderner Architektur, Eigentumswohnungen: 70 m² für ca. 80 000 DM, bei 30% Eigenkapital bekommt man 70% Staatskredit ansonsten sind um die 1 200 DM Miete monatlich fällig, das Einkommen sei knapp, wenn beide Eheleute arbeiten komme man aus, 38% Steuern, kompliziertes Rabattsystem auch bei der medizinischen Versorgung: ca. 18 DM für den Arztbesuch, Sonstiges frei, geringen Medikamentenbedarf bezahlt man selbst, benötigt man viel erhält man Nachlass; Besuch des „Freilicht-Museums": Mysterium der doppelten Uhren, eine normale und - eine gegenläufige, Ursprüngliches wurde gesammelt, Geschichte: von Wikingern dann Norwegern besiedelt, Entwicklung zum bäuerlichen Sippenstaat mit „Althing" dem Vertreterkreis, friedliches Zusammenleben kam nicht zustande, blutige Fehden, 1262 erfolgte deshalb die freiwillige Unterwerfung unter die Autorität Norwegens, 1380 fiel Island an Dänemark, 1874 erhielt es erstmals eine eigene Verfassung, 1918 Teil-Selbstständigkeit seit 1944 besteht die unabhängige Republik mit einem Präsidenten an der Spitze, haben keine Armee, nur Berufsfeuerwehr und Rettungsmannschaften in jedem Ort; 1940 kamen die Briten, 1941 die Amerikaner, letztere blieben; Religion: im Jahr 1000 erfolgte die Einführung des Christentums, 1550 erreichte die Reformation die Menschen, 95% der Inselbewohner gehören heute der Evangelisch-lutherischen Isländischen National- (Staats-)kirche an; Wirtschaft: Fischerei und Fischverarbeitung, Schaf- und Pferdezucht, Kühe, Schweine, Hühner, an Pelztieren: Fuchs und Nerz; auf dem Gebiet der Gen-Technologie sind die Isländer führend, Abbau von Bimsstein Baumaterial z. B. für Ziegelsteine, florierender Warenverkauf und -austausch besonders mit Japan, ebenso Großbritannien, USA und Deutschland, früher auch Russland - positive Handelsbilanz! An EU-Beitritt nicht besonders interessiert, Assoziierung mit etlichen europäischen Ländern scheint ihnen völlig zu genügen, Sorge um die Fischfangzone wird verneint - falls doch wäre es gut verständlich, es ist der Lebensnerv; zur Zeit Island im Aufschwung, Zeichen dafür der Autoboom, eigenes Auto wichtig, ab 16. Lebensjahr Probefahren erlaubt ab 17. Führerscheinerwerb; Rhabarber, Kartoffeln, Karotten im Vorgarten, Bäume darin und an den Straßen, öffentliche Verkehrsmittel sind ausschließlich Busse, rote Wartehäuschen gehören dazu; links wieder eine Kirche, gegenüber haust das „verborgene Volk" mit dem man respektvoll zusammenlebt; fast hätte ich die Molkerei vergessen an der wir vorhin vorbeifuhren die überwiegend Kuhmilchprodukte herstellt, von Schafskäse scheint man nicht viel zu halten; Schwimmbad und natürlich Thermalbad - im Land Niedrig- und Hochtemperaturgebiete (Geothermik), für heißes Wasser Wärmeaustausch gebaut, dient auch zur Entschwefelung, riecht noch etwas danach wenn man einen Wasserhahn öffnet, oft politische Gespräche im „warmen Pott"; Treibhaus mit Gurken, Tomaten, Paprika, nun Künstlerhaus von Sveinsson (auch Svenson), Plastik „Ritt zur Hölle" Warnung vor Übertreibung der Moderne; Sporthalle: hauptsächlich für Handball, großer Fußballplatz noch im Freien ‚unter Verputz' geplant; Aufsuchen des ehemaligen Botschafterhauses aus norwegischem Holz, Gespenst zog ein, jetzt nur noch tagsüber genutzt als Kongress-Treffpunkt, z. B. damals mit den Herren Gorbatschow und Reagan; nahe der Mitte der Stadt Busbahnhof sowie Einkaufszentrum, durchqueren die große Ringstraße Miklabrand (phon.) die zweigeteilte Hauptverkehrsader, Straße mit Kunstboutiquen; vor der „Hallgrimskirche" Denkmal von 'Leif Erikson' Sohn 'Erich des Roten', dem Entdecker Amerikas anno 1000 das er „Winland" = Weinland nannte weil er auf Reben stieß (Golf St. Lorenz), seines Vaters Interesse galt Grönland; Regierungsgebäude früher Gefängnis gewesen, ältestes Gymnasium links, vor uns das Rathaus mit in den See hinausgebauter Säulenfassade, Kunstmuseum, Fischereihafen: **Hvalur** „Valur" = kleiner Wal, alte Fangschiffe werden gut gepflegt in der Hoffnung auf erneuten Einsatz sobald das Walfang-Verbot aufgehoben würde, bis dahin begnügt man sich mit hauptsächlich Dorsch und Schellfisch aus dem Meer und haufenweise Lachs aus den Flüssen; die 200-Meilenzone funktioniert mit Hilfe der Küstenwache, hier gibt's wenig Gezeitenunterschied und durch den Golfstrom nur geringe Temperaturschwankungen des Meerwassers, liegen in Winter wie Sommer zwischen 10° und 5°C, Wintergaragen für kleine Fischerboote, Seemannsschule mit ‚Kirchtürmchen'; immer wieder einmal wohlgerundete Moränensteine hübsch arrangiert oder zu Vorgarten-Männchen zusammengebaut; Graugänse auf der Wanderschaft, „Staatsbibliothek",

„Nationalmuseum" wegen Renovierung noch lange geschlossen - schade; Universitätsgelände mit Gebäuden für die verschiedenen Fakultäten: Basisabschluss dann Spezialgebiete im Ausland studieren; mit 3 Jahren Aufnahme in den Kindergarten, ab 6 geht's für sieben Jahre in die Grundschule Schulpflicht besteht insgesamt für zehn Jahre, auf jeden Fall wird Isländisch gelehrt, Dänisch, Englisch und Mathematik, in der Höheren Schule kommt eine weitere Fremdsprache dazu: Französisch oder Deutsch; im Gymnasium wie an der Universität herrscht das Punktesystem, sobald die erforderliche Zahl erreicht ist hat man die Ausbildung abgeschlossen unterzieht sich der zentralen Prüfung, normal nach acht, schnell nach sieben Semestern, bei ca. drei Monaten Sommerferien, Beispiel für die Spezialisierung: Medizin, Abschluss des Studiums Allgemeinmedizin, Weiterqualifikation ist im Ausland zu erwerben; Studenten erhalten vom Staat Minimum-Unterstützung wer nebenher arbeitet und gut verdient muss zurückerstatten - es gibt noch eine Musik- und eine Kunstschule; wir fahren zur „Perle", auch sie steht ‚unter Wasser' jedoch kunstvoll, von oben herrlicher Rundblick: Halbinsel, Aluminium-Schmelzwerk, Inland-Flughafen: die Flugzeuge bewegen sich so dicht über den Straßen und Dächern, das Fahrgestell ist beinahe zu greifen, Flugplatz umstritten wegen des ungleichen Verhältnisses von Bedarf und Gefährlichkeit; wieder im Bus, wer will kann gleich im Zentrum bleiben - aber klar, nach vorhin Krabben-Sandwich im Perle-Drehrestaurant:Spaziergang über die Hauptgeschäftsstraße, Einbahnstraße in Schlangenlinienform, Bäume (!) auf Mittelstreifen, „Birkenstock" und „Rosenthal", 'James Dean' wirbt im Schaufenster der Bar „Lille Put", Seitenstraßen mit Parkplätzen; chinesische und italienische Gaststätten, „Nike"-Laden, gemalte Wikingerszene entlang der Hausfront vom „Café Paris", Drachenboot auf Haus, viele kleine Läden und Boutiquen, Waren alle sehr teuer, eine Menge kleiner Cafés und Bars, je ein Bäcker, Lebensmittel-, Obstgeschäft - kein Fischladen, keine Metzgerei; ich hab' versäumt ein Nachthemd einzupacken, hier kann ich sicher eins kaufen - gar nicht so einfach aber erfolgreich, auch noch zu herabgesetztem Preis zu bekommen - wirklich mit Preisnachlass? Es ist das teuerste Nachtgewand das ich jemals erworben habe aber auch das wärmste! Kein Abfall auf den Straßen, überall sehr sauber, nicht nur weil der Wind fegen hilft, gepflegte Fassaden, keine abgeblätterte Farbe, à propos Farben: vor allem rot, grün, blau in verschiedenen Tönen - zu Fuß zurück ins Hotel? Noch zu früh, Abstecher zum See „Tjörnin" fast bereut, an der Kreuzung lebhafter Verkehr - muss man drüben geboren sein um dorthin zu kommen? Nein, Lücke erwischt! Abends Fisch-Buffet im „Hotel Esja" dem „Icelandair Hotel" - schmeckt gut, Angebot aber leicht überschaubar, eben kein „Skandinavisches". - Um 9 Uhr Koffer gepackt, gefrühstückt, bereit zum Aufbruch, ade R., das Doppelzimmer für mich allein war nicht zu eng, die Ausstattung schlicht, hier gab's die ganze Nacht hindurch lautes Reden auf der Straße, dazu das Schlagen von Autotüren - mal sehen wie wir in Selfoss wohnen; pünktliche Abfahrt: am „Tollhusid" mit großen Fassadengemälden vorbei, Wohnhäuser aus Holz oder Wellblech dem billigeren Material; heute weht ein sehr strammer Wind bewegtes Meer hat Schaumkronen, der Herbst beginnt erste Blätter fallen, der Horizont geradeaus ist nebelverhangen, eine Rauchfahne liegt fast quer, wir fahren nach Nordosten, es sprüht etwas, eine Menge

Erde wird bewegt: Straßenbau, die Autobahn hat drei dann zwei Spuren, hübsche kleine Statuen stehen am Fahrbahnrand; Kreuzung für Straßen nach Osten, Westen, Norden und wir erfahren dass - die Himmelsrichtungen schnell durcheinandergeraten weil die Isländer sie anders benutzen als auf Landkarten angegeben; Golfplatz, rechts Heißwasser-Tanks und Treibhäuser, links kleine Siedlung; nun ein Ort, teilweise schüchterne Baumanpflanzungen entlang der Häuser, Erwerbszweig hier Strickindustrie und Wollausfuhr, Gebäude werden mit Erdwärme versorgt; viele Kreisel schön begrünt, die ersten Islandpferde: sie sind reinrassig, die Züchtung zielt auf Optimierung ihrer Fähigkeiten ab - die Beherrschung der fünf Gangarten wichtig nicht das Aussehen, man verkauft sie, nimmt sie bei Problemen aber nicht zurück, so wie überhaupt das Einführen von Tieren verboten ist, Artenveränderung soll dadurch vermieden werden und vor allem das Einschleppen von Krankheiten; Versuchsstation-Wäldchen auf der rechten Seite: man will Baumarten herausfinden die sich für die hiesige Region am besten eignen, großes Aufforstungsprogramm wird betrieben, im Rahmen staatlicher Förderung erhalten zudem Privatpersonen einen Zuschuss wenn sie einen Baum pflanzen, die frühere Waldfläche von 25% ist auf jetzt 1% geschrumpft weil Bäume für Bauten und Holzkohle verwendet wurden - dann kamen Schafe und die Erosion; wir sind um die Bucht herumgefahren, R. liegt nun links, die Straße verläuft unterhalb des Bergzuges den wir von der Stadt aus immer im Blickfeld hatten, seine Schrägen sind teils schroff teils sanft mit viel grünem Überzug, grauer Fels löst ab und Hänge aus dunklem Sand - diese Farben, noch vielfältiger im Wechselspiel von Licht und Schatten, unglaublich, herrlich! Statt Fähre geht's in einen Tunnel der am 01.07.1998 nach 2 1/2 jähriger Bauzeit von Isländern mit Unterstützung von Norwegern fertiggestellt wurde, die Direktverbindung erspart 40 km Weg und viel Zeit, er ist anfangs zwei- dann dreispurig, eine PKW-Durchfahrt kostet knapp 300,- DM Maut, manche haben auf dieser Etappe ein mulmiges Gefühl – geschafft, Tageslicht; dunkelgraue Hügel begleiten uns hellgrün überzogen, auch Steilhänge; **Akranes**: etwa 5 200 Einwohner mit zu 2/3 irischem und norwegischem Blut, gelbes Haus mit Dach in orange ein anderes hat einen blauen Sockel, weißes Mittelteil, Fensterrahmen und Dach wieder apfelsinenfarbig - grelle Sonne und Nieselregen wechseln ab, die Seemann-Plastik ist das Wahrzeichen des Fischerortes, man lebt insbesondere von Dorsch, früher existierte man von Fischfang und Saisonarbeiten im Wechsel, nach Beendigung des dänischen Handelsmonopols wurden die Menschen sesshaft und der Broterwerb auf ersteren festgelegt, das Segelschiff „GK 1,7" mit zwei Masten ist charakteristisch für den Dorschfang in großem Stil und erinnert daran, es gibt Silos für Fischmehl - Hafenspaziergang? Lieber nicht, Gischt sprüht über die Steinwälle bei geschätzter Windstärke 8, soweit zu beurteilen Felsenküste und Abschnitte mit Muschelsand; „Sportzentrum": Mehrzweckhalle, Fußballplatz, Schwimmbad, nun Zementwerk und Steinbruch; Isländisch ist Amtssprache, eine alte germanische Sprache, rein erhalten durch die Isolation, dem Skandinavischen - noch hörbar verwandt: jeweils phonetisch querr = Quelle, foss = Wasserfall, reyk = Rauch, gauwirr = Schlucht, heiti = Gefahr, mehrere Worte für Meer die unterschiedlichen Zustandsformen beschreibend; die Heißwasserleitungen neben dem Straßengraben sind gut isoliert, verlieren kaum an Wärme, keine Pumpen nötig wegen der Nutzung von natürlichem Gefälle; flache Hügelkette jetzt im Rücken - sind auf der A 1 Richtung Bogarnes unterwegs bei „kariertem Wetter" wie sie es nennen: links klarer stahlblauer Himmel, geradeaus Wolken in blendendem Weiß, rechts dunkel verhangen; ziemlich kahle Flächen, Ufer wird immer flacher Krüppelbäumchen, hinter uns ein Bergrücken, fahren über einen Damm zeitweise unter'm Regenbogen, von Sonne und Gischtnebel gebildet; Dorf zwischen Lavafelsen gebaut, wir vertreten die Füße im kleinen Ziergarten mit Meermädchen-Statue, Fischbrunnen und vor allem der ‚sagenhaften' Gedenkplatte des Vaters für den Sohn, die Luft wunderbar frisch und sauber wie immer; Raststätten-Pause: Suppe mit Brötchen und Butter prima und teuer - stets mindestens 450 Kronen (aktuell 35 Kronen = 1 DM), draußen geht man manchmal unfreiwillig schneller; ca. 11.30 Uhr erneut in den Bus, nach Akranes 38 km; nehmen als Rückweg die Ringstraße, benutzen nicht den Tunnel: Kirche, zwei Häuser, kleines Wäldchen unterhalb niedriger Lavastreifen, rechts Buchten mit schmalen Landzungen die ein bis zwei Häuser darauf haben, Golfplatz mit Spielern - bei dem Wind, spielen wohl mit Bleibällen! Weites Land: verstreut ein paar Hügel, zwei Bergketten zueinander versetzt, Strandhafer, Krummholz, etwas halbhohes sieht wie Ginster aus, zweimal fließendes Gewässer querab, Nadelbäume, eingezäuntes Heuballen-Lager, Raststätte voraus und Imbissstelle mit Supermarkt, hier gute Infrastruktur; wir biegen rechts ab, landweinwärts: Buckelwiesen, ‚Frostbeulen'-Erdhügelchen meistens von Moos überwachsen durch abrupten Wechsel von Frost auf Tauwetter entstanden; Wollgras: wurde als Docht für Tran-Kerzen genutzt, Bergketten begrenzen die Rundumsicht, Steinwände und -mauern hoch und niedrig, lang oder kurz - wunderschöne Landschaft; vereinzelt Gehöfte mit ‚Rauchtopf', ‚Weißer' Fluss, milchige Farbe u. a. von einer Reihe schwefelhaltiger Quellen gespeist, Rohre dampfen, Leitungshäuschen stehen da für die Verteilung von hochgestiegenem durch Magma angeheiztem Grundwasser; Gewächshäuser mit Verkaufsbetrieb, eisenhaltiger Boden darauf lange Gräser, Erde nun gelegentlich schwarz, Raubmöwe; zucke zusammen wegen laut rasselnder Straßeneinlage, sie verhindere Tierwechsel - nicht nur ich dachte der Bus fällt auseinander, Richtung Husafel: Langgestreckte breite Täler zwischen Bergzügen, Erhebungen ab und zu schneebedeckt mit kahlen grauen Stellen, farblich abgestuft wie das Grün, ein Stückchen rostrot dazwischen und - schon bedecken wieder Wolken die Berggipfel; große flache kahle Fläche, schmaler Flusseinschnitt, auf der gegenüberliegenden Seite tief und mit Gefälle, endet in breitem weißlichem Wasserarm, hier gibt's Lachse und Forellen, ein Angeltag kostet 5 000 DM; etliche Kühe beiderseits, Möwe spaziert herum, oben rechts ausgedehntes Schneefeld umgeben von kleineren, dann ‚Buckelwiesen'; der Langjökull rückt ins Blickfeld, zweitgrößter Gletscher Islands, 950 m² groß; helles Gestein aus Tuffsorten und Reolith, schwarze Lavateile und -sand, Boden jetzt teilweise morastig, dann nahe dem Ende der Bergkette Wochenendhäuser, Hobby: Bäume pflanzen; **Reykholt**: Ortschaft bekannt für ihren Schriftsteller und Häuptling in Personalunion, sein Denkmal das eines ernsten streng wirkenden Mannes in ‚Priestergewand', Gemeindehaus ist Treffpunkt für alle in der Umgebung; ganze Wiese voll blühenden Löwenzahns, Straßen häufig recht schmal zuweilen Randabbrüche, allerdings kaum

Gegenverkehr; vor uns wunderschöne Flussschleifen, sporadisch hat es im Gelände geraucht jetzt wieder, in der Siedlung aus Bodenröhren und Häuschen - Heizung und Wasser sind überall kostenlos; moderne Kirche, die schräge Holzdecke läuft oben spitz zu - kurz ansehen: Schön schlicht, Instrument Mittelding zwischen Harmonium und Orgel; Weiterfahrt: Berge längs und quer zu uns, rechts weite Fläche selten ein Hügel, links graue Geröllhalde mit häufigen Abbruchkanten, Straßenreparaturen sorgen für zustimmendes Nicken, nun ‚kocht's' auch in den gräulichen Wolken mit gleisendem Rand; erneut in Richtung Bogarnes: Schafe liegen windgeschützt hinter Erdwällen, hin und wieder ein Wohnhaus mit Lagerhalle(n), gelbe Gebäude mit roten Dächern vor schwarzsandigem Hügel, oberirdische Wasserrohre, grün überzogene Bergrücken, die Straße steigt etwas an, eine Biegung - fantastischer Blick auf Matten, Wasser, Berghänge und einen Regenbogen in ausgeprägt kräftigen Farben, Kegelhügel geradeaus, seitlich das Meer in sattem Blau, Schaumkronen haben zugenommen Gischt sprüht, es geht an der Kante des Kegels entlang, rechts kleiner Wasserfall, Geröllfurchen, Ebene mit auffälligen Steinen zwischen dem Grün, vor uns ein See mit Kanälen als Zu- oder Abfluss, Hügelkette folgt schwarz mit grün, Wasser sprudelt über Steine herab, wir fahren hoch hinauf: märchenhafte Aussicht zur Bucht auf dem Wasser ein breiter gleisender Sonnenstreifen bei bleiernem Grau rundum; ‚Tafelberg' geradeaus, Schafspferch, ehemalige Walfang-Station am Ufer mit Tanks bestückt: Wale wurden durch eine Rinne hochgezogen zur Plattform um sie zu zerlegen, 1989 letztmals, umfunktioniert in Marine-Basis der Amerikaner zur Abwehr von U-Booten; Steinbruch, Fahrt am Wasser entlang - herrlich dieser Regenbogen! Was wird hier eigentlich verzehrt? An Fleisch: Lamm, Schwein, Fohlen, Rind, Rentier (angesiedelt), Eier der Vögel und sie selbst, eine ganze Liste Fischarten, etliche Milch- und Käsesorten, Rhabarber in allen Variationen und ganzjährig Eis! Münzen: auf dem Einer abgebildet ein Dorsch, auf dem Fünfer Delphine, dem Zehner Lodden, dem 50er ein Krebs, auf dem 100er ein Rotbarsch; Buchtende umrundet Hügel im Weg, also umfahren, nächste Bucht hier als Fjorde bezeichnet: Insel und schwarzer Sandstrand, Regenschwaden ziehen vorüber; Wassereinschnitt zu Ende wir befinden uns zwischen Höhenzügen, es begegnen zwei Geländewagen, breite Wasserkaskaden fließen zur Bucht hin, Brücke über Wasserlauf, nun auch Wasser im Straßengraben vom Drainagerohr das unter der Straße eingebaut ist; Berge verhangen alles grau in Grau, doch rechts am gegenüberliegenden Ufer sind Sonnenstreifen; Eisensilizium- und Alu-Schmelzwerk, kleines Flüsschen windet sich hinter einer Art Dünenbarriere parallel zu einem See ins Meer, Klippen, Wale jeder Art kommen in den Sommermonaten zum Fressen hierher in den „Walfjord" jetzt kein Wal mehr da - im Moment weniger Wind daher keine Schaumkronen; zwischen den Bergen läuft Wasser schmal in Stufen herab, hübsches Häuschen in dunklem grün und rot mit gleichfarbigem Hüttchen daneben, **Moosfellsbär** (phon.): schöne Einfamilienhäuser, Siedlung inmitten von Baumanpflanzungen, Säulenbasaltmauer beiderseits der Straße - Frage zu den Temperaturen: im Durchschnitt 10°C, also auch im Sommer kühl, jemand möchte ernsthaft wissen ob beim Umgang mit dem Trinkwasser Vorsicht geboten sei - ich wünschte wir hätten so reines Wasser zu Hause! Kreuzung: die östliche Richtung wird eingeschlagen: See und

Nadelwäldchen Weihnachtsbaumkultur, gegenüber ein paar Häuser auch langgestreckte, ein Fluss, Bewuchs höher als sonst, steinige Flächen mit Bodeneinbrüchen; regenverhangen, Autos mit Licht unterwegs - wieder normal, auf beiden Seiten schwarze Erde, Segelflugplatz, Boden nun grau dann schwarz und braun, Wolkendecke reißt stellenweise auf, Sonne zaubert helle Flecken auf wild zerklüftete sehr breite moosbewachsene Lavafelder, zunächst bizarr und hoch laufen sie abflachend aus, links schiebt sich das winterliche Skigebiet in den Gesichtskreis, wird genutzt wenn der Schnee ausreicht, Rettungshütte; heiße Quelle noch eine auf der anderen Seite, Selfoss wo wir hinwollen liege hinter dem Berg heißt es; unebenes Lavagelände auf beiden Seiten, Berge hinter- und nebeneinander in unterschiedlichen Farben: hell rötlich, verschiedene Brauntöne, grau - und natürlich grün, es dampft wieder; wir fahren nach unten, rechts geht's tischeben bis zum Wasser, links sind die Berge, Fahrtunterbrechung: Treibhäuser im „Eden", aus den Spalten der Wegplatten am Eingang steige neuerdings Rauch auf – tatsächlich, aber nicht wegen unserer Geldausgaben im ‚Paradies'; weiter: Kirchelchen und zwei Häuser auf einem Hügel, erneut Grasflächen, Heuballen ab und zu, ein Wassergraben, Pferdegegend, Sandgrube; **Selfoss**: 4 300 Einwohner, noch als Straßendorf unschwer erkennbar, wachse zunehmend auch in die Breite, am Fluss gelegen, Hausberg ca. 500 m hoch, 'Idiotenhügel', hinterm Fußballplatz modernes Schulgebäude: jeder Schulabgänger pflanzt mindestens einen Baum; Molkerei mit großem Einzugsgebiet, viele Arbeitsplätze; heute haben uns erste Wasserfälle in Borgarfjördur beeindruckt, die fremdartige Landschaft ihre Vielfalt und der Farbenreichtum mich überrascht, hier ist Station - auspacken! - 9 Uhr, es geht wieder los hinein in den Bus: Streifen angepflanzter Bäume, Hausberg Geröllhalde mit großen Steinen, weißer Fluss ab der Mischstelle von klarem Bergwasser und trübem der Gletscher, Zufließgrenze markant abgesetzt, rostrote Erde, schwarze und rote Sommerhäuser, Wäldchen oft Krüppelbirken daher die Redensart: „wenn man sich im isländischen Wald verirrt muss man nur aufstehen um hinauszufinden"! Flaches Land, dann leicht gewellt, nun Hügel dazwischen, „Kerio" den etwa 3000 Jahre alten Explosionskrater sehen wir uns näher an; kleine Kirche und ebensolche Siedlung, Heuballen, Gelände flach bis wellig, es regnet, rechts ein See, vor uns der Tafelberg in braun mit hell- bis gelbgrünen Einlagen - verrutscht nach links, diese Farben! Wiese sehr nass Wasser steht auf dem Boden, blühendes Rapsfeld, Tafelberg jetzt rechts - das herumschlängeln ist nötig um Gewässern oder Bergen auszuweichen, **Skàlholt** traditioneller Bischofssitz, Kirche: Mosaik-Altarbild und -Glasfenster letztere bleieingefaßt gemäß alter Technik, „Entschlüpfungsgang" führt zum Ufer, war verdeckter Notweg bei Überfall ungebetener ‚Gäste', Invasoren; fahren an besonders langstieligen Gräsern vorbei, vom Wind waagrecht gedrückt bilden sie eine dichte Decke, großflächige Baumanpflanzung Wassergraben dafür gezogen; Pferdekoppeln, eine Kirche, ein Haus, zwei große Ställe, noch ein **Reykholt**: auffällig das Häuschen mit schmalem Rohr aus dem viel weißer Rauch quillt; breites Wasser rechts, wir bewegen uns unter der Sonne vor uns alles grau; ‚Maulwurfshügel' links und - ein Regenbogen! Rechts Sommerhäuschen an einem Baumsaum, verrostete Brücke über den Fluss der uns schon länger begleitet, die Straße führt daran vorbei, es regnet wir sind im Grau gelandet, überall hell verpackte Heuballen gestapelt oder lose, weit weg und verstreut wirken sie wie große Vögel; Schafe ziehen kauend herum, Sportflugzeug am Himmel, ebene Landschaft mit Bergbegrenzung, links nah rechts fern - zum Geysir noch 5 km, da raucht's, Fontäne zu sehen, Schafe kommen uns entgegen: Empfangskomitee der ‚Verwandtschaft' verfrüht denn wir fahren erst zum Gullfoss; Bach, eine 70 Meter tiefe Schlucht hat der Gletscher aus dem Basaltgemisch gegraben, auf den Bergen wird frisch gefallener Schnee von der Sonne angestrahlt, Wasser rinnt aus der Felswand, zwischen Wiesen eine Wasserfläche und dann - der „Goldene Wasserfall" das häufige Schlussbild im TV-Programm, danach großer Lavabereich mit heißen Quellen, überall dampft es im 7- bis 8-tausendjährigen Gestein, an anderen Stellen bis zu 1,5 Millionen Jahre alt, Hochtemperaturgebiet das ständig von Erdbeben verändert wird, der Dauer-Geysir springt nicht mehr, die Wasseroberfläche ist dafür zu groß geworden hat Schildform, seine Kieselsinter-Ablagerungen erinnern an die Schichten von Austernschalen, Schwefelgeruch sogar der Rinnsale, an allen Ecken und Enden brodelt, zischt oder gurgelt es dumpf, der „kleine Bruder", der Strokkur, springt zur Freude der Touristen angeblich im Abstand von fünf Minuten jeweils, hat Schacht wie ein Butterfass daher sein Name - er hält sich nicht an die zeitliche Vereinbarung sondern macht was er will: kurze Fontäne, gleich noch eine hinterher, irgendwann mal eine hohe - aber wann? Wir haben 1 1/2 Stunden Zeit zur Verfügung, übrigens schwankt der Grundwasserspiegel von ihm zwischen 7 und 14 Metern: eine Wanne Magma erhitzt das Wasser hier auf 100°C und ein enger Austritt sollen dieses Naturphänomen Geysir ermöglichen; Restaurantplatz nicht ohne Reservierung also zum Schnellimbiss: Hauptgetränk Kaffee - Kakao? Endlich mal - drei Tropfen im Becher, aber zweiter und dritter gut gefüllt, das Mädchen hatte Erbarmen als ich immer wieder kam, dazu zwei süße Teilchen - für hiesige Verhältnisse alles preiswert; Island sei gut mit dem Fahrrad zu erkunden, erzählt ein Schweizer der seit Juni auf diese Art in den nordischen Ländern unterwegs ist, wir brechen auf um die alte Tingstätte zu besuchen und durch die Spalte zwischen den Kontinentalplatten zu laufen; zunächst geht's auf gleicher Strecke wie vorhin zurück, zeitweise regnet es wieder stärker, einige Sommerhäuschen der Gewerkschaft, Abgabe erfolgt gemäß Anmeldung - wenn es hier raucht sind das keine Abgase aus Fabrikschloten sondern heißer Wasserdampf! Nissenhütte als Unterstand für Kühe die dort zahlreich weiden, da drüben ein paar Pferde, mir imponiert ihre Trittsicherheit im unebenen Gelände - wir fahren der Sonne entgegen, längere Zeit ziemlich viel halbhohe Bäume an den Bergwänden, wieder eine Brücke, Bus schaukelt, links hängt's sehr dunkel, Campingplatz: Wohnwagen statt Sommerhäuser, warmer See durch heiße Quellen dient als natürliches Schwitzbad; eine Schotterstraße führt nach oben Ränder zum Teil ausgefranzt oder eingebrochen, Schiffschaukelgelände, Bächlein sprudelt, vor uns ein dunkler Berg mit Grün zum Greifen nah, dann tischebene Flächen breit gewellt mit gelegentlichen Erdeinbrüchen, altes Flussbett voller Steine, Schafe, Höhlenwohnungen - auch eine der Schäferfamilie die noch bis zu Beginn dieses Jahrhunderts hier lebte; mehrere Höhenzüge hintereinander und hoher Berg mit hellgrünem Überzug, der sehr große See links liegt in einem Erdgraben, er wird zur Erzeugung von Energie genutzt, außerdem fließt von hier natürlich angewärmtes

Wasser bis in die Hauptstadt; schroffe Steine, bizarr geformt, in allen Größen, wir kommen um die Kurve und - der See liegt vor uns, die Kontinentalplatten gehen durch seine Insel, verschieben sich im Durchschnitt um 1 cm pro Jahr; die Felskante uns gegenüber markiert eine große begehbare Bruchöffnung die „Rabenspalte" eine breite Erdsenkung: rechter Rand hoch, linker niedriger, die europäisch-asiatische oder eurasische Platte befindet sich auf der einen und die amerikanische auf der anderen Seite; den Tingplatz kennzeichnet die Nationalflagge sonst nichts mehr, hier entstand 1117 das älteste Gesetzbuch; Berge mit Neuschnee geradeaus, nun rechts, weitere Spalte „Für alle Männer", Brücke, Hügelkette umgibt in großem Bogen ein ganzes Seeufer, vor uns u. a. ein Schildberg, immer wieder mal ein Wasserfall oder Fluss - wir erkunden jeweils zu Fuß die markanten Punkte; „Technische Pause" in einer Raststätte, Abfahrt 15.30 Uhr auf der amerikanischen Kontinentalplatte geht's zurück: nochmals Blick auf den See und mindestens vier Rauchsäulen, „Freundschaftswald" wo jeder Staatsgast einen Baum pflanzt, Hochebene hügelig, biegen links ab erneut auf eine Schotterstraße, Gerüttel – Geschüttel, hinunter zum nächsten See mit großer und kleiner Insel darin, Nadelwäldchen am Ufer, fahren mitten durch die Berge, echte Berg- und Talbahn; nun oben rechts ausgedehntes bröckeliges Steilwandplateau; Wasserkraftwerk, eins mit Dampf geplant zum Antrieb von Turbinen, rechts ‚schwarzer Pudding mit hellgrüner Soße' und wieder diese bizarren Steinformen überall, vor uns Halbinsel mit Regenbogen (dem wievielten?) der die Landschaft verzaubert, Ufer offensichtlich aus Lavasand, Nadelbaumstreifen, See weg, Brücke, See wieder da mit Landzungen, Straße verläuft parallel zum Wasserrand, Brücke; erneut geht's hinauf, diesmal noch höher - sollen wir schieben? Wir dürfen sitzenbleiben: Bucht abermals ‚Schaukel'-Teilstück, eine weitere Insel, Regenbogen über noch zweien, Pfadfinderlager, Kreuz rechts auf einer Anhöhe letztes Jahr war hier 'Welt-Pfadfindertreffen', gelegentlich Findlinge sonst Wiese, Schnee auf niedrigem Berg, geradeaus Wasserkraftwerk; heute wurde es zunehmend frischer, jetzt ist es kalt und regnet in Strömen, doch im Bus stört's uns nicht, rechts Wasserlauf mit Gefälle dann Fluss links, ein Bach, die Sonne bescheint einen Hügel, der daneben hat Regenrinnen, Überweg-Fluss; große Anlage von Sommerhäusern, sehr verstreut, viel Platz rundum, rechts See dichter halbhoher Baumbewuchs, Brücke; fort von Bergen und Felsbrocken vor uns liegt eine völlig flache Region - bekannter Rückweg zum Hotel; die Zwischenzeit bis zum Abendessen kann jeder der Lust hat durch erstes Thermalbaden nutzen - mit Freikarten nichts wie hin! 5-Minuten-Weg, wo sind die Kabinen? Es gibt nur eine kleine Sammelkabine sonst keine, ungewohnt, mancher/manchem nicht angenehm, ich passe mich einfach an, Hallen- und Außenbecken zum Schwimmen bei ca. 27°C vorhanden, eins für Nichtschwimmer mit ellenlanger Rutschbahn, „heiße Töpfe" unterschiedlich höherer Grade und eine Whirlpool-Wanne - Wasserrattenherz was begehrst du mehr! Beim Gang zurück ins Hotel 8°C Lufttemperatur, so gut durchwärmt kein Problem, im Rezeptionsraum hängt eine sehr hübsche dreidimensionale Collage aus Naturstoffen: Bauer vor einer Hütte lädt die Milchkanne auf ein Fuhrwerk, im Eßsaal stehen Glasröhren mit Zierkürbissen, heute Abend gibt es keinen Fisch? Schweineschnitzel? Aber Lachs als Vorspeise, na also! - Am nächsten Tag bereitet das Frühstücksbuffet wieder geringe Entscheidungsqualen außerdem sorgen wir Gäste für benötigten Nachschub - das ändert sich nicht; bei starkem Regen ab in den Bus, es wird erzählt die Vögel seien weg bis auf ein paar ‚Spätzügler'; wir fahren erneut nach links und dann geradeaus, danach jedoch rechts ab, nach langgestreckter Ebene Brücke über den längsten Gletscherfluss des Landes, er hat eine Gesamtlänge von 230 km, wird gespeist vom „Vatnajökull" dem größten Gletscher mit einer Ausdehnung von 8 000 km², Vulkaneruptionen wie die des „Loki" verursachen Ströme von Schmelzwasser die große Eisblöcke und Felsbrocken mit sich führen, durchdringt das Wasser umgebende Sandflächen besteht Treibsandgefahr; wir reisen in die Sonne, die Bergkette am Horizont ist in eigenartiges Licht getaucht, mit Wolken gleißend weiß die graue Streifen haben, auf der Straße eine helle Linie, es kocht? Nein, eine Auto-Wasserfahne, Ort mit Reitbahn, wichtig: der Wettbewerb um das schönste Pferd oder das mit dem besten Passgang, es finden aber auch Rennen statt; anschließend völlig ebene Gegend, Tierzäune, ganz hinten rechts wuchtige Erhebungen, die Berge der „Vestmann-Inseln" -‘Westmänner-Inseln', dort letzter Vulkanausbruch bisher 1973, er kündigte sich an, die Bewohner flohen nach Island, einige blieben, die meisten kehrten später zurück, unweit davon liegt das 1963 durch einen vulkanischen Unterwasser-Ausbruch entstandene Eiland ‘Surtsey'; Vulkane haben Frauennamen erfahren wir, Riesen sind hilfsbereit und Riesinnen fressen Kinder; Bewegungspause: mein Regenmantel kommt zum ersten Mal zum Einsatz und - sofort hat die Tasche einen Riss, der Mantel ist ganz neu, wie gemein! Vor uns die Hochebene läuft als Schräge zu einem 1 700 m hohen Gipfel der von Eis und Schnee bedeckt ist, die Wolken reißen auf - Sonne; weiter: links Gletschertal dann Wasserfällchen, heller Sonnenschein und Schafe die überall herumklettern, ausgedehnter Lavasandbereich, schüchtern beginnt nun stellenweise Bewuchs, große Wasserflächen Rinnsale quellen aus dem Fels, Geröllhalden ab und zu moosüberzogen, Fahrbahn führt an verschiedenartigen Bergformen vorbei: zerklüftet, glatt, abgeplattet, spitz zulaufend und - Wasser: weht ein sehr heftiger Wind fegt er herunterfließendes Wasser manchmal nach oben oder löst enorme Steinbrocken ab; rechts Meeresarm, Kühe, Pferde - optimistischer Getreideanbau im kurzen Sommer, Tal dahinter, doppelter Höhenzug vorderer grün der hintere hat Eis- und Schneekappe, Höhlen für „verborgenes Volk", Schafe-Schutzhüttchen, Alaska-Lupinen werden zum Festhalten des Sandes angepflanzt hier des Lavasandes, Gletscherzunge 8 km vom „Solheimajökull" entfernt, Brücke über „Faulen Fluss" schwefelhaltig in sehr breitem Zusatzbett; Schotterstraße, Steinblöcke im Weg, dann stehen wir vor ein- bis zweitausendjährigem Eis - ich möchte auch einmal die Hand ins klare Wasser tauchen, sacke prompt im nassen Sand ab und komme nur schwer wieder heraus, der viele Regen sei wohl schuld meint Kari, nehme feuchten Lavasand als Souvenir in den Wanderschuhen mit zurück; Sonne pur, erneut Krähen- oder Moosbeeren die Heidelbeeren ähnlich sehen, welche es ebenso in Schweden gibt, erstere machen auch blau, schmecken etwas wässrig; weg von der Eiszunge: Steinfelder auf beiden Seiten dicke Brocken darunter, Sand, flache Wiese vor uns „Insel des Petrus", oben abgeplatteter Berg, durch Vulkanismus entstanden meist Tuffstein, Berg verschwindet jetzt und gibt den Blick zum Meer frei; meine Füße sind wieder warm nach ’Spitzentanz' der den Sand nach vorne in die Schuhe rutschen ließ, Brücke über Sammelstelle für Gletscherwasser, zur Zeit unzählige schnell fließende Rinnen neben uns, eine ganze Gruppe von Raubmöwen, den ‚Geiern' Islands, unterwegs im ‚Alm' -Gelände; ganz weit vorne nun ein Leuchtturm, Felsnadel und -pilz, mehrere Bergrücken, einer davon quer vor uns, drei Schafe auf der Straße die brav hintereinander marschieren aber - auf der falschen Fußgängerseite! Abreisende Wildgänse fliegen in korrekter Keilform, Serpentinen führen hinauf und zwischen den Erhebungen hindurch, bergab rollen wir auf **Vik** zu: 300 Einwohner, kein Fischfang möglich Strand für Schiffe zu flach, Lummen-, Raubmöwen- und Papageientaucher-Kolonie, letztere Insassen größtenteils schon weg, Strandhafer gegen die erheblichen Sandstürme, der Atlantik holt sich hier jedes Jahr ein Stück der Küste, bis 120 m hohe Felsen im Meer: Riesen wurden zu Stein – Sagen, Sagen! Eissturmvögel: Junge haben häufig Flugprobleme, Abstand zu ihnen empfohlen da sie roten Saft spucken der nach Tran stinkt und nicht zu beseitigen ist - höchstens radikal durch ‚Entsorgungs-Technik'; Aussteig-Verschnaufpause: Besuch des „Heimatmuseums" teils Freiluft- von Bäumen umgeben: Rosshaarutensilien wie Satteldecken und Gürtel, Federkiel aus Kuhhorn, Sortiment von Spinnrädern eins mit Metallspeichen, viel Fischerzubehör z. B. Steine zum Beschweren von Fanggerät, Segelschiff, Rettungsboot, Kleiderkiste aus Treibholz, kunstvoll geschnitzte oder bemalte Truhen, bestickte ‚Flickerl'-Sofakissen in Schmetterlingsform, ähnliche Bilder und ein Schlaufen-Blumenkorb, Mahlsteine und Butterfässer, Sättel; das Schulgebäude hier wurde bereits vor einiger Zeit wie an anderen Orten auch in ein Sommerhotel umfunktioniert, bietet nun nur noch Unterkunft an; wieder unterwegs: Gletscherberg in Sicht mit Vulkan darunter der 1918 einen großen Ausbruch hatte, sein Lavastrom ging bis zum Meer auch über diese Straße - er wäre eigentlich bald wieder dran; auf Schüttelpiste zum Vogelfelsen „Dyrholaey", unterwegs atemberaubender Blick auf den Fjord, schwarze Lava in Muschelschichten, Hügelkette dahinter Schneeberge, ausgefranzte Straßenränder; hier oben steht noch ein Pflock für Stahltrossen mit denen man versuchte Schiffe ans Ufer zu ziehen, es misslang oft wegen Baumstamm-Treibholz; Aussicht aufs Meer mit weißen Schaumkronen und schwarzem Sand, etliche Gewächshäuser stehen im Hinterland wie lange silbrige Röhren, Eissturmvögel fliegen, ungefährlich da keine Brutzeit zum Greifen nah vorbei, die „versteinerten Riesen" sehen wir hier von der anderen Seite außerdem am Ufer zwei kleine Häuser rostrot mit grünen Dächern; Besichtigung unten: die Bucht umgeben wuchtige Felswände am Ufer nirgends Muschelschalen oder Tang; heute ist es anhaltend trocken meistens scheint sogar die Sonne, sie brennt deshalb ist's im Bus zu warm; auf der Hauptstraße geht's dieselbe Strecke zurück: zweite Kirche wie die in Vik: einschiffig weiß mit Turmspitze überm Eingang und rotem Dach - typische ‚Spielzeug'-Kirche; Hütte und Tier-Schutzraum in Erdwall eingepasst und mit Soden bedeckt, Gletscher auf Erhebung begleitet uns, grüner Hügel mit schroffer Spitze davor - verschwindet, Aufsuchen des „Skogafoss" 62 m hoch; Tier-Unterschlupfhüttchen unter Steinwand geduckt, herrlich die Silhouetten der Felsen einer Insel mit Sonnenglanz auf dem Meer davor; Rückweg: Hänge ziemlich steil, erhebliche Erdrutsche, Wasser rinnt und quillt aus allen Ritzen, an das gelegentliche Rasseln der Straßeneinlagen haben wir uns inzwischen gewöhnt und lauschen der Volksmusik, einer Mischung bekannter Anklänge typisch sei jedoch die Fünf-Ton-Skala; eine Island-Umrundung beläuft sich auf 1 200 km, ein Leihauto kostet 5 000 bis 6 000 ISK = ca. 121,50 bis 182,25 DM pro Tag, Fahrradmietung mindestens 185 DM, deshalb kommen die meisten mit dem Auto und - bringen sich noch ihr Essen mit um auch dafür teure Ausgaben zu sparen, von etwa März bis September pendelt eine Fähre von Hanstholm in Dänemark über die Färöer-Inseln hierher sowie eine ab Bergen in Norwegen über Lerwick und die Färöer nach **Seydisfjördur**, der Anlegestelle Islands; weites Schwemmgebiet von Gletscherzuflüssen, noch eine ‚Spielzeug'-Kirche, Halbkugel als Wohnhaus: Vorderfront Waben aus Glas in Metalleinfassungen sieht wie eine Mütze aus mit ‚Bommel' obendrauf; Unmenge Wolken dichte Regenschleier vor uns doch nur der Bus wird gewaschen, trockene Ankunft am Hotel, lebhafte Brise lässt die Fahnen davor kräftig wehen, die von Deutschland, Frankreich, Finnland, Island, Dänemark; Zimmerblick auf Fluss und Berge, kann phantastisches Abendrot genießen und keine Straßengeräusche stören erholsamen Schlaf. - Neuer Tag: 2°C, wir fahren die gleiche Strecke wie gestern, wieder links ab dann aber geradeaus bis zu einer Seitenstraße fast Piste: Landschaft zunächst grün und gewellt, links Berge, ‚Buckelwiesen' gefolgt von altem größtem Lavagebiet das bis zum Meer reicht, Schneegrenze heute eindeutig zu sehen wegen des Neuschnees letzte Nacht, bei uns hatte es stark geregnet; Gehöfte, Milchauto bringe Zeitung mit und Post wenn sie eilig ist ansonsten kommt an drei Tagen pro Woche das Postauto; Kühe, Heu mit und ohne Hülle, kleines Mischwäldchen, stehendes Gewässer - wir halten bei den Schafspferchen, Mitfahrerin zählte bis 9.30 Uhr 181 Pferde auf dem Weg dorthin, Einsammel-Reiter rüsten sich: Schafe werden im Juli ins Hochland gefahren und jetzt geholt, am Samstag ist Sortierfest, die Tiere sind markiert aber man kennt die eigenen auch so, die Durchschnitts-Herde besteht aus 200 bis 300 Schafen ihre Haltung erfolgt hauptsächlich wegen des Fleisches - ist mittags fertig sortiert gibt's frischen Lamm-Eintopf für alle, abends Tanz im Gemeindehaus und Schnaps den ganzen Tag! Fluss rechts, langer Vulkanrücken geradeaus mit Schneedecke: der Hekla ca. 1 700 m hoch, häufige Eruptionen, Lava dringt aus Spalten nach außen, der letzte sei allerdings ein „Touristen"-Ausbruch gewesen - für uns nicht trotzdem kurze Bewunderungsrast; am längsten Fluss entlang Abstand zum Berg wird größer, fahren in höhere Region steigen aus und klettern ziemlich steil noch ein bisschen hinauf: Hekla fotogen Aufnahme geglückt? Kamera runter - Bergrücken bewölkt, diese rasch ziehenden Wolken verpfuschen so manches Foto! Es läuft wieder Wasser überall aus den Felswänden, gegenüber ein Wäldchen, Lavawüste, Alaska-Lupinen blühen blau, „Stöng" Ausgrabung eines antiken Bauernhofes der von Aschenschicht bedeckt war, schwarzem und hellem Sand sowie Kies; 120 m hohen Wasserfall gibt's anzuschauen: Hjalparfoss, „Mutters Halskette" und Steintürmchen als Wegmarkierung; Brücke über Fluss, danach riesiges Gebiet von Pseudokratern durch kochendes Wasser entstanden; ganz farbige Hügel weite Flächen, Fluss- und Kraterdurchquerungen, auf der Straße oft tiefe Furchen bröckeliger rutschiger Sandrand, Bus schwankt; Informationen: in Island leben Polarfüchse und Mäuse, keine Hasen und - da alles so teuer ist heißt es Geld verdienen: ab dem 12. Lebensjahr ist bis vier Stunden zu arbeiten erlaubt, meistens

„Gemeindearbeit", ab 14 Jahren bis acht Stunden abends nebenher wenn's geht oder in den Ferien; früher halfen Jugendliche ein bis zwei Jahre auf dem Land mit, z. B. wenn Lämmer geboren wurden oder bei der Heuernte, das sei stark rückläufig; „Freilichtmuseum Skogar": Gemeinschaftshaus, eine große Halle als Aufenthaltsraum mit Sitzgelegenheiten entlang der Wände aus geschorenen Soden mit Filzplatten, Feuerstelle in der Mitte, abgeteilter Kochplatz, Schlaf-Seitenflügel; hier wachsen Pilze, Schachtelhalm und Silberweide, ganz klares Wasser; auf derselben Route erfolgt der Rückweg zum Teil auf einer „Rubbelbrett"-Straße wie die Einheimischen sie treffend bezeichnen, breite Einbruchstelle und gelbe Grasfläche dann hat uns die Hauptstraße wieder: Wasserfällchen und Häusergruppe in altem Baustil rechts, zwei Bergrücken mit hellgrünem Samtüberzug dahinter ein klotziger Vulkan, erneut Schotterstraße, Gansformation fliegt völlig ungeordnet, größere Wasserlache dann kleinere Untiefen im Weg; sind nun auf gewelltem Hochplateau von 500 bis 600 m, Wiesen die von Steinhalden unterbrochen werden Findlinge darunter, „Stangarfall", Canyon links; große tiefe Wasserfläche, ‚Auspuff' daneben noch ein Wasserloch, in den Wiesen neue und alte Einbrüche kleine und große; Schafe mit besonders dickem zottigem Fell, eine Menge ‚Flattervögel', vermute eine Schwalbenart - aussteigen: besuchen gerne „Haifoss" den zweitgrößten Wasserfall des Landes, 122 m hoch und seinen ‚Nachbarn'; unterwegs schon öfter angetroffen: Heidekraut, Arnika, Löwenzahn, Klee ein Teil davon wächst auch hier im ab und zu morastigen Tundragebiet - 14 Uhr: Hunger, Verzehr von gestern im „von 11 bis 11"-Supermarkt gekauftem Heringssalat und Brot gemütlich im Bus; Rückweg identisch: Erdeinbrüche teilweise beeindruckend tief, manche wassergefüllt; Pkw, den Anhänger mit Heu beladen fährt ein junger Mann zu einer Hütte um sie für den Abtrieb der Schafe vorzubereiten, auf Hauptstraße weiter mit wuchtigen Überlandleitungen, es nieselt; Wasserkraftwerk hatte Zufluss aus einem Berg, zweites höher angelegt im Bau soll mittels Tunnel Verbindung zum ersten erhalten, dann doppelt nutzbar, ein Stausee reguliere; beachtlich breiter Fluss, Brücke rechts, ‚Samthänge' nun geradeaus zur Hochlandpiste, Lavasteinwüste hin und wieder vom Winde verwehter Strandhafer, langes Stück Sandwüste, vollkommen kahl nur die Erhebungen rundum haben grüne Tupfer, Gletscher links ganz nah; altes Bett des Flusses fast total ausgetrocknet durch die Umleitung zu Kraftwerk 1, Wasserfälle weg; gegenüberliegende Hügel werden einer Sage gemäß von Riesinnen-Schwestern bewohnt, geradeaus ausschließlich flach, Hinweisschilder: blau/weiß = Fisch, Messer/Gabel = Bett, Vorsichtswegmarke: gelbes Dreieck mit rotem Rand und schwarzem Emblem = Kuh oder Kinder; ein Reiter, Zapfsäule, Wiese so weit das Auge reicht dann Gehöft und Pferde, alte Hütte mit Soden gedeckt, bestimmter Neigungswinkel dafür wichtig damit sie nicht rutschen und der Regen ablaufen kann; abermals viel Lavareste, schwarzes Pferd mit weißer ‚Bauchbinde', bei Zweifarbigkeit trennt stets ein sauberer ‚Pinselstrich' die Bereiche; beiderseits im Hintergrund erneut Berge, auch mit Schnee oder Eis - kommen ihnen langsam näher, links Geröllwüste, rechts großes Haus, Brücke, Schafe, Wiese mit und ohne Lavagestein - nach Kurve Gletscherberg wieder da, ‚Wiesenbuckel' zu Wällen aufgehäuft daneben Entwässerungsgraben, Nissenhütten als Tierunterschlupf, kleine Siedlung mit ‚Muster'-

Kirche, Pferden und Heuballen, Campingplatz, nun rechts ab auf die A 1 nach Selfoss: Schild mit Pferd „Kroki" beschriftet - entspricht so meinem Zustand; Höchstgeschwindigkeit für Pkws 90 km/h, Lkws und Busse 70 km/h Ansage: morgen fahren wir in den Wald des Donnergottes Thor; im Hotel muss ich mich zunächst mal um meine gletscher- und lavasandpräparierten Wanderschuhe kümmern die erneut Strümpfe und Füße stark geschwärzt haben, schnell beseitigen und Schuhe wechseln; um baden zu gehen Hotel-Bon in Schrankschlüssel einwechseln und hinein in die wohltuende Wärme - da sind sie wieder die Lebensgeister! Geh aus dem Becken raus, steuere auf den ersten Seiteneingang -ausgang zu, ein Junge sieht das und schüttelt heftig den Kopf – danke, klar, Herren-Abteilung; hatte vergessen meine Schuhe einzuschließen, sie stehen noch brav unter der Bank, wohin mit dem leeren Wäschekorb? Ein kleines Mädchen beobachtet mich schon eine ganze Weile recht ernsthaft, ob ich auch alles richtig mache, sie zeigt mir die Fächer und nickt nun befriedigt als mein Korb ordnungsgemäß verschwindet; Abendessen: 3-Gänge-Menue hübsch angerichtet und vorzüglich im Geschmack - von vornehmer Zurückhaltung in den Portionen wie immer; wir besuchen noch die Schule. - Anderntags bringt uns ein hochbeiniger Geländebus mit bequemeren Sitzen anfangs in die gewohnte Richtung, danach kommt ein Berg mit Gletscherkappe, die weiße Sonne scheint aus einem dunkelgrauen Wolkenkranz und - etwas ganz Neues: Straßenarbeiten! Wolken weg, Sonne blendet hinein ins Gletschertal, Name besteht zu Recht, etliche vorhanden; Information über Weihnachtsbräuche: am 23.12. wird „Stinkefisch" gegessen, am 24.12. Schweinebraten, am 25.12. geräuchertes Lammfleisch - und am 01.01. jeweils ziehen die Elfen um; ein großer und ein kleiner Felsrücken mitten in der Landschaft vor einer Kette schneebedeckter Berge denen wir näherkommen, das Wasser sprudelt dort mit Gefälle, nach Abbiegen von der Hauptstraße fahren wir direkt an der Bergkante entlang, Wasserfall „Seljalandsfoss" dann ein großer und zwei kleinere in geringem Abstand, kurze Besichtigung; es geht weiter: Höhenzug tritt zurück Verlängerung davon hat noch einmal Schneeberge, wir scheren aus auf die Piste, links endlos scheinendes Flussbett mit gewaltigen Bergrücken hinter grüner Hügelreihe, Erhebungen mit Schnee jetzt rechts andere dieser Art voraus; erste Flussüberquerung rechts gestaffelt: Höhenzug mit saftigem Grün danach karger, Vegetation noch weniger bis zu Moos mit kahlen Stellen auf der Gegenseite nur Moos; durchfahren ein zweites und drittes Flüsschen, Berge in Front rutschen nach links vorne tauchen neue auf, häufig zieren stattliche Pfützen die Fahrstrecke und insgesamt mehr als ein Dutzend Wasserläufe, manche breit wenn milchig dann vom Gletscher stammend, bis auf zwei alle nicht tief; im Moment wolkenverhangen, kahles Gelände auf beiden Seiten, Lavafelder, wenn Gras dazwischen sind überall ‚Rasenmäher' am Werk, Berglämmer würden viel besser schmecken als welche die an der Straße weiden, Vogelschwarm; links Erdeinschnitte, teils mit teils ohne Wasser, „Berg Einhorn" und der „Sitzabdruck einer Riesin" = Tal wie U Eiszeitform, auf der anderen Seite fließt Wasser die Abhänge hinab; Wasserfall, dahinter geräumige Höhle, breite Schneekappen auf nahem Berg, zwei Wasserfälle hintereinander, ausgedehnte Gletscherzunge See-Sammelbecken davor mit entsprechendem Abfluss - unser Wagen wird vom Fahrer hindurchmanövriert und die darin verbliebenen schicksalergebenen Insassen - denn wer das fotografieren will, so wie ich, ist ausgestiegen und gelangt zu diesem Zweck über ein Brückchen auf die Gegenseite, dieses ist durch Holzstufen zugänglich mit einem hohen Block am Anfang für ‚Klammeräffchen' und einer Metall-‚Hühnerleiter' als Abgang; gemeinsame Weiterfahrt: vor uns zerklüftete Berggruppe mit und ohne Weiß, von Vulkantätigkeit verändert die beispielsweise Felsstücke absprengt, durch Erdbeben können sich plötzlich Spalten bilden aus denen Lava fließt, explosionsartige Ausbrüche unter Gletschern setzen ohne Vorwarnung Eiswasserströme in Bewegung die herabstürzen und Unmengen von Material mit sich reißen das ihren Weg kreuzt, selbst riesige Felsblöcke werden kilometerweit mitgeschleift, Island ist Erdbebenregion außerdem wärmt das Magma den Bewohnern fast die Füße; die Wasserarme die augenblicklich im Flussbett dahinströmen sind schon recht breit und schnell fließend, doch fallen sie verglichen mit der gesamten Ausdehnung gar nicht ins Gewicht, das Bett ist an seiner Struktur gut erkennbar und an den klar auszumachenden Rändern, der Strom fließt zum Ozean - was für ein Druck muss dahinterstecken, das Meer kann man unendlich weit weg am Horizont als schmalen Streifen gerade noch sehen; hier wo die Naturgewalten spürbar alles im Griff haben fühlt man wie klein und unbedeutend der Mensch dagegen ist, er darf die vielen Wasser nutzen: kaltes zur Energiegewinnung warmes und heißes zur Körper- bzw. Gesundheitspflege und als Heizung solange das Angebot reicht, doch wann und welcher Art die nächste Inselveränderung sein wird weiß niemand; Wasserrinne, dann Stop für Spaziergang durch Schlucht „Stakkholtsgja": Mitreisende bringt sich Stein-Andenken aus hinterster Ecke mit, wieder im Bus beginnt's zu nieseln, Rückweg: große Abbruchkanten, zum Teil mit Überhängen aus gleichem Grundstoff wie die Platten nämlich genauso wenig vertrauenerweckend da bröckelig, ein Gemisch aus Sand, Geröll, größeren Steinen und beachtlichen Felsblöcken, sieht alles sehr rutschig aus; Linien klotziger Steine durchziehen ein nächstes enormes Flussbett mit großem Wasserlauf und flotter Strömung - da hindurch und rüber, nein zu riskant - zwei normale Busse wagen es von der Gegenseite her schwanken erheblich, schaffen es, nun wir auch! Paralleltal, Regenbogen - hier an einem Tag mehr als bei uns pro Jahr, rechts Hügelkette vor niedrigen Gletscherbergen, freie Sicht auf einen Erdrutsch und Überhänge, „Naturschutzgebiet Thorsmörkal" unser Etappenziel: diese Ferienanlage mit Gemeinschaftshaus in dem sich ein Kiosk befindet gehört einer Busgesellschaft, Lunchpaket von dem die Rede war entpuppt sich als dürftiges Allgemeinangebot, jemand stellt fest - kein Raucher in unserer Gruppe, Essraum also problemfrei nutzbar; hier wachsen blau blühende Wicken und eine samtartige Storchenschnabel-Pflanze mit gelbroten Blättern, erholsamer Aufenthalt in wunderschöner Umgebung; Film nachgekauft - was bin ich dieses Mal schlecht bestückt; Aufbruch: unterwegs massive Gesteinsbrocken durch breite Schluchten getrennt, zwei kreisrunde Löcher im Fels die wie Kochkessel aussehen, Gänse, Lavafelder voller ‚Pflastersteine', eine ganze Schar Vögel derselben Sorte wie gestern - Zugvögel, ah Seeküstenschwalben sind das, geklärt! Zwei Wasserfälle, Trichterkrater, Gesteinsform ‚Häuschen mit Schornstein', schräge Matten unterbrochen von kahlen Stellen, da ist Erde abgerutscht und sind Kanten abgebrochen obwohl grasbewachsen!

Viele Höhlen, Nistvögel, Geländewagen liegt auf der Seite im Bach, langsam wieder Wiesen, links Heuballen-Wickelmaschine im Einsatz; zur Unterhaltung für uns bei der Fahrt auf der Hauptstraße Chormusik-Kassette eingelegt, Schild: Vorsicht Fußgänger; gegen 17.15 Uhr sind wir zurück in **Selfoss,** möchte in größerem Supermarkt etwas kaufen um großen Geldschein zu wechseln - nichts Passendes gefunden, Heimweg erfolgt flotten Schrittes, der stramme Wind ‚macht mir Beine', nimmt noch zu, drückt jetzt gegen die großen Zimmerfensterscheiben - nein kein Abendspaziergang mehr da auch sehr kalt draußen; im Allgemeinen entspricht das Klima nicht den Erwartungen gemäß den Breitengraden nahe am Nordpol, wie bereits erwähnt beeinflusst der Golfstrom nachhaltig die Wärmegrade von Luft und Meerwasser, die Landtemperaturen steigern sich ab Frühjahr bis um die 10°C, gehen im Sommer ein bisschen darüber und nehmen im Herbst bis auf ca. 2°C langsam wieder ab, was Nachtfröste und gelegentlichen Schneefall nicht ausschließt denn häufige Niederschläge und feuchte Nebel entsprechen den See-Klimaverhältnissen; noch zu erwähnen: 4/5 der Landfläche Islands sind unbewohnbar und der Falke ist Nationalvogel. - Heute Abschiedsgang am Fluss entlang: Raubmöwen üben vor stahlblauem Himmel mit blütenweißen Wölkchen Flug im Druckausgleich, der Wind weht sehr kräftig, werde durchgepustet - was für ein rotes Gewächs bedeckt die Insel dort? Weitergehen, herausfinden - ist keins sondern rote Erde! In einem Vorgarten ein Hüttchen daneben ein Gartenzwerg, auf dem zementierten Gehweg Eindrücke von Hundepfoten, der Rand des Bürgersteigs hat Sprünge, ist teilweise heruntergebrochen; ab - Koffer packen, letzter Tag mit Endstation Flughafen aber - bis dahin volles Programm: vom Hotel weg rechts ab - das ist neu, der Sturm habe heute Nacht Wellblechdächer abgedeckt, die A 1 sei gesperrt heißt es; Industriegebiet: Röhren, Holz-Fertigteile für den Hausbau, rechts kleiner Sportflughafen, beiderseits Land von dicken langen Gräsern überzogen, rechts wieder hellbrauner Teich links ein blauer, französische Station zur Untersuchung des Nordlichts; nahe am Meer ein Fischerdorf das wir näher betrachten: Fischfabrik, kleine Kirche und Friedhof, sibirische Treibhölzer kunstvoll geschnitzt zieren einen Vorgarten, Flüchtlinge von den 'Westmänner-Inseln' haben sich angesiedelt, die Fähre dorthin benötigt gut drei Stunden von hier aus, noch alte Fischerbarke als Hütte und Haus mit dunkelbraunem Sockel gelbem Mittelteil rotem Dach; Steindünen, zur Zeit ist Ebbe, am Ufer Lava- und Muschelsand, Hinweisschild mahnt zur Vorsicht: roter Strich durch einen Reiter; Abbiegung zurück auf Hauptstraße, weiter: Enten in Lache, Gefängnis aus isländischer Lava gebaut und mit doppeltem Sicherheitszaun 30 Plätze etwa, für Mord z. B. gibt's lebenslänglich wobei nach 16 Jahren Haft Begnadigung möglich ist, Ausbrüche sind selten, haben wenig Sinn denn in der Wildnis will keiner leben und in den Ortschaften wäre man schnell wieder zu greifen; Siedlung von Austernfischern: auch hier Gartenzwerge und 'schlafende Polizisten' (Abbrems-Schwellen) auf der Straße, viele Vögel, komplett geteertes Holzhaus und ein Café grau-rot mit grünem Dach, das Meer hat die Farbe von hellem Flaschengrün; früher trugen die Häuser Namen nun nicht mehr, die Familiennamen setzen sich zusammen aus dem Vornamen des Vaters der durch die Endung -son oder -dottir ergänzt wird je nach Abkömmling; erneut unterwegs, rechts und links nun mehrfach Wasserstellen, jetzt wellig, mal karg mal Gras oder Strandhaferbewuchs im Wechsel, die Bewohner sammeln den Samen des Strandhafers und säen ihn aus um die Bepflanzung zu beschleunigen; dammartige Brücke über unmäßig breitem Gletscherfluss danach kleines Lavagebiet von dem eine Piste abgeht, rechts oder links weiter - heute rechts! Markierungsfarbe vom Mittelstreifen der Straße hat der Wind verweht, auf beiden Seiten wächst isländisch Moos in Rohform nicht als Lutschbonbon, saftige Wiesen vor Pflegeheim für Menschen mit wiederkehrenden Problemen des Drogen- und/oder Alkoholmissbrauchs; Grünfläche Strandhaferregion, Teich hellbraunen Wassers, Schwalbenschwarm, vereinzelt kleine Anwesen mit Grün davor jetzt lange nur Moos; 4 plus 3 Schafe, es nieselt, Sonne, ‚Buckelwiesen', zwei Sommerhäuschen, bereits die ganze Zeit flaches Gelände, Landgang: der Lavahügel rechts erlaubt einen weiten Blick übers Meer, er war für die Frauen der Ausguck nach den Fischerbooten dann auch nach Handelsschiffen, vor uns nahe am Strand ein Leuchtturm, Küstenschiffe patrouillieren, sie sind grau und tragen Götternamen, überwachen die Fischerei-Rechte und halten unerwünschte Gäste fern; Gelübde-Kirche „Strandarkirkja" hat Steinsockel, Holzaufbau und Dach aus Kupfer, Wallfahrtsort, ehemals Gehöfte hier, winzige Häuser bezeichnen die früheren Stellen, trostlose unwirtliche Lavagegend - und unterm Engel auf dem Dach befinden sich die Toiletten; wir setzen die Fahrt fort: sehr unebenes Gelände, direkt hinter einem Steinwall Grünflächen mit Pfannen dazwischen, Steintürmchen-Wegmarkierungen, links nun großer See in kräftigem Hellgrün mit Verbindung zum Meer darin gäb's stattliche Seeforellen; steile Sand- gefolgt von Steinhängen die breitflächig massive Abbruchstellen aufweisen, erstmals Steinschlag-Warnschild, Lavafelder der Moosüberzug ist dünn viele Erdeinbrüche, Übergang in eine bizarr geformte Landschaft, danach abwechselnd wie zuvor; wir fahren zwischen Meer und Bergrücken auf schmalster Schotterstraße, ein kurzes glattes Stück hat sogar einen Mittelstreifen! Sand und Geröll fast pur, tausendjährige Lava ringsum, frischere obendrauf vom Vulkan rechts, Querrücken vor uns, rechts nacheinander wieder Dampf, dunkelbraune Hänge mit beigen Einlagen und weißen Linien, hellgrüner See, alter Krater, Wasserlauf, links im Gelände nochmals eine Heilanstalt; den Fùlipolur die „Hexenküche" schauen wir uns genauer an, seine dicke Rauchschwade entsteht weil kaltes Wasser auf Magma trifft: große Erdausbuchtung, Ablagerungshalden in grau und gelb; brodelndes Schlammloch angereichert mit Mineralien 'hot spots' aller Art laufen unter Island hindurch, weiter: im Meeresarm rechts lebt ein 'Nessi', ein „schwarzer Wurm" und existieren „Forellen mit Fell" - heute nicht zu sehen, schade! Gewässer fließt in Bucht von schwarzen Felswänden umrahmt, links zerklüfteter Bergrücken, die Küstenstraße geht auf- und abwärts im Wechsel, gewährt unbeschreibbare Ausblicke! Links jetzt wild zerrissene Landschaftsstruktur es folgen niedrige glatte ‚Austernschalen', Einschnitt, einige Erhebungen die rasch verschwinden, in Lavafläche rechts werden durch Auswaschung bedingte Schichten erkennbar, dann ist da nur noch Ufer; grüne Hügel mit sanften Hängen kommen in Sicht, haben sie nach einer Kurve auslaufend im Rücken, nun Erdwellen vor uns und im Hintergrund ein paar näher; die drittgrößte Stadt Havlavik rückt ins Blickfeld, wieder Fische in Gestellen die zum Trocknen aufgehängt sind, gegenüber Aluminium-Werk das Bauxit von Australien verarbeitet, billige Energie macht's lohnend;

Lavagebiet noch anders: Platten kreuz und quer in unterschiedliche Tiefe eingebrochen - wir erreichen **Havlavik** die „Ostfriesenstadt" Islands: Erde wird bewegt Straßenarbeiten, großzügig angelegter Ort, wirkt durch Villen wesentlich eleganter als Reykjavik, die Ausmaße des Hafens entsprechen denen der Stadt: große Werft die alte als Trockendock nützlich, im „Kaenan" gibt's für mich eine Portion (!) Hamburger mit Pommes - hier essen offensichtlich Hafenarbeiter! Besuch des „Botanischen Gartens": das eingezäunte Bonsai-Areal ist erwähnenswert, das Wikinger-Restaurant im Stabkirchen-Stil beeindruckt; wir rollen weiter: echte Gänse sitzen auf einer Wiese in der Sonne, es ergibt sich der Blick auf die Wahrzeichen von Reykjavik „Hallgrimskirche" und „Perle", dann beiderseits Grün mit vielen Steinen, Pferde auf gewellter Wiese; kommen zu einer vom Meer umgebenen Landzunge, dem Präsidentensitz zur Zeit des 5. Präsidenten seit 1944 - keinerlei Sicherungsabsperrung, die Häuser hier gehören zu den ältesten des Landes, Kirche mit wunderschönen bleieingefassten Fenstern, Motive betreffen auch die Geschichte, eine Gedenktafel für die verstorbenen Präsidenten befindet sich im Innenraum; anfangs grünes nun zerklüftetes Gelände: „Elfenstadt", sie leben in den Lavaburgen die deshalb nicht zerstört werden dürfen, Elfen sind der Sage nach die „ungewaschenen Kinder von Adam und Eva"; Bergkette links, jetzt am Alu-Werk direkt vorbei Lavafelder, Lavafelder aus Formen von Kegeln mit Rissen versehen, Hügeln und Rücken - wieder alles flach, gewellt mal schwach mal stark, Himmel hat geschlossene Wolkendecke, nur ganz hinten am anderen Ufer des Meeresarmes liegt ein Streifen Sonnenlicht, Strecken-„Türmchen"; Autos mit Scheinwerfern an kommen uns entgegen, wir werden von der Heizung vorgegrillt, endlich keine kalten Füße mehr! Hinter ausgedehntem Lavagebiet qualmt's beachtlich: „Die blaue Lagune", aufgeheiztes salziges Grundwasser läuft in trübem Blau vorm Abfließen in eine große und eine kleine ‚Badewanne' unter freiem Himmel, Wärmeaustausch sorgt für angenehme Temperatur um die 30°C, Badegelegenheit: ‚intelligente' Armbänder gewähren Einlass und merken sich die Spindnummer, auch eine Grotte wurde angelegt, die befestigte Seitenstreifen und etwas kühleres Wasser als die große Wanne hat außerdem windgeschützt ist - wahlweise Durchgang oder Bleibe, Wasserstand überall halbhoch, Untergrund Lavasand - es reicht, man konnte kein Handtuch leihen Halstuch zum Abtrocknen tut's auch, wunderbar wohlig entspannt! Letztes Foto, es riecht nach Frost, Abfahrt zum Süppchen, aller Augen im Bus warten auf ‚ihn' - dann gibt's wirklich Suppe mit Butterbrot, zuvor Salat mit zwei Heringsstückchen einer Krabbe und verschiedenen Mayos - das übrige Besteck wird weggeräumt; Flughafen: Regenbogenteil als Skulptur aus Glasmosaik ziert die Decke, ein modernes derselben Fertigungsart ist in der Halle schräg aufgehängt - warten, denke dankbar an unseren Reiseleiter der viel bot an Sehenswertem und Informationen, den Fahrer einen umsichtigen ausgezeichneten Könner, mit dem Busungetüm leistete er oft exakte Millimeterarbeit; als deutschen Sender gab's im Fernsehen lediglich RTL II, Englisch hole gegenüber dem Isländischen auf im Sinne von Prioritätenwechsel, Alltagsverständigung auf dieser Sprachenschiene bereits jetzt mühelos, unsere Hotels sind teuer gewesen, das „Selfoss" etwas besser ausgestattet gehört zu einer Kette, die Zimmer sauber zu halten macht man sich kaum Mühe, ich bewohnte jeweils ein Doppelzimmer alleine und war froh darüber, zwei Personen dürften mit den beengten Verhältnissen und geringen Ablegemöglichkeiten Probleme haben und - die Eingangstür zur Nasszelle ließ nur eingeschränkte Maße zu; letzte Münzen werden in Orangensaft ‚umgetauscht', 'Swarovski'-Kristallsachen preiswert hier, Geschäft leider geschlossen; es geht los um 1.05 Uhr mit Airbus LTU 1929, Flughöhe 9 000 m über Schottland, Amsterdam nach Düsseldorf: große beleuchtete Städte zu sehen oder deren Widerschein, einzelne dicke helle Punkte in Küstennähe, evtl. Leuchttürme die sonstigen vermutlich Schiffe - zu dunkel um Genaueres zu erkennen; wieder ruhiger Flug aber nicht leise, kein Nickerchen möglich wegen drei ‚späten Gänsen' die lauthals ‚blödeln', gutes Essen, heißer Tee - wir sind zu früh werden nochmals etwas hochgezogen, nun Landeklappen betätigt Fahrgestell raus – 4.10 Uhr unten plus zwei Stunden = 6.10 Uhr, 18° C, wie warm! Nebel, ab 7 Uhr befördert uns der Transfer-Bus, lebhafter Verkehr, viel heftiger jedoch auf der anderen Seite der Autobahn, kurzer Stau, flott weiter: Hochnebel-Waschküche' die nicht stört, nochmals Stau knapp vor Mainz - auf der Gegenfahrbahn, die Heimat hat uns wieder und mein Bett befindet sich in Reichweite.

Nächstes Jahr feiern die Isländer das tausendjährige Jubiläum der Entdeckung Amerikas und wir haben gelernt: Island ist keine Insel sondern ein freies unabhängiges Land von Meer umgeben, unserem einheimischen Reisebegleiter war der Stolz darauf abzuspüren - nachvollziehbar.

Rom-Besuch (November 1999)

Heute geht's los, die Gruppe treffe ich erst am Flughafen denn die kommt per Bus von Kassel, also schon deswegen zeitig aufbrechen und - weil der Hauptbahnhof umgebaut wird, d.h. vielleicht ist es nötig ein bisschen herumzusuchen - ist gar nicht so schlimm, nur läuft kein Transportband auf das man den Koffer stellen könnte, er muss die Treppe hinuntergewuchtet werden und wieder rauf - na was soll's; nun das Ganze noch einmal bei der Zugbesteigung, machbar denke ich - „der Zug nach Frankfurt hat 30 Minuten Verspätung", es regnet und ist kalt, in den kleinen überdachten Räumen drängen sich die Menschen: „anstelle der S-Bahn nach Ffm steht vor dem 'Hotel Eden' ein Bus für Sie bereit, bitte beeilen Sie sich er fährt gleich ab, bringt Sie nach Rüsselsheim dort können Sie in die S-Bahn umsteigen" - na fein, Treppe mit Koffer wieder runter, schnell – schnell, auf der anderen Seite wieder hoch, welches Hotel? Ah da drüben, da steht ein Bahn-Bus, das dürfte er wohl sein – fragen, einsteigen, Himmel ist der Koffer schwer inzwischen hat er schon zugelegt; in Rüsselsheim nieselt's, raus aus dem Bus, Treppe runter Treppe rauf, Bahnsteig - um diese Zeit wollte ich eigentlich am Flughafen angekommen sein, angefeuchtet stehen wir und warten: „der Zug hat 30 Minuten Verspätung" - das darf doch nicht wahr sein; ich frage ein Ehepaar ob wir uns die Kosten für ein Taxi teilen wollen - Treppe runter Treppe rauf, andere hatten auch die Idee, sind jünger und rascher beim Besetzen der wenigen Fahrzeuge am Sonntagmorgen - alle Taxen weg, wir stehen da im Regen und - warten, ein Bahn-Bus kommt: „steigen Sie ein wir fahren zum Flughafen", Koffer wieder ... man benutze die öffentlichen Verkehrsmittel, hoch lebe die Organisation! Ein älterer Mann äußert resigniert „ich hatte mich gegen das Auto entschieden, wollte die Reise stressfrei beginnen", doch dann geht alles glatt; wir fliegen zwar verspätet ab kommen aber, hart aufgesetzt, pünktlich auf dem "Leonardo da Vinci" an - was gab's eigentlich zu essen? So einen komischen Kartoffelsalat den man als solchen kaum erkannte ansonsten Dürftiges, gut war nur die „Torta Caprese": dunkler Teig mit Mandeln ohne Lupe gerade noch auffindbar; Zimmer haben wir im alten hochbetagten ehemaligen Gerichtsgebäude „Hotel C", der Aufzug bestätigt die Altersschwäche, Zeit zum Auspacken, Umziehen, dann steht die „Lichterfahrt" an und das Nachtessen; ‚unser' Hotel liegt offenbar im Zentrum also günstig, vom Bus aus werfen wir einen ersten Blick auf Engelsbrücke und -burg, Justizpalast etc., hübsch angestrahlte Ruinen und Plätze mit Namen die nicht fremd sind zu denen aber kein besonderer Bezug besteht, auch jetzt nicht; wir bummeln über den Piazza Navona, ich genieße das Bild der sprudelnden Brunnen im Glitzerlicht und das Gefühl in 'Roma Aeterna' zu sein, ab morgen bin ich offen für Bildung, heute noch nicht; bei „Giovanni" werden wir abgeladen, treffen da auf eine Gruppe aus Hamburg die uns in den nächsten Tagen bei Besichtigungen angegliedert bleibt, so stockt man uns auf 50 Leute auf; das Essen ist gut, man wird satt wenn auch die Koteletts preisverdächtig geschnitten sind - so dünn, das war möglich ohne die Fingerkuppen mitzuerwischen - Leistung, das Hamburger Ehepaar bei dem ich sitze ist sehr nett, der Wirt stellt uns einen Extra-Glaskrug mit Wein auf unseren Vier-Personen-Tisch und ‚wenn muntre Reden sie begleiten' dann fließt der Wein glatt durch die Kehle –

nein, ich glaube im Gedicht heißt es anders, jedenfalls trinke ich etwas mehr als normalerweise und der gewichtigere Kopf anderntags sagt, „das war nicht so gut solltest du lieber lassen", ich hab's beherzigt aber der Wein schmeckte wirklich prima. - Anderntags steht die Stadtrundfahrt auf dem Programm: am „Tèvere"= Tiber entlang dem drittgrößten Fluss Italiens, 393 km Länge insgesamt - Po 676 km, Etsch 415 km - beeindruckt die massive „Engelsburg" 130 n. Chr. als Mausoleum errichtet, nicht nur für sich Hadrian, auch nachfolgende Kaiser, Grund für den Umbau in eine Festung im 11. Jahrhundert war der Investiturstreit, deshalb besteht ein Verbindungsgang zum Vatikan als Fluchtmöglichkeit für den Pabst, Zugang zum „Castel Sant' Angelo" über die „Ponte" gleichen Namens von Bernini mit Petrus- und Paulusstatue an ihrem Beginn; Justizpalast „Palazacio" Architekt Calderini, Ruinen des Stadions, rechts: Grabmal des Augustus, „Piazza del Popolo": Paläste verschiedener Zeitabschnitte und Baustile, zwei Barockkirchen nahebei, unmittelbar daran die „San' Maria del Popolo" aus der Renaissance, 1727 gebaut; ägyptischer Obelisk der früher auf der Spina des „Circus Maximus" stand, „Piazza di Spagna": Spanien hatte hier im 18. Jahrhundert eine Botschaft für den Kirchenstaat inne daher der Name, Spanische Treppe: ‚Himmelsleiter' mit 136 Stufen, Schräge von Terrassen unterbrochen, oberer Abschluss Kirche „SS Trinità dei Monti" davor ägyptischer Obelisk, bei blauem Himmel und Sonnenschein haben wir eine herrliche Sicht über die Stadt; wieder unten „Fontana della Barcaccia" von 1627 mit sinkendem Schiff zur Erinnerung an das verheerende Hochwasser - die Höchstmarke von 20 Metern sehen wir bei Gelegenheit später; „Keats- und Shelley-Gedächtnishaus", nicht weit weg die „Immacolata-Säule" höchste der Stadt; „Piazza San Silvestro", Blick auf ältesten romanischen Glockenturm der Kirche „Santa Maria in Cosmedin" aus dem 6. Jahrhundert, die zwei- und dreibogige Fenster hat, in der Nähe des Piazza der früher ein Rindermarkt war „Bocca della Verità", ehemaliger Kanaldeckel; „Fontana di Trevi": unechte Felsenlandschaft über die Wasser rauschend in ein großes halbrundes Becken fließt - für uns nicht, denn Neptun auf Muschel die von zwei Pferden gezogen und je einem Triton gelenkt wird unter Renovierungsgerüst - wirkt auf mich sehr künstlich alles, wie aus Gips; „Piazza Colonna" mit 29 m hoher Marc-Aurel-Säule, Uhr von ‘Dali' an der Ecke und ein Plakat mit seinem Konterfei am Säulenpalast - liegt etwa in der Mitte der Via del Corso einer der Hauptverkehrsadern; Piazza Venezia „Vaterlandsdenkmal" aus weißem Marmor mit u. a. Grab des Unbekannten Soldaten, Standbild der Roma, Skulpturen: Arbeits- und Vaterlandsliebe, zwei Brunnen, Reiterstatue von Viktor Emanuel II., in Stufen angelegt gab es den Einwohnern Anlass zu spöttischen Bezeichnungen wie „Schreibmaschine" - versteh' ich nicht, find's großartig; davorstehend geht's links zu weiteren Foren die angelegt wurden, weil das „Forum Romanum" nicht mehr ausreichte als Mittelpunkt für Handel, Religion und Politik; gleich auf der anderen Straßenseite befindet sich das „Trajanforum" mit Namensgeber als Standbild auf Marmorsäule vor zwei großen Kuppelkirchen; rechts läuft hinten eine monumentale Freitreppe zur Kirche „Santa Maria in Aracoeli" hinauf, die im 6. Jahrhundert auf den Ruinen eines Junotempels errichtet wurde; die große Treppe geradeaus führt zum „Piazza del Campidoglio" - vollgestopfte Straßen, bei unseren Spaziergängen ertönt unterwegs häufig das

Martinshorn von Polizei- oder Sani-Wagen, ohne kämen sie keinen Zentimeter vorwärts; die Via dei Fori Imperiali geht am „Forum Romanum" vorbei, dem „Colosseum" und dem „Constantinsbogen", nach Einbiegen in die Via di S. Gregorio die am Piazza di Porta Capena endet; Blick auf den ehemaligen „Circus Maximus" jetzt eine Grünfläche die von vielen eiligen Menschen überquert wird, Art und Ausmaß der Anlage sind einwandfrei zu erkennen; die Viale Aventino, nach gleichnamigem Gründungshügel benannt, auf dem sich viele schöne Residenzen, etliche Botschaften und Kirchen befinden, sie mündet in die „Cestius-Pyramide" die mit Brescia-Marmor belegt ist, aus dem 3. Jahrhundert n. Chr. Stammt, Mausoleum das zum Teil der „Aurelianischen (Stadt-) Mauer" wurde, im Volksmund sind es „Steine des Gefühls der Einsamkeit" einer Frau die sich anderweitig tröstet - Männer die viel von zu Hause weg sind haben „eine Pyramide" daheim sagt man; am Via Ostiense liegt unser Ziel die Pauluskirche „Basilica San Paolo fuori le Mura", 314 n. Chr. geschaffen, sie war bis zum Bau des Petersdoms die größte Kirche Roms, ihre Aufsatzfassade ist außen mit einem herrlichen Mosaik versehen, auf der Tür aus Bronze Silberverzierung und Paulus mit Schwert - heute leider große Baustelle, innen ebenfalls etliche Gerüste, die Kirche besteht aus fünf Schiffen: das Hauptschiff ist eine Granitsäulenhalle, durch hauchdünne Alabaster-Scheiben fällt getöntes Licht und macht die Maserung sichtbar, die Form der Fensterkreuze ist wirklich die von Kreuzen und in der zweiten Etage schließen Rundbögen das Ganze ab, Alabaster war Geschenk Ägyptens, Lapislazuli für einen Altar stammt vom Zaren, Fußböden die wie Teppiche aussehen, Mosaik auch in der Apsis, Alabastersäulen die nur zwei Mann umfassen können mit vergoldeten Kapitälen, Mosaikeinlagen darin sog. Kosmatenarbeiten, 5 m hoher Osterleuchter, Baldachin und vergoldete Stuckdecke über dem Paulus-Grab, wunderschöner Kreuzgang; auf dem Via delle Sette Chiese gelangen wir zu den „Domitilla-Katakomben", Name leitet sich ab von ad catacumbas = im Untergrund einer Flurbezeichnung für Gelände unter Straßenniveau, in diesen grub man sich erst hinein als das Geld für ein neues Grundstück fehlte, war nicht mühsam im Tuffstein vom damaligen Vulkan in den Albaner Bergen, doch um nicht zu Sand zu verfallen benötigt die Katakombe eine Temperatur von 18°C und 98% Luftfeuchtigkeit, etwa 24 Luftschächte sorgten schon immer für gleichmäßige Bedingungen, enger Mittelgang, die Rechtsecke seitlich sind Grabkammern, viele Kindergräber, 60% erreichten das 6. Lebensjahr nicht - vier Galerien tiefer zu gehen war aus Stabilitätsgründen nicht möglich, jedes Stockwerk ist mit Stern- und Querstraßen versehen - erst Symbole wie Fisch, Olive, Brot, Palme, Weinstock, Taube, Schiff dann Malereien und Fresken, Orte waren gesetzlich geschützt, an ihnen Gewalttätigkeiten verboten, wurden deshalb zur Zuflucht der Christen - ein verwirrendes Labyrinth bald verliere ich die Richtung total obwohl ich mich sonst auf meinen Orientierungssinn verlassen kann, in Rom gibt es 63 Katakomben diese hier soll die größte sein; auf dem Rückweg kommen wir an den „Caracalla-Thermen" vorbei, noch ein Brunnen und noch eine Kirche - fast alles ‚hinter Gittern' stoßen schließlich auf den „Piazza della Minerva" mit Kirche „Santa Maria sopra Minerva" - nomen est omen, Elefant von Bernini trägt echten ägyptischen Obelisk vor der „Chiesa de Gesu"; sind jetzt zu Fuß unterwegs, stehen vor dem „Pantheon" Kolossalbau von 17 v. Chr., heutige Form gemäß Hadrian, eine Rekonstruktion aus dem Jahr 200 n. Chr.: griechische Vorhalle, römischer Kuppelbau, Durchmesser und Höhe des Innenraums identisch 43,3 m, kreisrunde Öffnung in der Mitte von 9 Metern, darunter Löcher im Boden für Wasserablauf, geweihte Stätte der Götter, Gebeine zahlreicher Märtyrer ruhen hier, auch Begräbnisplatz berühmter Regenten und Künstler, Ausgestaltung mit Nischen, Altar - Tempel anfangs Stadion gewesen? Draußen Replik eines Obelisken - im Mittelpunkt eines Brunnens natürlich, ungereinigtes Wasser überall also zum Trinken nicht geeignet; der Piazza Navona ist nicht weit, beherrscht vom Brunnen „Fontana del Nettuno" dem „Vier-Flüsse-Brunnen" (eigentlich Kontinente): Ganges für Asien, Nil - Afrika, Donau - Europa, Rio de la Plata - Amerika, beeindruckend und noch ein Neptunbrunnen „Fontana del Moro" genannt: die Götterstatue umspielen Meerjungfrauen und Tritonkinder; „Fontana di Trevi", drei Kirchen und ein Palazzo, der Platz soll vom Konkurrenzstreit zwischen Bernini und Borromini geprägt sein; die Erwähnung des Piazza San Pietro und der „Sankt Peters-Basilika" dürfen als Höhepunkterlebnisse am ersten Tag nicht fehlen, die Ausdehnung des Platzes mit den Kolonaden wirkt imposant, aber erstaunlicherweise nicht erdrückend sondern fast grazil trotz seiner 284 Säulen, 88 Pfeilern und 142 Statuen (Zahlen sind korrekt, habe alle überprüft), erst als ich anderntags auf einem Zwischendach der Kirche hinter einer Figur stehe stelle ich überrascht fest, dass diese mindestens 2 Meter groß ist; Platz hat Ellypsenform, 'Perspektiven-Trick' der Kolonadensäulen, bei dem Obelisk in der Mitte handelt es sich um einen ägyptischen Monolith, zwei Brunnen - der eine von Bernini, der andere von Maderno; „Petersdom": größte Kirche der Welt aus Travertinstein von Tivoli, Baubeginn 1506 Einweihung 1626, Wechsel von Plänen und Architekten u. a. Bramante, Maderno, Raffael und Michelangelo, Entwurf der Kuppel stammt von den beiden letzteren, fünf Portale, Bronzetor aus dem 15. Jahrhundert in der Mitte, „Porta Santa" ist die äußerste, wird nur zum „Heiligen Jahr" geöffnet; Pietà, Fußbodenmosaike, Petrus-Statue, Reliquien, Säulen des Baldachins über Petrus Grab 29 m hoch, Innenraum unter der Kuppel 19,9 m, sie ruht auf vier Pfeilern die jeweils einen Umfang von 71 m haben sollen, Hauptaltar in Apsis, Fenster mit Taube in Strahlenmandorla, Seitenkapellen und -altäre, einer mit Faltenwurf aus rotem Marmor, Schatzkammer - und vieles mehr. Zwischendurch hatten wir eine gemeinsame ‚Abfütterungs'-Pause mit Einheitsmenue: Hauptgericht Nudeln mit Soße zum Sattessen - nichts Umwerfendes; grundsätzliche Informationen die ich sammelte: Ureinwohner Italiens Etrusker, Legende von Romulus und Remus Kindern einer Vestalin, Dienerin der Göttin Vesta die keusch bleiben sollte, Vater Mars; Name „Rom" von Romulus, etruskischem Feldherrn oder einfach „Stadt am Fluss"? Ursprünglich sieben Hügel: Palatin, Kapitol, Quirinal, Viminal, Esquilin, Caelius, Aventin, später kamen weitere dazu, inzwischen noch Vororte die teilweise im Zweiten Weltkrieg nicht verschont blieben, offiziell 3 Millionen Einwohner - wächst weiter; Stadt lag an alter „Salzstraße" - die Römer befassten sich intensiv mit dem Aufbau einer funktionalen Verwaltung und Rechtsordnung: 'Römisches Recht' 450 v. Chr. in zwölf Tafeln niedergelegt, weiterentwickelt, Grundsätze prägen bis heute die kontinentaleuropäischen Rechtsnormen; Kunst und Architektur wurzeln in der etruskischen die griechisch beeinflusst ist, die Bauweise mit Steinquadern wurden von der mit Ziegelsteinen abgelöst = opus latritium, nützlich und stabil der Stadtverschönerung dienend, auch ermöglichte diese Technik zusammen mit Gußmauerwerk die riesigen Gewölbe der Kuppelbauten - noch zum Gianicolo? Aber ja, Hügel in **Trastevere** transvisterium trans tiberio = jenseits des Tiber: Gedächtnisstätte mit „Garibaldi-Denkmal", kein sog. Heldenfriedhof seiner Mitstreiter sondern angelegtes Plateau für aufgestellte Gedenkbüsten der „Garibaldini"; Leuchtturm Geschenk von Italienern die in Argentinien leben, wunderbarer Blick auf die Stadt mit den Albaner Bergen im Hintergrund, am Abhang ein „Botanischer Garten" und in diesem Wohnhaus mit Turm da unten auf der Via Trastevere sollen Michelangelo und Dante gewohnt haben; Juden: zunächst seien sie von einer Tiber-Seite auf die andere gezogen, ein Papst ließ dann das Viertel mit einer Mauer versehen die 14 Tore hat welche bei Dunkelheit geschlossen wurden, Synagoge in babylonischem Stil, Dachgärten und Balkönchen mit Grün: „Alt-Rom" habe Gassen und Gässchen wie Neapel heißt es; Hunger, nach all der geistigen Anstrengung muss noch etwas gegessen werden, in Seitenstraße „Trattoria": wir werden hereingeholt, ein Glas Gratis-Begrüßungssekt, gute Lachsnudeln verzehrt - Gedeck extra bezahlen? Suchen uns morgen eine Pizzeria, Lokale gibt's rundum an Geschäften aber nur kleine Lädchen die Wein oder Antiquitäten verkaufen, noch nicht einmal Parmesankäse zum Mitnehmen kann ich später auftreiben - schade! Das Zimmer ist schon wieder total überheizt doch an dem Heizkörper finde ich keine Regulierungsmöglichkeit, dann also erneut bei halb offenem Fenster schlafen, das Bett angenehm, Kleiderbügelangebot gering an Zahl und teilweise schadhaft, Dusche arg klein, mit irgendeinem Körperteil klebe ich immer am Vorhang und die Umrandung ist so niedrig, dass Vorleger und ein Handtuch als Wasserbremse fungieren müssen damit nicht das ganze Bädchen schwimmt; mein Wecker ist kaputt, das Telefon ersetzt ihn denn zeitig 8.30 Uhr geht's schon wieder los, ich kann ein Zimmermädchen greifen, sie will mir zeigen wo man die Heizung auf Wunsch einstellt - ja den Deckel da den hatte ich auch schon versucht aufzukriegen - sie staunt, bei ihr klappt's ebenfalls nicht, abends ist wie erbeten die Heizung abgestellt, viel erholsamer so! Frühstück: kein Buffet, Brötchen und abgepackte Zutaten geringer Auswahl, Saft sieht aus wie 'Hohes C', frisch gepresst ist er jedenfalls nicht, man kann im Hotel kein Geld wechseln, Postkarten und Briefmarken gibt's nicht - wo kommen die '4 Sterne' her? Allerdings täglicher Handtuchwechsel, von mir aus nicht nötig und das letzte ausgefranzte Wäschestück machte zudem die Benutzung schwierig; es regnet nicht Bindfäden aber immerhin: am Tiber entlang dem eingemauerten um weitere Überschwemmungen zu verhindern die früher enorme Schäden verursachten, Prati = Wiesen, heißen noch so obwohl inzwischen bebaut z. B. Prati Vaticano; rechts Glaspalast mit Friedensaltar, links Isola Tiberina in Schiffsform, zwei Kirchen über Äskulaptempel und ein Krankenhaus mit Stadtkern durch Brücken verbunden die 2000 Jahre alt und funktionstüchtig sind, über 20 Brücken existieren in Rom, in Verlängerung einer der Tiberina-Brücken das „Marcellus-Theater": mächtiges Halbrund mit Arkaden-Stockwerken, zwischen ihm und dem Vaterlandsdenkmal befindet sich der schöne „Schildkrötenbrunnen" mit Namensgebern und Delphinen an dem wir gestern vorbeifuhren; diese Insel da liegt auf gerader Linie mit dem „Circus Maximus", von einer Brücke aus sieht man seine alte Struktur besonders deutlich, kleine moderne neugotische Kirche aus schmalen Ziegelsteinen, wir erreichen das Wahrzeichen der Stadt das „Colosseum", es tröpfelt regelmäßig, Händler bieten Schirme an - geschäftstüchtige Kerle, Haube auf Regenmantel habe ich sowieso an, ich brauche die Hände zum Fotografieren und Notizenmachen! Das Colosseum: größtes Theater der Welt hat einen Umfang von 527 m und seine Höhe beträgt fast 60 m, es wurde 80 n. Chr. eingeweiht und bot bis zu 50 000 Zuschauern Platz, vier Etagen (Ränge), unterste überdacht für Kaiser, Patrizier, Priester, zweite für Bürger (Plebejer), Offiziere dritte, eine Holzgalerie mit Stehplätzen für das niedere Volk, oberste für Sklaven und Frauen - Name früher Arena (lateinisch = Sand), jedenfalls erfolgte die Benennung dann nach der Kolossalstatue Neros die er hier aufstellen ließ, die Travertinplatten auf der sie stand sind noch da, fehlende hölzerne Plattform ermöglicht den Einblick in unterirdische Räume und Gänge z. B. zur Gladiatorenschule und den Behausungen für wilde Tiere welche mit Aufzügen heraufgeholt wurden, außerdem gab es ein Zeltdach zum Überziehen bei Bedarf, mit Luftloch in der Mitte, 76 Eingänge sorgten dafür dass sich der Monumentalbau in wenigen Minuten füllte bzw. leerte; wir bekommen Zeit für einen Rundgang: sieht kreisrund aus, nur an bestimmten Stellen kann man die elyptische Form erkennen, Sportanlage gewesen mit Standbildern geschmückt, zur Verbesserung der Flexibilität bei Erdbeben waren Metallverstrebungen ins Mauerwerk eingezogen, die längst herausgenommen und eingeschmolzen worden sind, so wie eine Unmenge von Travertinblöcken in neuen Häusern Verwendung fanden, lange hat man ja - nicht nur in Italien, alte Gebäude als Steinbrüche benutzt; es geht weiter: „Triumphbogen", dreitoriger „Constantins-Bogen", „Palatin" und „Forum Romanum": als Ausgrabungsgebiet eine zusammenhängende Fläche, der Palatin soll Gründungsplatz gewesen sein, morastig, Wasser musste entzogen werden, Anlage nach wie vor intakt, später kamen Tempel und Paläste dazu, erster Prachtbau „Domus Tiberiana" des Kaisers Tiberius, wurde größtenteils zweimal überbaut, dominierend heute die „Farnesischen Gärten" mit Casino oder Stadion Farnese, Gelehrte uneins - ganz klar dass der Garten den Höhenunterschied ausgleicht; Forum zentral zwischen vier Hügeln gelegen, idealer Treffpunkt: drei prächtige korinthische Säulen, erkennbar an den Akanthus-Kapitälen durch Aufsatz verbunden, Rest des Tempels von Castor und Pollux, Concordia-Tempel, Brunnen, Borgart-Säule, früher hier öffentliche Verwaltungsgebäude und Handelsplätze, Reste der „Rostra" = Schnäbel, Trophäen erbeuteter feindlicher Schiffe mit denen die Rednertribüne bei Wettkämpfen geschmückt war, daher der Name - auch im ‚Fastnachts-Deutsch' gebräuchlich; Triumphbogen des Septimus Severus, Tempel von Antonio und Faustina, Via Sacra und Porticus Tempel des Vespasian, religiöser Mittelpunkt: Tempel der Vesta und das Haus der Vestalinnen, sowie Kuria eine große quadratische Halle mit Bronzetüren; nach dem vielen Hin- und Herlaufen Ausruhpause auf alter Säule neben Akanthus, Blattgewächs der Bärenklaupflanze; es wird weiter ausgegraben: der Marktplatz soll außerhalb des Areals gewesen sein das unter Zerstörung durch Brände und Baumaterialentnahme litt; das Wetter wechselt d. h. freundlicherweise dreht da oben gelegentlich jemand die Wasserhähne an den Wolken zu, Pfützen haben sich gebildet - Steinespringen auf uralten großen abgewetzten praktiziert eine Kindergruppe die mit römischen Armeezeichen ganz zünftig unterwegs ist; nicht weit von hier entfernt befindet sich das „Forum des Julius Caesar" mit Bronzestandbild von ihm, auch nahebei „Augustus-Bogen"; die Via San Pietro in Carcere führt zum „Capitol" hinauf auf ihr schmale Säule und kleine Replik der legendären Wölfin, der „Piazza del Campidoglio" hat wunderschönes Bodenmosaik, ehemals hier u. a. ein Jupiter-Tempel, in der Mitte Senatorenpalast darin die heutige Stadtverwaltung, im Winkel dazu auf der anderen Seite der Konservatorenpalast mit „Sala della Lupa" Saal der echten Kapitolinischen Wölfin, auf dem Platz Reiterdenkmal des Kaisers Marc Aurel, es soll einen Durchgang geben zum (Todes-)Felsen für Vaterlandsverräter; die Pläne der gesamten Platzgestaltung und der heraufführenden Treppe, an der uns entgegengesetzten Seite, stammen von Michelangelo, die Rampe beginnt mit zwei ägyptischen Löwen und endet mit Kolossalstatuen von Castor und Pollux, jeder auf hohem Sockel mit Pferd am Halfter; wir gehen hinunter und steigen am Piazza Venezia wieder in den Bus, der sich gut vollstopfen läßt bei wenig Beinfreiheit: Vorbeifahrt an Tempelrest von drei Säulen und ehemaligem Obst- und Gemüsemarkt - da war er also, ein runder Tempel links, erneut „Cosmedin" und Mund der Wahrheit „Bocca della Verità" in den schriftliche Anschuldigungen eingeworfen wurden; Abladestelle Hotel, den Nachmittag haben wir zur freien Verfügung: zunächst wird mit Erfolg die Pizzeria ausprobiert, dann - oh wie angenehm Schuhe wechseln, mal flacher mal höherer Absatz tut gut, was sonst nicht möglich war und - sein wird, nun los wohin? Natürlich noch einmal in die Petersbasilika um alles in Ruhe zu bestaunen: mit dem Aufzug hinauffahren, direkt unter der Kuppel stehen die über 300 Stufen bis zur Laterne, erspare ich mir, der Blick von der Terrasse aus auf die Stadt mit doppeltem Regenbogen mag genügen, noch Schatzkammerbesuch - er lohnt sich, die Füße wurden schon wieder reichlich strapaziert, Zeit für einen Kakao nehme ich mir, das Café mit den gerafften Vorhängen, grazilen Tischen und Stühlen wirkt einladend, ist bestimmt nicht billig – richtig, haben aber echte Schokolade, ein Genuss! Weiter: die „Engelsburg", bisher nur von außen gesehen - das geht ja nicht, also hinlaufen, gar nicht so einfach, nicht überall sichern Ampeln Fußgängern den Weg auf die andere Straßenseite, der Verkehr braust den ganzen Tag noch dichter und verrückter als in Frankfurt und diese Raserei! Geschickt eine Lücke nutzen, jetzt forsch drauflos ist die beste Methode, die Römer sind offensichtlich an Besucher gewöhnt und passen dann schon auf, nichts mit der Schlagzeile „bedauerliches Missgeschick Touristin in Rom überfahren" aber es bleibt Nervenkitzel pur, der optimale Kick! Riesige und kleine Starenschwärme zeichnen ständig durch ihre unterschiedlichen Formationen moderne Skulpturen an den Himmel, auf der „Engelsbrücke" stehen die unvermeidlichen afrikanischen Händler die „Marochini", „Engelsburg": Montelupo von 'Raffael', Einblick ins Verließ, Saal mit Badszenen ausgemalt, Kamin, Schatzraum darin fast Containermaß-Truhe, Appartements der Familie „Farnese" mit Lilie deren Wappen (und das von Florenz, vergl. Bourbonen), Wandmalereien, aus Holz geschnitzte Kassettendecke farbig und teilweise mit Gold belegt; Schlafzimmer, Sala Perseo, Sala Adrianeo mit Gemälden, Dauerausstellung „La Cavalleria Italiana" - und etliches mehr; die Aussicht durch

Mauerlücken auf den Tiber mit rechterhand vor allem Brücke und Kuppel des Petersdoms, nach links zur Tiberina und Umgebung im Dämmerlicht des Sonnenuntergangs bleibt unvergesslich, besonders imponieren die ungeheuren Steinquader der Burg deren Wucht man erst ermisst wenn man direkt davorsteht; noch einmal in die „Pizzeria"? Aber ja, gut, preiswert und nicht nur Pizza im Angebot - Bewährtes soll man beibehalten; duschen und ab ins Bett morgen steht der Ausflug nach Capri an der für mich ‚mitten in der Nacht' beginnt. - Tagsüber wenn die Sonne scheint schwitzt man ‚wie ein Braten' doch morgens und abends entsprechen die Temperaturen und der kalte Wind durchaus der Jahreszeit, so ist es auch heute Morgen recht frisch: 6.45 Uhr Abfahrt, bestückt mit Lunchpaketen deren Inhalt sich nachher als ‚schlicht und ergreifend' erweist - wieso gibt's nie Obst, irgend etwas? Erst am „Piazza del Popolo" werde ich langsam wach, oberhalb davon Gelände der „Villa Borghese", im Mai finden hier jeweils ein Reit- und Springtournier statt; „Villa Julia": „Etruskisches Museum", auch Gesichtsvasen vorhanden, „Villa" nannte man zunächst eine Stadt im Grünen, dann ein Wohngebäude mit Garten- bzw. Parkanlage, in Rom sind noch viele Villen zu finden, bei Palästen handelt es sich ‚nur' um Häuser, übrigens wurden die Höhenunterschiede zwischen Basisboden und Hügeln durch Arkaden ausgeglichen - hübsche Idee! Die Poli-Kliniken der Stadt, die größten Europas, seien veraltet und hygienisch sehr bedenklich, man erzähle sich die Geschichte von einem Schwalbennest in der OP-Lampe; erneut konkrete Formationen der Starenschwärme, Morgenrot, dann wird alles von Sonnenlicht überstrahlt, passieren das Stadttor, vor uns liegen ca. 230 km Weg auf der Strada del Sole; wir sind für das Boot zur Überfahrt um 10.30 Uhr gebucht - kommen zunächst noch am großen Friedhof „Campo Verano" vorbei: Erdgräber und Wand-Etagen, seine Lage war früher außerhalb; jetzt links Neubausiedlung mit Antennenwald; es wird uns gesagt: Rom ist Hauptstadt von Latien, Neapel von Campanien, Bahn-Schnellstrecke zwischen beiden seit Jahren im Bau, dauert auch noch Jahre und der 'Gefangenenchor' aus Verdis 'Nabucco' ist die „zweite Nationalhymne", außerdem - Italien sei mittlerweile das geburtenschwächste Land, 60% der Einwohner älter als 65 und der Verdienst meistens gering, deshalb oft zwei Arbeitsstellen nötig: Beruf und Nebenjob, ‚unseren' Pizzabäcker sah ich auch nur abends - aha; die Römer bevorzugen den Einkauf in kleinen Geschäften wegen der Kontaktpflege und dem Austausch von Neuigkeiten - haben wir schon gemerkt, sogar in der weiteren Umgebung existiert ganz selten ein größeres Kaufhaus; es sind 5°C, Nebelschleier ziehen über die Grünflächen, wolkenfreier blauer Himmel, links Ausläufer der Abruzzen: Naturschutzgebiet, Bären und Wölfe sind inzwischen bis nach Deutschland gewandert, rechts Albaner Berge in der fruchtbaren Ebene Anbau von Gemüse und Obst, da sind Weiden für Büffelherden, von ihnen gibt's eine Käse-Spezialität auf Pizza z. B. - inzwischen bei uns zu kaufen; nun größtes Gebiet erloschener Vulkane, lockerer Wolkenstreifen, Berge rechts ganz nah, üppig begrünte sanfte Hänge in großen Falten mit kleinen kahlen Stellen an senkrechtem Fels, Industriegebiet folgt mit und ohne weißen Rauch, erst lückenhaft dann dichter, auch Fa. Henkel vorhanden; es wird abgeflämmt, dann Motel und Tankstelle links, noch Morgendunst über hügeliger Landschaft, kleiner Ort, Berge jetzt spitz zulaufend und steil; Radio dudelt krächzend, wir schleichen gemächlich dahin: Siedlung auf Hügel links, rechts geschlossene Bergkette, Gelände an deren Füßen im Nebel am Boden verdickt sonst Schleier, die Berge links in Schichten sind hügelig gewellt, die Höhenzüge gegenüber hintereinander gestaffelt, mindestens zwei - noch einer, andere Seite Monte Casino hoch auf einem Hügel, wirkt ungeheuer massiv, eine Serpentinenstraße führt zum für Bibel-Abschriften berühmten Kloster hinauf; geschichtete Bergketten, je höher desto kahler der hellgraue Stein, Ortschaft auf einer kleinen Anhebung im Tal, Berge mit halbhohen Bäumen nach oben noch niedriger werdend, hier eine kahle Kuppe da eine mit ,Samtüberzug', Fels flacht auf beiden Seiten weiter ab, viele Häuser und ein alter Wachturm; kurze Pause: habe in Raststätte Eistee gekauft, heute will ich mal nicht so dursten wie sonst, außerdem muss ich dem trockenen Hörnchen etwas hinterhergießen; erneut ein Höhenzug, gestaffelt, verschiebt sich nach hinten, hügelig, Bauabschnittanzeichen: Zementpfeiler, Röhrenteile, Zementpressstücke, bewaldete Erhebungen rechts und links Siedlung, geschlossene Hügelkette - es lockert auf, gegenüber ist's eben, viele Pappeln, teils geordnet in Reihen Anpflanzungen von Oliven- und Obstbäumen, auf der anderen Seite von Mais; Ort **Capor**, hier begann damals der Aufstand unter 'Spartacus', es bleibt flach, Pappelwald, Brücke über Flüsschen bis **Caserta** mit Süd- und Nordabfahrt von der Autobahn, links zieht eine Dreierreihe von Bergen herauf, stark gefaltet, Steinbruch, Nachbildung von Versailles; Auto-Hochstraßen, Gewächshäuser nur mit Folie überdacht, Pinien auch als Allee, Fragmente eines alten römischen Hauses, Turm, Teil der Via Appia Antica die 584 km lang stückchenweise weitergebaut worden war bis zur Hafenstadt **Ostia**; diese Schirmpinien sehen aus wie frisch vom Friseur, Haare sorgfältig nach oben gekämmt! Links sind die Berge jetzt weit weg, rechts ganz hinten ein langgestreckter Höhenrücken zu erkennen, ab und zu taucht eine Palme auf, links nun ein Doppelkegel gegenüber Hochhaussiedlung in Plattenbauweise, sehr hohe Blocks - gehören zu **Neapel** der Stadt griechischen Ursprungs (nea polis = neue Stadt), wirkt dicht besiedelt, Arbeitslosenquote 50%, bei Jugendlichen 30%; Busbahnhof, Palmenstreifen, Lorbeerbäume, am Hafen Containerlager und Tankgelände, Mole am „Castel Nuovo" vor uns „Castel San Elmo"; es ist 10.10 Uhr, gerade noch Zeit den gefilterten Eistee loszuwerden dann geht's an Bord des Luftkissen-Schiffs: strahlender Sonnenschein, einige Federwölkchen, klare Sicht, leichte Dünung, kalter Wind, lange Hose und Pullover gut zu vertragen, mit Mütze auf dem Kopf an Deck bestens auszuhalten; links grüßen Vesuv und die Sorrentiner Halbinsel, rechts Ischia, den Vulkan ziert kein Rauchwölkchen, schon lange ist er zu ruhig, die Leute haben Angst; die „Faraglioni"-Felsen im Golf von Sorrent rücken ins Blickfeld und die Grotten, wir legen an: Ortschaft **Capri,** griechischer Name von capros = Wildschwein, bedeckt eine Fläche von 10 km²; weiter oben liegt **Anacapri** ländlicher geprägt nicht so elegant, beide Orte haben zusammen 1 300 Bewohner - und im Sommer die Insel das Mehrfache an Touristen; Wasser dunkelblau oder flaschengrün sehr sauber, höchster Berg der Monte Solari, mittels Drahtseilbahn ist der Gipfel erreichbar; „Villa des Tiberius" und „Todesklippe", auf den extrem engen Straßen sind ,Handtuch-Busse' mit eingeklappten Spiegeln unterwegs, Mini-Dreirad-

Autos und natürlich Vespas; wir quetschen uns in einen Bus und fahren hinauf: „Hotel Caesar Augustus", Gruß von rechter Hand seines weißen Standbilds nach unten zum Hafen, Essen in der „La Pigna": Preis hoch - wie üblich, daran gemessen jedoch entsprechend und sogar Wahl zwischen Fisch Seezunge oder zwei anständigen Scheiben Fleisch - sehr fein sowie Eis-Nachtisch; hübscher Platz als Mittelpunkt, auf dem Weg zur „Villa San Michele" von Dr. Axel Munthe die sich klar gegen den blauen Himmel abhebt, Bougainvillea und Trompetenblumen, an schmalster Stelle auf einer Seite der Golf von Neapel auf der anderen der Golf von Salerno; beim Bau der Villa wurde viel Antikes ausgegraben, zum Teil an das Museum in Neapel gegeben, am Eingang des Hauses „Cave-Canem"-Mosaik und am Boden unter der Tür zum Esszimmer Skelett mit Brot und Wein als „Carpe Diem" in gleicher Kunstart, schwedisches Geschirr, Zinnteller, -humpen und -kerzenhalter, Bronzebüsten und -statuen, Marmorstufen, Skulpturengalerie, wenig Räume, großer Garten, sizilianische Mosaik-Tischplatte in typischem Stil aus mittelgroßen farbigen Teilstücken; Puttenbrunnen, überwachsener Säulengang, Wunsch-Sphinx, Kapelle, Pavillon über einheimische Vögel und Schmetterlinge - Villa dem schwedischem Staat vermacht; was gibt's noch: Karthäuser-Kloster (nicht Klöße), Villa Krupp, einen Lenin-Gedenkstein, er traf sich hier einmal mit 'Gorki', Oleanderallee, Engelstrompete; Capri ist Heimat von „Pinocchio" und allen erdenklichen Produkten aus Zitronen wie Eis, Saft, Likör, Parfum; immer wieder wunderschöne Ausblicke; heute machen wir eine Kneipp-Kur: auf dem Boot war's kühl, im Bus eingezwängt sehr warm, Spaziergang gemischt, auf dem Berg frisch, Bus jetzt noch enger besetzt voll ‚wie Wursthaut' - es perlt! Der Kalkfelsen hat kein Wasser die Leute sammeln den Regen wie früher in Zisternen, doch existieren inzwischen auch Pipelines vom Festland her, für ein Erleben der 'Blauen Grotte' reicht die Zeit nicht - will man Anreiz geben für eine Wiederholung des Inselbesuchs? An Bord weht ein kalter Wind, da völlig durchgefeuchtet gehe ich diesmal unter Deck: gemütlicher Sitzplatz, völlig ruhige Fahrt, Sonnenball versinkt erst langsam dann ziemlich schnell im Meer nahe Ischia, der rötliche und goldgelbe Widerschein hält sich noch lange - haben wir ein Glück, in großem Abstand zum Ufer ankern zwei große beleuchtete Küstenwachschiffe, viele Lampen brennen ebenso auf den Schiffen im Hafen und der Werft als wir gegen 17 Uhr ankommen - zauberhaft schön; etwa 40 Minuten dauerte die Rückfahrt: aussteigen, einsteigen, der Bus steht im Stau, schert auf die Straßenbahnschienen aus, schlauer Fahrer flott geht's voran - nicht mehr Straßenbahn vor uns, Magnolien, großer Balkon vor Parkhaus, dieses verputzt mit verschiedenfarbigen Streifen; von der Autobahn aus Neapel im Lichtermeer wundervoll anzuschauen, Nachttouren mag ich: die Wohnorte sehen alle so sauber und friedlich aus, selbst Industriegebiete machen einen anheimelnden Eindruck - hübsche Illusion, am Straßenrand zwei Personen an offenem Feuer, der Abendstern begleitet uns, scheint hell und klar, rechts steht der 'Große Wagen'; Unterbrechung der Tour an einer Raststätte: Apfel einverleibt; Überland-Lkws sehen aus wie in den USA, die Rippen der Dächer vom Führerhaus sind oft mit bunten Glühbirnchen bestückt, teilweise auch der Autogrill; Pavarotti singt - ah 'Die drei Tenöre', mal mit mal ohne Chor, noch etwas essen? Es ist schon 21 Uhr, na trotzdem ja, morgen wird ein ganz normaler ‚Arbeitstag' sein, nichts mit Schonung! - Vor den Einlass, gegen Bares versteht sich, hat der Vatikan eine enorme Warteschlange gesetzt hier nicht 'die Götter den Schweiß', wie mag das in der Hauptsaison sein wenn sich jetzt schon eine solche Masse Menschen ansammelt; die „Vatikanischen Museen" insgesamt erstrecken sich über fast 7 km, einen kleinen Bruchteil bekommen wir zu Gesicht, Sala Rotonda: große Schale, riesige Statuen wie z. B. Europa auf dem Stier, Porphyr-Sarkophage; Galerie der Wandteppiche - Gobelin-Gang, Deckengemälde, Galerie der Landkarten, Sala Geographica: die Stadien der Entwicklung Roms zum Weltreich, Limes zuletzt 9 000 km lang, Malereien und Fresken an der Decke - die „Sale" sind langgestreckte Flure, Sala Sobieski: Kolossalgemälde und einige kleinere, Gemäldeband läuft an drei Seiten rundum; im Hof des Belvedere u. a. die 'Laocoon-Gruppe' aus dem 1. Jahrhundert v. Chr.: sagenhafter Priester von Troja der vor dem hölzernen Pferd warnte, mit beiden Söhnen von Schlangen erwürgt wurde und eine Venus, Museo Chiaramonti: Bildhauerarbeit, „Der Nil" besonders erwähnenswert: ruhender Mann auf Sphinx gestützt von spielenden Kindern umgeben, Vatikanische Pinakothek: Verklärung von Raffael; auf dem Weg zur „Sixtinischen Kapelle" Gemälde von Noahs Dankopfer; die Stanzen des Raffael: Stanza del Incendio del Borgo = Brand des Stadtviertels Borgo, Stanza della Segnatura = die Philosophenschule mit Plato, Aristoteles, Sokrates, gegenüber Szene des Sündenfalls von Adam und Eva, dann der Disput über das Altarsakrament, in Segmente eingeteilte geschnitzte Holzdecke farben- und goldauflagenverziert sog. Kassettendecke, Stanza di Eliodoro: die Vertreibung des Heliodor aus dem Tempel, Leo I. trifft Attila, geradeaus über dem Querbalken der Tür die Befreiung von Petrus aus dem Kerker, Gemälde reicht bis zu halber Höhe des Türrahmens herunter; Fresken im Sala di Constantino: Segen für die Krieger, Schlacht, Rückkehr der Krieger, Taufe Constantins, erneut Decke wie vorhin, in der Mitte Kruzifix und Torso; Loggien Raffaels; Stanza Borghia, Capella di Urbano, „Sixtinische Kapelle": Erbauer De' Dolci - überwältigend, hauptsächlich von 'Michelangelo' ausgemalt, vier Jahre lang mit Fresken, das heißt auf den feuchten Verputz, dadurch verband sich die Farbe homogen und blättert nicht ab, die Menschheitsgeschichte wurde festgehalten von der Schöpfung bis zum Jüngsten Gericht, also auch die Erschaffung des Menschen - ‚mein' Adam im Original vom auf dem Rücken liegenden Künstler geschaffen, deshalb stimmt der Blickwinkel aus dieser Sicht denn wir schauen ja von unten an die Decke, mir fiel schon an den Gemälden auf dass die Augen der dargestellten Personen meistens mitwanderten, den Betrachter immer ansahen, ein Phänomen das viel später als Kennzeichen und große Errungenschaft in der europäischen Kunst galt, gab's hier bereits und ohne erkennbare Hilfsmittel - diese Könner wussten sehr viel, die Papstwahlen finden in der Kapelle statt; Saal mit Vitrinen, wertvolle Kruzifixe, Kirchengerät, Bibliothek: insgesamt 13 Säle in einem davon die „Glocke von Santa Maria", Schränke versehen mit durch Malerei ausgefüllten Medaillons oder Quadraten, kunstvoll verzierte Gegenstände aus Leder; erster Statuen-Saal, im zweiten mehr Torsos - leider haben wir keine Zeit mehr für eine der Gemäldegalerien wo es u. a. Werke von Tizian, Rubens, Boticelli und Bellini (Maler, nicht Komponist) geben soll und die Sammlung etruskischer Funde; Vatikanstadt und die

Besichtigung der Gärten soll sich anschließen, beim Überqueren der Straße bekommen wir was gepfiffen, Polizisten regeln den Verkehr mittels Trillerpfeifen und Posaunenständchen auf dem Petersplatz; unsere Papstaudienz fällt aus es sei denn wir reisen nach Georgien - will keiner; Vatikan Stadtstaat, „Santa Ufficio" ist eine Art Außenministerium, Vorstand z. Zt. Kardinal Ratzinger, daneben Audienzhalle für 13 000 Leute und Bildschirm zur Einbeziehung weiterer Personengruppen; geradeaus Gebäude für alle Deutschsprachigen, dahinter der Teutonenfriedhof - Exklave und Verbindungsgang zur Engelsburg; Santa Maria Platz: Grünfläche mit Bäumen und trockenem Brunnen von locker gestaltetem Mäuerchen mehr umgeben als eingezäunt, Palazzo gleichen Namens gab's als Krankenhaus, Gericht; heidnischer Tempel in Kirche umfunktioniert wie so oft, daneben ‚Riesenbadewanne' Teil eines Stein-Sarkophags? Regierungsgebäude, davor Grünanlage mit Schnitt nach französischer Art und chinesische Akazien, Schirmakazien, Zedern, Yucca- und Zwergpalmen, Bananen, Oleander, Koreatanne; etliche Brunnen nahe der ehemaligen Sommerresidenz des Papstes jetzt Sendestation von Radio Vatikan, Lourdes-Grotte, modernes Bronzestandbild, Hubschrauber-Landeplatz; Keramik-Relief: Maria, argentinischer Baum mit roten Blüten, Verkehrsnetz wurde nach und nach angelegt, Auto-Kennzeichen: SCV - böse Zungen behaupten es heiße „Se Christo Vedesse" = wenn das Christus gesehen hätte und die speziell für hier zugelassene sympathische versierte Begleiterin warnt uns in Abständen davor die weißen Striche auf den Straßen unbedingt zu respektieren um nicht „gebügelt" zu werden; Adria-Brunnen - da liegen Eicheln, Drachengrotten-Brunnen: verpatzte Kombination von Tuffstein und Zement denn letzterer verstopfte die Poren so rieselt nichts mehr, noch ein Brunnen dessen Adler schaut nach Süden; seinerzeit Caféhaus heute „Akademie der Wissenschaften": sehr schöne offene Halle die Außenreliefs reich verziert, Hof davor mit plätscherndem Brünnchen - erholsamer Ort für Gedankenaustausch; das ganze Areal ist ca. 44 km² groß, die 'Schweizer Garde' trägt spanische Uniformen, das Baumaterial für die Gebäude stammt häufig aus antiken Stätten; Temperatur heute wechselhaft, ständig Mütze auf Mütze ab, sobald die Sonne hinter einer Wolke verschwindet empfinde ich den Wind als kalt, Mittagessen nicht erinnerungswürdig: Ravioli aus der Dose mit irgendeiner Soße lässt Zeit für folgende Überlegung: es ist erstaunlich und ein Genuss wie unbekümmert die Italiener mit ihren Kunstschätzen umgehen, keine Handtaschenkontrolle geschweige denn - abgabe, man darf überall fotografieren nur in der Schatzkammer des Doms soll kein Blitzlicht benutzt werden; als Besucher fühlt man sich völlig unbelastet, frei alles in sich aufzunehmen und es kostet sogar nichts die berühmten Kirchen anzuschauen, die „Petersbasilika" eingeschlossen - das ist erwähnenswert und großartig, außerdem werden die Altertümer überall in das heutige Leben einbezogen, dadurch wirken sie sehr lebendig; die Strecke um nach Tivoli zu gelangen ist zunächst die übliche, uns bereits bekannt und vertraut, wir überqueren dann die Corso die früher Via Flaminia hieß (wie die Provinz), sie verband damals Rom mit Rimini; wir kommen auf der Via del Tritone zur „Aurelianischen Mauer", Stadtmauer aus dem 3. Jahrhundert n. Chr. 18,8 km lang, im Abstand von je 30 Metern steht ein Wachturm, es gibt 13 Tore die aus dem alten Rom in alle Himmelsrichtungen hinausführten - uns heute zur „Piazza Barberini", einigen Hotels mit teuer klingenden Namen und ein kurzes Stück über die Flaniermeile Via Veneto mit eleganten Geschäften und Boutiquen; auf der Via Bisolati Bauwerke typisch für die Zeit Mussolinis, Largo Santa Susanna, Mosesbrunnen mit Replik der Figur mit Hörnern - Hörner seien Bibelübersetzungsfehler bzw. – miss-verständnis gewesen, Paläste von Gaetano Koch um den Piazza Republica herum besser bekannt als „Piazza Esedra", darauf einer zur Stadt passender Najaden-Brunnen von Rutelli erst aus dem Jahr 1901, daran liegt die Basilika „Santa Maria degli Angeli" und wir sehen wo das Theater steht - da wo die Palmen sind; „Santa Maria Maggiore", bekannt hauptsächlich wegen ihrer Mosaike, Gemälde, Fresken; Porta Santa, kleines Museum, nicht weit davon entfernt befindet sich die „San Pietro in Vincoli" (vincoli = Ketten) auf gleichnamigem Platz, Original-Moses-Statue von Michelangelo; Weiterfahrt in Richtung Via Tiburtina, Tivoli hieß schon früher so oder auch Tibur, Bahnhof „Roma Termini"; erneut Campo Verano der Soldatenfriedhof, auf der Via Tiburtina Monte Mario mit Observatorium, goldenes Standbild gegenüber vom Olympia-Stadion, Tiber und Gaststätte „Pomodoro" - Schnellstraße zwischen den Wohnvierteln, rechts Moschee, links Blick zu den Albaner Bergen; Stadtrand: Autozubringer Via Salaria = Salzstraße, beiderseits Wohnblocks, Straßenknotenpunkt, Wohnhäuser mit Balkonen. gestaffelt zurückversetzt, danach Hochhaussiedlung, erst hübsch in Form und Farbe wird immer hässlicher, ab und zu farbiger Bau dazwischen verbessert den stupiden Eindruck nicht; Aniene Zufluss des Tiber, Vorgängerin der Aurelianischen Mauer links, nun die Albaner Berge rechts, da und geradeaus Wiesenflecken und Schafe, Erdbewegung, Zementpfeiler für Straßenbau, wieder grüne Matten und ‚Mäher' darauf; vor uns am Hang jetzt eine Ortschaft, kurzes Stück Autobahn, große Schafherde, Gebäudereste in der Erde, „Travertin"-Steinbruch: Material findet heutzutage für Verkleidung Verwendung nicht Fundamente, war im 3. Jahrhundert v. Chr. das Baumaterial überhaupt; **Tivoli** liegt in den Sabiner Bergen ca. 30 km von der Hauptstadt entfernt, wurde von Arkadiern gegründet, griechischen Flüchtlingen die sich aufgrund von Verfolgung im Orient im Römischen Reich ansiedelten, hat nun 50 000 Einwohner war im Zweiten Weltkrieg stark zerstört: Schwefelbäder, Kurort: Haus mit kleiner runder Aussparung für eine Pietà, „Hotel Maniero", Villa Adriana ehemals Hadriana, Olivenhain am Steilhang - die eigentliche Anlage betritt man durch ein Tor: Mauer aus nicht breiten Tuffstangen in senkrecht stehenden Rhomben verlegt = opus tricicutatum, verkleidet mit schmalen Ziegelsteinen - sehr schön! Architekturkomplex von 70 ha aus dem Jahr 125: großes Schwimmbecken, Stadion oder Nymphentempel, Wohngebäude, kleiner Säulenplatz, mehrere Thermen, auch für Bedienstete und Sklaven eine Therme die konkav gebogene Wände hat, jeweils vier unterschiedlich temperierte Wasserbecken: heiß, warm, lau, kalt, zusätzlich Dampfbad, Raum für Massagen und einen um Imbiss einzunehmen, Fußboden-Heizsystem, andernorts gab's außerdem eine Bibliothek, hier noch Tempel mit großem Wasserbassin an dessen Rand menschliche Statuen und ein steinernes Krokodil - die Gedächtnisstätte für den Lieblingssklaven Hadrians; Täler zum Teil angelegt, Bauten und Natur sollten sich harmonisch ergänzen - absolut geglückt; Ernte von schwarzen Oliven,

Zypressenallee, Wintervilla; die „Villa d'Este" ist ein zum Palast umgebautes Kloster für den Kardinal dieses Namens: Zimmerwände dreidimensional bemalt mit Motiven aus mythischen Erzählungen und Landschaften der Umgebung, breite Terrassen; Lustgarten, „Wölfin"-Replik hinter einem Gerüst, Tempel der Fortuna - „Bernini" ohne Ende, künstlich geformter steil abfallender Garten voller exotischer Bäume und Wasserspiele: nasses Element aus den Flüssen Aniene und Rivella gespeist, unterirdische Kanäle und hydraulische Anlagen machen die Wasseranlagen möglich, z. B. die Galerie der „Hundert Brunnen" in zwei Stufen - oben Adler mit Fächer-Fontänchen dazwischen, unten sprudelts aus Löwen- und Affenmäulern sowie einem Spitzohr-Gesicht; Brunnen der „Hydraulischen Orgel" z. Zt. abgestellt und eingerüstet, Drachen- und Neptunbrunnen, auch einer von der Fruchtbarkeitsgöttin 'Diana von Ephesus' (Artemis von Ephesos); weitläufige Terrasse, wunderschöne freie Sicht auf die 'Römische Campagna' sowie die Stadtmauer die Tivoli umgibt; auf der Rückfahrt an der Burg von Papst Pius II. Piccolomini vorbei, links Amphitheater, eine Menge Olivenbäume und der klotzige Turm rechts hat eine Burg-Zackenkrone, Mausoleum der „Cecilia Metella" Frau von Marcus Licinius Crassus 50 v. Chr.; einmalig schöner Sonnenuntergang: leuchtende Farben überziehen den ganzen Horizont der Ebene bei völlig klarem Himmel und das Gelb-Orange hält sich sehr lange, Straße wird zum Lampenband, Autos haben Scheinwerfer an, zusammen sieht das einfach fantastisch aus! Eine ganz schmale Mondsichel taucht auf und die Silhouetten der Zypressen bekommen im letzten Licht scharfe Konturen, grün schimmernder Sportpalast, Porta Maggiore und Aquädukt-Treffpunkt geradeaus - 'rush hour' auf römisch noch übler als in Frankfurt; „Santa Cruce" mit Reliquien, Via zum „Colosseum" - Straßen verbinden Plätze oder Kirchen miteinander; rechts goldenes Haus Neros links Tempel der Göttinnen Venus und evtl. Minerva, Säulen - ab Piazza Venezia wie Hinweg; noch ins Stammlokal und dann Bett, eigentlich wollte ich heute einmal telefonieren, aber ich fühle mich so geschlaucht würde den Pass brauchen um meinen Namen zu wissen, duschen muss noch sein – was, ist das ein blutiger Strumpf? Hab' ich mir doch die Zehen wundgelaufen ohne es zu merken! - Gewohntes Frühstück und in den Bus: wieder am „Colosseum" vorbei, den „Caracalla-Thermen", dem „Aquädukt", Kunsterbe ist auch Belastung, für manche alten Paläste geschickte und ausgezeichnete Lösung gefunden: Botschaften, Ministerien und Verwaltungen darin untergebracht, eine besprühte Mauer - so 'was gibt's hier also auch, großer Verwaltungsneubau: gebogener Halbkreis, viel Glas, kleiner Vorbau in ähnlicher Form - altrömischem Stil nachempfunden, wunderbar gemacht; Via Appia Nuova etliche Straßennamen doppelt „alt" und „neu", Verlängerung: Via Aurelia Antica, die Familiennamen trägt im Sommer, Route der Römer zum Meer, weil eng und kurvenreich passieren da die meisten Verkehrsunfälle heißt es; Meilensteine sind gefunden worden u. a. an der Via Appia Antica, einer mit Goldschrift im „Forum Romanum", Entfernungsangaben betreffen auch Griechenland und Ägypten, daher stammt die Redeweise 'alle Wege führen nach Rom', die Via Appia Antica zu bauen wurde im 4. Jahrhundert v. Chr. begonnen, ging zunächst bis Padua dann Benevento und Brindisi, Länge schließlich 730 km; „Quo vadis Domine", Pinienallee, häufig

Alleen = Viale auch aus Platanen oder Akazien, nun wieder Olivenbäume, Monte Vecchio echter ‚Scherbelino': zerschlagene Amphoren von Schiffsladungen wurden gefunden, Bach, Schilfrohr dann Weinberge hauptsächlich mit hellen Trauben, Grünflächen, Äcker, Auto-Verkaufsplatz mit Silberfahnen-Girlanden links, „Rocca di Papa" (rocca = Burg) daneben Jupitertempel darunter, rechts alter Wachturm, alles noch voll frischem Grün - dieser Oktober sei der wärmste seit hundert Jahren! Wir sind auf dem Weg nach Castel Gandolfo in den Albaner Bergen, den „Colli Albani" Ausläufern des Apennin, Region der Residenzen von Prominenten in alter Zeit, besonders schöne Landschaft; **Castel Gandolfo** nach Familie benannt, von Rom 24 km weg hieß früher Alba Longa (alba = Morgendämmerung): Aeneas verließ das brennende Troja, ging nach Sizilien dann Karthago, kehrte nach Sizilien zurück, kam schließlich nach Campanien zuletzt Latin, sein Sohn gründete die Stadt welche die Römer im 6. Jahrhundert v. Chr. zerstörten; hannibalische Felder, Monte Cavo 947 m zweithöchster Berg des Landes spielte in den Punischen Kriegen eine Rolle, trägt heute Sendemast von RAI, er und der Monte di Barba gehören zum Tuscanischen Graben, Erdbebengebiet; dem Monte Cavo vorgelagert der Albaner See = „Lacus Albanus": ehemaliger Krater von 11 km Umfang, 170 m tief, wird mit Hilfe uralter Kanalisation stets auf gleichem Niveau gehalten, Olympiade-See für Ruderwettkämpfe, herrliche Aussicht von seinem Ostrand aus; Ortsmitte: Piazza della Libertà mit Bernini-Brunnen und feiner Kuppelkirche, vom Künstler ebenfalls ein Hauptaltar, zwei an den Seiten, auf altem Kastell „Papst-Sommerpalast" von Maderno dahinter die Sternwarte, Schwimmbecken, Hubschrauber-Landeplatz, Garten, zwei Villen - exterritorial; Marktplatz: will am Stand einen Apfel kaufen, der junge Mann sagt lachend „mangia", ich danke und beiße hinein – hm, gut ist er, 5 000 Menschen wohnen hier; von der Zugangsstraße aus sieht man sie wieder wunderschön - die „Campagna"; wir fahren in Richtung Frascati, durchqueren **Marino** das Familie Colonna gehörte - mit Säule im Wappen, wen wundert's, hier wird jährlich das Weinfest „Sacrada l' Uva" gefeiert, aus ihrem Brunnen fließe dann Wein; **Grottaferata**: Villen hier so teuer wie manche Wohnungen in Rom, fahren an der Villa von Cicero und einer Abtei vorbei, **Frascati:** hier ließen sich Flüchtlinge aus Tusculum nieder, hatten das Vorrecht Gras zu schneiden daher der Name, kleine Stadt hat 20 000 Einwohner, Platz mit Rathaus, Krankenhaus; schön gefärbtes Weinlaub und - die meisten Uhren gehen hier nach dem sprichwörtlichen 'Pfandhaus', Abend-Ausflugsort der Römer wegen der Weinlokale; ca. 13 Uhr: 'Kalte Platte' und natürlich Wein in der „Cantina Pergolato", dazu Musiker mit Sänger - schon wieder, auch noch mit Kassetten- und CD-Angebot - armes Capri-Sonnen-Lied, die anderen davon restlos begeistert; später für mich ein prima Capuccino im Freiluft-Café - erholsamer Moment, „ciao Frascati"; wir befahren die Via Tusculana, passieren **Vermicino** den Vorort Roms und kommen zur Ringstraße, flache grüne Matten zwischen den Wohnvierteln, dann rechts Möbelgeschäfte, eins wie altes Kastell in weiß mit schwarzen Turmdächern, das andere ähnelt einer mittelalterlichen Burg; Beginn der U-Bahn, rechts „Cinecitta" Italiens 'Hollywood', Pferderennbahn, Tunnel und ellenlanger Stau - auf Gegenfahrbahn, hügeliges Gelände, ab und zu Bäume, viel Gras und Schafe,

Handelszentrum noch im Bau, neue Siedlung; wir sind wieder auf der Via Ostiense: Platanenallee, Tiber braun schmal und träge, Tunnel, es blüht: Bougainvillea, Trompetenblumen, wir nähern uns **Ostia Antica**: der Eingang den wir benutzen liegt außerhalb des heutigen Ostia bei wuchtiger Burg, die damals direkt am Tiberufer stand, Mauer hat drei Tore; Römer eroberten die Küsten wegen des Salzes, Stadtgründung im 4. Jahrhundert n. Chr. ostium = Mündung (des Tiber), Behausungen für Hafen- und Transportarbeiter etc. Fläche 70 ha Bewohner 100 000, die Reichen wohnten unmittelbar am Meer, Entfernung zu Rom 25 km, gleich zwei Hauptstraßen angelegt, Basis für Leuchtturm versenktes Schiff das den Obelisken aus Ägypten gebracht hatte der nun auf dem Petersplatz steht; wir laufen auf großen blankgewetzten Basaltsteinen mit eingeschliffenen Spuren von Pferdekarren an Gräbern vorbei, ehemaligen Stallungen und Vorratsräumen, Ziegelsteine waren mit den Namen der Kaiser versehen und signiert, von Brunnen aus gingen damals Wasserleitungsrohre aus Blei (!) in die Gebäude, hier in diesem Teil wurde viel rekonstruiert; zunehmende Versandung machte damals den Ort bedeutungslos, er diente zunächst als Baumaterial-Steinbruch, dann verschüttete die enorme Überschwemmung im 16. Jahrhundert den Rest der Stadt, ein paar Säulen ragten noch heraus deshalb begann man später einmal zu graben und ist damit noch lange nicht fertig; Siegesplatz, Kornspeicher, Thermen, darin herrliches Bodenmosaik schwarzer Figuren auf weißem Grund, die Maulwurfshügel im Gelände sind neueren Datums, Tempel, Arena war Theater mit sehr guter Akustik - wie üblich, wird für Freiluft-Aufführungen genutzt, Bühnenrand dekoriert mit drei Marmor-Masken auf Sockeln, Platz dahinter mit Tempel darauf ist Pausentreff der Theaterbesucher, für sie gibt's einen beleuchteten Weg von Ruinen gesäumt in Scheinwerferstrahl getaucht; Mithras-Heiligtum „Decumanus Maximus", für Mithras den aus Felsen Geborenen, einen persischen Gott den die Römer lange verehrten findet man öfter Tempel: er tötete den Stier der bereits von einem Skorpion gestochen war, Mithras verlor dabei einen Blutstropfen des Stieres so kam das Böse doch in die Welt: Glaube an Dreifaltigkeit, Kulthandlungen wie gemeinsames Festessen in der Grotte welche die Mitte einnimmt, auf deren beiden Seiten Bänke, Decken und Wände sind bemalt; Wohnhäuser, zumeist einstöckig, großzügige Tür- und Fensteröffnungen sonst Enge, bemalte Wände, einfache Mosaikfußböden oder künstlerisch gestaltete, gelegentlich kleiner Innenhof, Küche an der Straße wo sich überwiegend das Leben abspielte; gemeinsame Toilette = latrina die Nachrichtenbörse, „Forum": Freitreppe, Säulen an den Seiten und Zitadelle, später kam ein Tempel dazu, ganz oben ein Salzspeicher; „Saluti Caesari Augusti" an Marmorsäule zu lesen, Synagoge - Hunde bewohnen jetzt das Gelände dessen Abstand zum Meer nun 3 km beträgt; an solchen Orten fühle ich mich den Menschen die seinerzeit hier lebten verbunden, empfinde nach wie sie ihren Alltag bewältigten, sie liebten, stritten, litten wie wir - mich stört dann die Unterhaltung über Einkäufe, Kochrezepte und Erlebnisse im Restaurant, da bin ich oft letzte der Gruppe, eine ‚lahme Ente' die hinterhertrottet, so nehme ich die Gespräche wenigstens meist nur noch als Gemurmel wahr. Rückfahrt: Platanenallee und Anschlussbäume, Tunnel, Erweiterung der Ringbahnstraße durch Hochstraßen, generös konzipiert, Stadtviertel E. U. R., noch einmal die „Paulskirche", die riesigen langen Hallen des heutigen Obst- und Gemüsemarktes, erneut „Pyramide des Cestius" und der angrenzende Friedhof für Nichtkatholiken wie z. B. Keats und Shelley; „Santa Caecilia" nahe, runder Marmortempel der 'Vesta' Göttin des Herdfeuers, von Säulen umgeben - eine Tochter oder Schwester des Hausherrn angesehener Familien musste Vestalin werden, hinter diesem Tempel „Regia", Amtssitz des Pontifex Maximus des obersten Priesters, gegenüber war der Tempel von Antonius und Faustina, über den Resten wurde - wie so oft eine Kirche gebaut; ein Stückchen weiter der Fruchtbarkeitstempel der Männer - und das Einwohnermeldeamt, Einzelheiten über die Auswirkungen dieser Nachbarschaft wurden noch nicht untersucht; wieder am Hotel, „Basilica di S. Giovanni di Fiorentini" noch anschauen und die Kirche „Suore Betania del Sacro Cuore" beide in unserer Nähe, Endstation Pizzeria auch Abschiedsessen für morgen Mittag bestellen: „Saltimbocca" (=spring in den Mund) die römische Spezialität, ‚Matratzen-Horchdienst'! Koffer gepackt und in der Lobby des Hotels abgestellt, suche die „Santa Maria" in Trastevere, finde die „San Antonio", die „San Francesco" - fragen hilft immer, Basilica am gleichnamigen Platz - aha: großer Brunnen in Platzmitte, Palazzo, Kirche aus 3. Jahrhundert eine der ältesten evtl. sogar die älteste der Stadt: Fassaden-Mosaik, romanischer Glockenturm, zwei Bänder unter der Kuppel, Apsis und die Seitenteile mit herrlichen Mosaiken in Farbe und mit Gold ausgekleidet, Gemälde, geschnitztes Holzgestühl, Altar mit Steinbaldachin auf schmalen Marmorsäulen, darüber wundervoll bemalte Holzfigur der Maria, Seitenaltäre teils mit Skulpturen teils Wandgemälden geschmückt, Kassettendecke; nun aber nichts wie zurück, dann doch aufs Essen warten, macht nichts - die Zeit reicht um Gedanken über die Baumeister zu ordnen, Namen wie: Bramante, Maderno, Fontana die ja nicht fremd sind aber mit denen ich bisher nichts Konkretes verband, Bernini zusätzlich Bildhauer, Raffael außerdem Maler und Michelangelo der in allen drei Bereichen ein Meister war, er und Raffael spielten in der Architektur mit Perspektiven und Dimensionen - übrigens Michelangelo wurde 89 Jahre alt, man munkelt das sei dem Umstand zu verdanken dass er Junggeselle gewesen ist; auf der Straße fährt eine Schuhputz-Maschine, kann allerdings auch ein Reinigungsauto sein mit kreisenden Besen und Wasserstrahl - los: Koffer greifen, an den Bus rollen, abliefern, einsteigen; Rom ist eine schöne Stadt, aufgelockert durch viele verschiedene große Plätze, Alleen und Doppelreihen von Bäumen die man auf dem Mittelstreifen stehenließ denke ich gerade - da höre ich hinter mir die Bemerkung „die Fahrbahnen bräuchten gar nicht so eng zu sein würde wenigstens ein Teil der Bäume weggenommen!" Ahnte ich's doch, hoffentlich stellen die Römer auch in Zukunft keine solchen Überlegungen an wegen der Staus, ich finde es toll so, wie breit sollen die Straßen denn noch werden, es reicht ja nie aus; man informiert uns darüber dass es z. Zt. in der Stadt 4 000 Baustellen gäbe, Vorbereitungen für das „Heilige Jahr", das versöhnt mich ein bisschen mit meinem Heimatort wo bereits seit einiger Zeit heftig gebuddelt wird; wir sind frühzeitig am „Fiumicino" weil insgesamt 84 Leute gruppen-abgefertigt werden sollen, eine Frau hat ihren Flugschein verloren und einem Ehepaar wurden Geld und Kreditkarten gestohlen, man hatte uns nachdrücklich gewarnt, Rom sei ein ‚unsicheres Pflaster' die Hotelzimmer eingeschlossen, es sei sinnvoll einen Safe zu mieten für 2 DM pro Tag - ich habe wie immer alles Wichtige ständig in der Umhängetasche bei mir gehabt mit beim Tragen Verschluss nach innen, es kam noch nichts abhanden, möge das Glück mir hold bleiben und mein Instinkt hellwach; 20 Minuten Verspätung - nochmals 15, Abflug schließlich knapp eine Stunde später, Route parallel zur Küste: beleuchtete Schiffe, lang Wasser, danach Stadt wie auf Reißbrett, besiedelte Täler, Straßendorf - neben uns der Abendstern, noch ein Stern und andere Flugzeuge über und unter uns unterwegs; es gibt ein wenig Wurst und Käse, ein Brötchen, Fingerhut voll Obstsalat, dieser aber gut - mir fällt gerade ein dass man sagt, der Niedergang des Römischen Reiches soll durch die Schwächung der Soldaten aufgrund üppiger Lebensweise erfolgt sein ... und was tat ich mit dem Herumstottern der italienischer Sprache an, nachträglich hatte ich meistens eine ‚hochintelligente' Formulierung parat nur nicht wenn ich sie brauchte, mir fehlt halt die Übung, vielleicht klappt's nächstes Mal besser; 20 Minuten lang Anflug auf Frankfurt, nach 1 1/2 Stunden hat uns die Erde wieder, der Flughafen ist jetzt so komisch beschildert dass man ohne Koffer ganz schnell draußen bei den Abholern steht - da ist Schmuggeln aber einfach geworden! Darf schon noch meinen Koffer holen, in 5 Minuten geht eine S-Bahn, das schaff' ich.

Diesmal war's echt stressig, doch sehr erlebnisreich und großartig, ein ansehnlicher aber dennoch ‚Appetithappen', vom Veranstalter wohl als solcher gedacht, denn da gibt es ja noch: die „San Nicola in Carcere" am Piazza di Monti, mit Säulen die aus Vorläufertempeln stammen, die Piazze di Monte Citori, Caprani mit „Titulo" und Obelisk aus Isis-Tempel, Piazza di Quirinale und ...

Die Reisewege die wir nahmen habe ich nicht genau nachgezeichnet, an vielen Altertümern und Sehenswürdigkeiten kamen wir mehrfach vorbei und jedesmal gab es neue Informationen darüber, die Teilstücke zusammenzusetzen hielt ich für wichtiger, davon ausgehend dass Wissenswertes so besser überschaubar wäre, allerdings erschwerte das die Berichterstattung erheblich - im Sinne von ‚ein Griff und die Sucherei geht los'.

China-Reise (Anfang 2000)

Flug SR 533 Frankfurt - Zürich, suche „Swissair" finde schließlich - ohne Brille in Großbuchstaben „SABENA", über das Vorliegen kopierter Visum-Liste nichts bekannt, darf trotzdem Koffer gleich durchschicken bis Shanghai und bekomme von der freundlichen Stewardess auch schon beide Flugscheine - wunschgemäß jeweils Fensterplätze, besten Dank dafür auch den Extra-Zettel am Koffer für „bevorzugte Behandlung", 40 Minuten später fliegen wir erst ab weil das Pendelflugzeug nicht pünktlich ankam – 10.50 Uhr; Durchsagen in Deutsch, Englisch, Französisch, Italienisch u. a. auch diese: Streik des Gepäckabfertigungs-Personals in Zürich gerade beendet, Berge aufzuarbeiten, ob Umladung klappt ist zweifelhaft - na hab' ja meine Zahnbürste in der Handtasche; Flughafen Zürich weitere Ansage: etliche Pendler, alle haben Verspätung, Kofferstreik läuft noch! Kopie von Visum-Liste? Nicht da, keine(r) weiß etwas - wird sich in Peking schon klären sagt man, na hoffentlich! Abfertigung für den Weiterflug pünktlich, 13.35 Uhr sollen wir abheben Durchsage: Gepäck-Personalstreik noch nicht zu Ende, jeder im Flughafen Abkömmliche hilft bei der Sortierung und Zuordnung - das Ergebnis kennt der Himmel denke ich, sagen sie nicht sondern dass wir noch etwas auf unsere Zuladung warten, oh nein Vivaldi-Musik zur Unterhaltung, man kann ihm nirgends entkommen! Der Flugplatz von bewaldeten Hügeln umgeben leicht verschneit, ‚Puderzucker'-Tannen, kleine Maschinen parken da, wohl Sportflugzeuge - was rollt da über den Platz? Eine Gepäckwägelchen-Schlange - für uns? Es rumpelt im Flugzeugbauch - in meinem auch es ist 14 Uhr, hatte mir zwar auf dem Herflug bereits ein Laugenbrötchen mit gebutterter Zwischenlage und schönen großen Becher Tee mit Milch einverleibt doch das ist längst verdaut, ziemlich voll ‚der Flieger' aber neben mir frei, dadurch mehr Beweglichkeit - fein; ca. 14.30 Uhr setzen wir uns in Bewegung Reisezeit bis Peking 9 Stunden 25 Minuten, Kopfhörerangebot kostenlos, schirmen sonstige Geräusche aber kaum ab deshalb nutzlos, jeder erhält arg dünne doch immerhin Decke und Kissen fein und zweckmäßig, außerdem – Augenklappe, Zahnbürstchen und -paste, prima, was gibt's draußen, unten? Schneeauflage dicker, Sonne scheint, weiße Wolkenschicht darüber wenige Sichtlücken durchs Weiß aufs Weiß, ab und zu ‚gepuderte Spielzeughäuschen', dunkle Striche, Punkte, Streifen, danach freie Sicht: in den meist runden Becken jeweils Ortschaften, Waldflächen sehen aus wie kleine Restbestände, Atommeiler mit blütenweißem Rauch an langem Fluss erscheint, bleibt eine Weile sichtbar, wir überfliegen ihn - weg ist er, noch ein Fluss, herrliche Mäander, eine dunkle ‚Schlange' in weißer Umgebung, nacheinander zwei schmalere Flüsse mit sehr engen Schlingen zwei Atommeiler als direkte Nachbarn - so was darf sein? Flughöhe 8 839 m Entfernung bis Peking noch 7 372 km Geschwindigkeit 837 km/h, Route: über Prag, Warschau, Minsk, Moskau, Omsk, Nowosibirsk, die Gobi, jetzt geschlossene ‚Schafwoll'- Wolkendecke am Himmel: essen noch ein Brötchen - so schon so viel und gut, satt; haben die Abendsonne im Rücken um 16 Uhr hellroter Horizont, geht fließend in die Farben gelb und orange über, leicht abnehmender Mond im nächtlichen Schwarzblau dann ist er weg, ein paar Sterne vorhanden sowie Blink- und Dauerlicht an ‚meiner' Tragfläche, unten weiße ‚Suppe';

neben mir nicht mehr frei, sie schläft ausgestreckt auf den zwei Sitzen - oh diese ‚Käsfüße' auf Langstreckenflügen! Nur noch dünne Wolkenschleier, größere und kleinere Lichteransammlungen dringen durch den Vorhang, zumachen und schlafen - aber schräg vor mir sitzt ein Zeitungsleser, das weiße Papier blendet stark da nützt ‚ooch de jeschenkte Oochenklappe nüscht' - kann er Gedanken lesen, Licht wird gelöscht; habe zwei Stunden geschlafen, dunkle Landschaft mit hellen Stellen zu sehen auch breite Rinnen in denen sich oft Siedlungen unterschiedlicher Größe befinden, Schattenspiele im Ergebnis bizarre Formen, gegen 21 Uhr Ortschaften, verstreut manchmal nur eine Handvoll Häuser, dann links vom dunklen Grenzstreifen quer zur Route dichte Besiedlung, größere Flecken darunter; nach Nowosibirsk Richtung Ulan Bator (Mongolei) zerklüftete Berge erkennbar vereinzelt und als Ketten, ein schneebedeckter Gipfel hebt sich heraus, jetzt parallel zur Flugrichtung enormes gebirgiges Ausmaß, wir fliegen und fliegen - der Höhenzug nimmt kein Ende, eben wird's flacher, gelegentlich ein Lichtpünktchen dazwischen, dunkler Boden zeichnet riesige gefiederte Blätter in hellere Umgebung - es sind schlanke helle Bäume auf dunklem Grund mit ebensolchem Stamm und üppigem hellem Blätterdach, da, ein Anwesen mitten in der Öde, quergestreifte Bergketten laufen von uns weg zum Horizont, durch dunkle Rinnen getrennte helle Furchen, nun hat gerippte Landschaft helle Zacken auf dunklem Grund in allen Größen, ab und zu ziehen dünne Wolkenfetzen darüber, dunkle Bezirke flacher geworden, große helle Flecken, erneut Schneeberge, riesiges weißes Gebiet schließt sich an: Schnee, Eis und etwas Fels, dazu ein einsames Licht; erst nur zwei bis drei Sterne, nun in Massen strahlend und klar, 22 Uhr Schneegelände zu Ende, wie vorher helle und dunkle Flächen bzw. umgekehrt, größerer Ort dann hie und da ein paar Häuser, Höhe 10 058 m, noch 1 Stunde 40 Minuten Flugzeit; weiße Zone mit gelegentlich dunkler Verzweigung darin wie ein Riesenkrake - nur noch Weiß, ein bis zwei Lichter in dieser Weite, dunkle Adern tauchen auf und ein paar Lampen, mehr zum Teil in großen Abständen - Stadt, dürfte Ulan Bator sein auf überwiegend hellem Untergrund in dunklem Fladen; finstere Nacht und - Frühstück: Versorgung in Ordnung, Essen vorzüglich, noch nie zuvor (und auch nicht danach) so gut und reichlich gegessen; ein großes Licht draußen, keins mehr - unter uns gibt's jetzt Menschen, eine Kleinstadt, von den Sternen ist nur der Abendstern übrig; im TV zeigt man uns 'Fred Feuerstein' mit Dino; unten ein schwaches Dutzend ‚Glühwürmchen', nun zwei große Städte - weg, nochmals, in ziemlicher Ferne ein langgezogener Lichterstreifen, Fahrgestell raus wir kommen aus Richtung Xuanhua, leichtes Morgenrot am klaren Himmel wird stärker, was für satte Farben - und der Abendstern ist auch noch da, durch Schwenk befinden sich Sonne und Stern jetzt auf unserer Rückseite, wir fliegen noch einmal in die Nacht, leuchtendes Peking im Schnee - oh was schöne leere Straßen! Ankunft 23.55 Uhr = 6.55 Uhr Ortszeit 17°C, neu gebauter Flughafen, 7.15 Uhr sollen wir für den Weiterflug am Gate sein, das reicht um einmal in Ruhe ‚Klöchen' zu gehen, phantastischer Sonnenaufgang in blendendem Glanz bei Frost, Eis auf dem Flugplatz an ungeräumten Stellen - dreimalige Anzeige uns bereitzuhalten bringt uns dem Einsteigen keinen Schritt näher, dann schreit einer und rennt mit Shanghai-Schild los - na denn, das ist es, wir strömen! 7.40 Uhr ein Stück herrenloses Handgepäck zu vergeben, wird im Flugzeug herumgefahren keiner will's haben, Uhr umstellen es ist 8.00 wir sitzen und warten - „schuchi, schuchi", immer mit der Ruhe kenn' ich von der vorherigen Reise, es habe noch ein Passagier gefehlt der am Zoll festhing; wollen abheben, dürfen noch nicht, stehen herum, es stinkt nach Abgasen, Klappen bewegen sich, wir nicht - aber nun 8.25 Uhr „ready for take off", 1 1/2 Stunden Flugdauer: Eis und verharschter Schnee auf unbenutztem Gelände, abnehmender Mond, oberhalb von Beijing wuchtige Bergrücken in dunklem Braun anschließend flach bis zum Horizont, verschneit, zersiedelt; wenn das was sich da schlängelt Wasser ist dann ist's gefroren, längere Zeit Boden in Segmente aufgeteilt, sieht mathematisch exakt aus, heller Grund, jetzt dunkel, hin und wieder schmaler Wasserlauf, lange Zeit breite Hügelfront mit schroffen Spitzen, ‚puderzuckerbestäubt', Ebene folgt, von schartigen Erhebungen durchsetzt, danach häufiger Berge, dunstig, merkwürdig gerundete Hügel Vulkankegeln ähnlich aber niedrig und teilweise als Kette, verschneite Segmente - wir werden freundlich genudelt - bis zur Schlachtreife? Fruchtsalat, warmes Brötchen, kleine Pizza, Laugenbrezeln; Schnee ist weg Flüsse haben Wasser, erneut Schnee, nasse Gewässer stark begradigt, Parzellen so weit das Auge reicht, breiter Strom mit tiefen Buchten und das ist wohl das Meer unter uns, schwenken wieder landeinwärts: stark besiedelt, erneut der breite Strom und Schiffe darauf, Sonne brennt, habe schon länger den Fensterladen heruntergezogen - Fahrgestell schon heraus? Strom überflogen, ein paar flache Felsblöcke, ganz verästelte Wasserläufe zum Teil in gerade Bahnen gelenkt, völlig durchfurchte Erde, großer See, noch mehr Wasser - erneut das Meer? Zwei kleinere Seen, eine Menge Wasserarme schmale, breite, verzweigte, geradlinige, nun angelegte Boden-Quadrate und -Rechtecke, Wolkenstreifen, kein Schnee mehr, zwei - nein drei Flüsse, ausgedehnte bebaute Fläche; langer Anflug - arme Ohren, auf der Autobahn kann man die Autos zählen, Stadtverkehr etwas lebhafter, 10 Uhr sanfte Landung 3°C, Formalitäten rasch und einfach erledigt wie in Peking da als Gruppe erkennbar, zwei Koffer fehlen, mein ‚Veteran' vorhanden, Empfang durch örtlichen Reiseleiter, Tourbegleiter von auswärts im Schnee steckengeblieben, hätten eine Woche Regen gehabt gestern plötzlich den Kälteeinbruch mit Schnee, Örtlicher genügt uns völlig - und die Sonne scheint. **Shanghai**: Offiziell 14 Millionen Einwohner wahrscheinlich um 20 Millionen, stolz darauf und - die Hochhäuser etwa 4 000 davon echt ab 80 Stockwerke, werden als Symbole für eine Weltmetropole angesehen; Standort mehrerer Hochschulen und Universitäten, traditionelles Handelszentrum, Feinmechanische und sonstige Werke, Schwerindustrie, Schiffswerften und zwei Flughäfen - lässt man uns wissen; Maut-Station vom und zum „Regenbogen-Flughafen", hübsche farbige Hochhäuser zu sehen mit kubischen oder runden Abschlussdächern gefolgt von zweistöckigen Flachbauten, nun auf hohem rosa Unterbau dunkelblaue Dächer, niedrigere Häuser dazwischen wirken sehr gedrückt, abgerundete Balkone - nicht schlecht! Helle Fassade, blaue Fenster, grüne Fenster, eckig oder rund, über Eck gebauter schöner alter Prachtbau mit Säulengängen; Rathaus, Statue davor: eine Band schwingende Tänzerin, Turm des Opernhauses 468 m hoch, katholische Kirche, alte Häuser zwischen Gebäudeklötzen; wir lernen Zahlen chinesisch anzuzeigen - für mich erneut, das Mittagessen besteht aus etlichen wohlzubereiteten Gängen; die Altstadt von Shanghai ähnelt 'China-Town' im Ausland, ganz lebendig und wenig museal durch typisches Verhalten der Menschen z. B. die Garküchen betreffend; Yu (Jü phon. = Wolken, Garten) hier Garten: Besucherempfang in der „Halle der drei Ähren", Drache = heiliges Tier des Kaisers (wie bekannt, Phoenix das der Kaiserin und Elefant das der kaiserlichen Beamten), eine uralte Magnolie steht hier es ist der Stadtbaum, zwei Drachen spielen mit einer Perle = Feuer = Leben, gewundener Drachenkörper als Maueraufsatz, Teehaus: Grüner Tee, Wachteleier die ein bisschen muffig schmecken und etwas Tofu: 12,50 DM stolzer Preis; Zu- und Abgang über Zick-Zack-Brücke - böse Geister können nur geradeaus gehen! U-Bahn von Siemens gebaut, sollen weitere Aufträge erhalten nach befriedigender Beseitigung der Anfangsmängel: Quer-Haltestangen zu hoch, zu viele und zu große Sitze, so viel Stehplätze wie möglich erwünscht; Läden und Kaufhäuser täglich jeweils 10 Stunden geöffnet, 35-Stunden-Woche: ein Tag arbeiten ein Tag frei im Wechsel, so geregelt um den Menschenmassen gewissen Freiraum zu erhalten wie ich das bereits vor 14 Jahren in Peking mitbekommen habe; die Stadt schön illuminiert bei Nacht durch Girlanden aus kleinen Glühbirnen unifarben oder bunt an Häusern und Bäumen oder um Laternenpfähle geschlungen, Ballons in wechselndem Flimmerlicht, auffällig viele Lkws unterwegs - ach so, haben Tages-Fahrverbot, liefern Material, hier wird auch nachts gebaut! Theater im Shanghai-Center enormer Bau: ‚Ein-Mann-Rolltreppen' führen zur jeweils gewünschten oberen Plattform: Verkaufsstände, im Theatersaal sehr gekonnte Darbietungen, Artisten-Schule hier soll die beste Chinas sein, zwei bis drei Übungen sind neu für mich; zurück im Hotel: Mädchen in der Halle spielt auf dem Klavier Chopin, Blick auf nächtliches Shanghai vom Drehrestaurant des Hauses aus, die Stadt soll eine Fläche von 6 000 km² haben. - Fest und ausreichend geschlafen, Frühstücksbuffet, ich staune alles da: Brot, Brötchen, süße Teilchen, Obst, Säfte, Würstchen, Eier und vieles mehr - nur Tee im Zimmer schmeckt nach Chlor; Koffer raus wegen Ortswechsel, strahlender Sonnenschein trotzdem sehr kalt, Stadtrundfahrt: Kontrast zwischen alt und neu noch vorhanden und offensichtlich, überall Abrisse um Grundstücke für Hochhäuser zu nutzen – schade zu uniform; Taxi-Station: 40 000 Taxis in der Stadt, „Kentucky-fried chicken", Stadion fasst 80 000 Zuschauer; Auto-Hoch-Schnellstraßen oft dreispurig, die riesigen hässlichen Beton-Stützpfeiler wirken sehr störend, Fußgänger-Überwege, todesmutige Radfahrer, Lampion-Straßenlaternen, wir lernen: bei „rot" darf man bei „grün" muss man fahren, sonstige Autoverkehrsregeln sind nicht einmal herauszufinden; am Ortseingang ist Straßengebühr zu entrichten gestaffelt nach Durchfahrt oder Verweildauer, Auswärtige sofort erkenn- und kontrollierbar da die Kennzeichen nach Städten geordnet sind, Fahrrad-Steuer überall aber gering, die Masse macht's; Löhne mittlerweile gestiegen Preise ebenfalls, Krankenkassenbeitrag je zur Hälfte zu entrichten, die meisten haben jetzt TV, Waschmaschine, Kühlschrank, Heizung ist nicht üblich allenfalls Heizdecke, Arbeitslose heißen „auf Arbeit Wartende" erhalten Existenzminimum; Reiseländer der Chinesen sind Neuseeland, Australien, Südkorea evtl. noch Thailand; kleiner Platz mit goldener Weltkugel, Investoren seien Privatleute, Banken, Auslands-Chinesen; wir steigen an der Uferpromenade aus: Yangpu-Brücke über den Huan-Pu Hängebrücke wie in Ludwigshafen, Fluss mündet in den Jangtsekiang und dieser dann unweit von hier ins Gelbe Meer; Konferenzgebäude 420 m hoch hat 88 Etagen wie das Empire State Building, Fernsehturm mit drei Kugeln in oberster ein Drehrestaurant, Promenade recht schön angelegt: kleine Verkaufsstände, lädt zum Schlendern ein heute weniger, schneidender Wind viele Leute tragen Mundschutz; Blick zur Uferstraße, dem „Bund": Stil-Sammelsurium, Gebäude mit Säulenfront, eines hat Sikh-Tempel-Dächer - wieso? Als die Engländer stark präsent waren hatten sie hier überwiegend indische Soldaten eingesetzt - aha; nun Bummel in der Einkaufsstraße: Fußgänger geht im Pulk, wehe man verliert den Anschluss Autos fahren glatt über die Hühneraugen, großes Kaufhaus: alles da vor allem Kleidung und Kosmetikartikel, eine Menge aus einheimischer Produktion, Exklusiv-Import-Ecken, kleine Boutiquen wie weltweit, etliche Stockwerke - keinerlei Lebensmittel, Glasaufzug à la USA nur aufwärts, hinab geht's mit ‚altem Kasten'; die Wolkenkratzer im Zentrum machen auf mich den Eindruck als habe ein Architekten-Wettbewerb stattgefunden, alle erdenklichen Stile stehen neben- und durcheinander, keinerlei urtypisch chinesischer Blickfang - Augen zu Augen auf - wo bin ich, von Kleinigkeiten abgesehen könnte es irgendwo in einer der Großstädte der Welt sein - identisch, auswechselbar! Fahrt zum mongolischen Restaurant, Straßen verlaufen öfter gebogen das erschwert die Orientierung, Mittagessen ein Rohmaterial-Buffet: Gewünschtes wird in einer Schüssel gesammelt, junger Koch leert den Inhalt auf großes 'Crepe'-Eisen und wendet ihn rasch in der Hitze, etwas Wasser dazu wenn zu wenig Saft gezogen, mit Schwung zurück in die Schüssel - fertig, Brötchen damit füllen? Nein, ich werfe davon Bröckchen hinein, hilfreiche Mädchenhände unterstützen mit Schüssel-Halten - hervorragender Geschmack! Noch Zeit für Jade-Schleiferei: wunderschöne Endprodukte; den weißen „Jade-Buddha-Tempel" sehen wir uns auch an, weiße Jade stammt aus Burma, die Erleuchtung Buddhas geschah unterm Bodhi-Baum (in Japan unter einem Ginkgo = Silberaprikose oder Entenfuß) heißt es; Mönche kommen im BMW an, einer telefoniert per Handy, wir fahren dann noch zum Hauptbahnhof des Molochs, der einmal der einzige Ort der Welt gewesen ist wo ein Pass „wasn't prerequisite for entry" = keine Voraussetzung für den Eintritt war; es gibt vier weitere Bahnhöfe gemäß den Himmelsrichtungen: zwei für Fracht und zwei für Personen, in der Halle Warteräume, jeder sitzt und - es sind noch Plätze frei, sieht alles sehr geordnet aus, staune erneut! Tour-Reiseleiter endgültig im Schnee steckengeblieben örtlicher von Shanghai bleibt mit uns zusammen - zu unserer Freude, haben uns an seine nette Art längst gewöhnt, mit „Elite"-Zug für hohe Beamte, Touristen, Staatsgäste, Auserwählte geht's nach Souzhou, sehr bequem, Oberdeck vorhanden, Abfahrt 16 Uhr: an Bewässerungskanal entlang mit Ableitungen zu Reisfeldern, die meiste Zeit auf beiden Seiten das gleiche Bild - langweilig, ab und zu Baumreihe daneben eine Art Pappel, Gemüseanbau Parzellen alle nicht sonderlich groß ungefähr Kleingartenfläche - plus oft minus, Land vom Staat gepachtet, Mietzins: 40 bis 60% vom Ernteertrag, Rest Eigenbedarf und freier Verkauf (wie bereits 1986); wieder tischebene Landschaft wie gehabt, nun Natur pur wird von einer Handvoll Häusern unterbrochen, pünktliche Ankunft nach ca. 1 1/2 Stunden, an Ausgangs-Kontrollsperre Gewühl - so was gibt's hier doch noch aber der Menschenknäuel löst sich schnell auf; Souzhou in Provinz Jiangsu: 1, 2 Millionen Einwohner, Einkaufsstraße, vom Bahnhof aus sind wir zweimal links abgebogen jetzt geht's über die Brücke vom Kaiserkanal, an deren Ende auf der rechten Seite ein Häuschen mit China-Dach auf der anderen Seite ein Pavillon, weiter geradeaus wieder links wunderschöne „Pagode des Nordtempels", mit 76 m höchste der Stadt, ein Stückchen weiter nach dem letzten Eingangstor - insgesamt 13 Pagoden, ein paar Tempel, viele Buddhisten leben hier; Abriss der alten Häuser, ausgedehnte Baustellen, wollen allerdings in altem Stil aufbauen, Bambusgerüste bis zum 12. Stock erlaubt - nicht weiter; Garten des „Bescheidenen Beamten" oder des „Törichten Politikers" als Naturerbe von UNESCO geschützt: Harmonie von Steinen, Pflanzen, verschiedenen Steinmosaik-Belägen und Bauten mit geschmackvollen Mahagoni-Möbeln, Blauglas-Einlagen, Ziegelschnitzerei, Opiumbett „Löwengarten" - alles sehenswert! Seidenspinnerei: Gläser mit Präparaten über die Entwicklungsstadien der Seidenraupen, von den ‚Eltern' über die Eier bis zum Seiden-Cocon, Seidenherstellung ist Frauenarbeit, Männer zuständig für Reis und Winterweizen; Zucht hier mit Maulbeerbaum-Blättern, nach vier Wochen Fütterung wird nicht mehr gefressen sondern sich verpuppt, noch traditionelle Produktion außerdem: Webereien, Nähereien mit Maschinen aus der Schweiz oder Italien, je dichter das Gewebe desto besser, zu dünnes geht beim Waschen ein, Decken aus Baumwolle und Seide seien gelenkfreundlich, reine Seidenbettdecken werden auch verschickt, per Schiff dauert's drei Monate, mit dem Flugzeug eine Woche, Größe bis zu 2,25 m auf 1,50 m - man kann sie natürlich auch handlich verpackt gleich mitnehmen; ‚Fabel-Einhorn' soll Sohn eines Drachen sein – egal, jedenfalls eines meiner Lieblingstiere vor großem Glasgebäude, Fahrrad-Rikshas, Sekunden-Anzeige an einer Verkehrsampel! Kirche aus drei einheitlich hohen Baublöcken bestehend, quadratische Dächer, in der Mitte ein spitzes Dach mit Kreuz an der Frontseite, Gefängnis; Sonne brennt in den Bus, heiß - sonst kalt, auch bei den Mahlzeiten, ‚Kneipp-Kur'; die Stadtmauer hat acht Tore, am Straßenrand wird alles verkauft, sauber gestapelt Obst und Kohl, Kleidungsstücke, Benzin, Zuckerrohr; Kinder dürfen erst ab dem 13. Lebensjahr auf der Straße Fahrrad fahren - ich bewundere gerade wieder was man alles darauf transportieren kann: große Bretter, Metallrohre, Matratzen, Möbel - ganze Umzüge werden damit bewerkstelligt, manchmal auch mittels Motorroller; da ist ein Mann mit großen Ohrschützern unterwegs, direkt auf die Muscheln gesetzt sieht er aus wie Osterhase auf einem Fahrrad; völlig verstopfte Seitenstraße: Autos, Busse, Räder, Mopeds, Fußgänger - ein Gewirr! Wenn Verputz abblättert wird das Mauerwerk der Häuser sichtbar: schmale und breite Ziegelsteine sind in Mustern verlegt, sie entkernen sowie modernisieren innen und lassen alte Fassaden stehen, das ist sehr schön, außerdem fügen sie erhöhte breite Straßen ins Stadtbild ein ohne dass diese störend wirken - es geht also durchaus Neues und Altes harmonisch zu verbinden, was mir fehlt ist ein Bürgersteig mit Rand, er ist zu einem Alibi-Streifen verkommen, allerdings sind die Straßen zum Teil untertunnelt; kurze Fahrt auf dem Kaiserkanal: er ist insgesamt ca. 2 000 km lang, verläuft parallel zur Küste, 2500 Jahre alt, die älteste und längste künstliche Wasserstraße der Welt (Strecke Barcelona - Berlin), geht bis zur „Verbotenen Stadt": „Da Yunke" = Großer Transportfluss, auch Handelskähne sind unterwegs mit z. B. Gemüse, vor allem Weißkraut, Chinakohl und Salat, vorzugsweise Angebote für Bewohner von Hausbooten; die kleinen Schiffe haben einfache Gummi- oder Autoreifen als Puffer an den Bordwänden, besonders in den Seitenkanälen wurden Häuser direkt ans Wasser gebaut, quer eingerammte längliche Steinquader dienen als Treppenstufen zu 'Waschbottich' und 'Abfalleimer' - „Venedig Asiens", Wasser genauso unsauber, wollen jetzt für bessere Qualität sorgen durch Verschmutzungsverbot und Süßwasserzufuhr, na ja - Menschen leben unmittelbar an und auf dem Nass, wie soll das funktionieren? Bummel durch alten Teil der Stadt, Treiben in den Gassen: Fleisch und Fische werden gebraten, Reisfladen gebacken und vieles mehr, Lebensmittelhalle, draußen Verkauf in kleinen Läden nebeneinander - was auf engen Raum alles hineinpasst! Auch ab und zu Gehsteig-Verkauf Ausdruck 'Gehsteig' ist allerdings geschmeichelt, „Oma-Opa-Polizei" regelt manchmal den Verkehr wie in Shanghai, Rentner mit Trillerpfeife gern geduldet, auch als Wiedergutmachung von Radfahr-Sündern akzeptiert; Stadtbaum: Kampferbaum für Medizin und Mottenkugeln nutzbar, Allee davon, fahren öfter über diese Prachtstraße: hübsche saubere kleine Läden Glühbirnchen an den Bäumen auch hier; zweimalige Reiserrnte, Raps, Winterweizen, Süßwasser-Seen mit Fischen ringsum, Wasserkastanien; 16.30 Uhr am Hotel - das reicht mir noch für die Doppel-Pagoden in der Nähe: Ziegelstruktur, waren Tempel, wurden wie andernorts ebenso häufig zerstört, Fragmente und ein Block mit Buddha-Figuren in einer Pagode ebenerdig aufgestellt, unter Glas gestaltete Steinreliefs, an der einen Wand des dreiseitigen Wandelganges teilweise filigran: fröhliche Kinder begrüßen den Frühling mit Musikinstrumenten und Blütengirlanden, man hört fast das Lachen, auch Szenen aus dem Leben Buddhas, der Bothisattwas und etliche Drachen mit Hahnenfüßen auf Wasserwellen - soll damals das Weltbild gewesen sein: oben Himmel, unten Erde, Wasser dazwischen, deshalb so häufig Darstellungen von Wellen bei Statuen in den Tempeln oder auf Reliefs und Gemälden; es ist spät, nichts mehr mit Postkartenerwerb, Mann lässt mich extra zu bereits geschlossener Seitentür hinaus „che - che" (= danke); Sandwich-Brötchen für 2,10 DM vom Lädchen nebenan, sogar mikrogewärmt, wird auf dem Weg zum Hotel verspeist, bin um 18 Uhr zurück, Bar innerhalb geräumiger Lobby: westliche Musik von Geiger und Pianist gelegentlich zwei Sängerinnen; da abgefüttert Zeit für TV-gucken: 1. Haus-Infos, 2. amerikanische Filme, 3. CNN (Kanada) überall präsent mit Nachrichten um 20 Uhr, 4. original chinesisch - Star TV, 5. Star TV Prime Sport: amerikanische Catcher, 6. Musik-Kanal mit Hektik (NHK 1), 7. Sport mit chinesischem Reporter, 8. Film über Tibet-Expedition (NHK 2), 9. TV 5 Französisch, 10. DW = Deutsche Welle, 11. Chinesische Wetterkarte einfallsreich und lustig, 12. Reportage über japanische Insel in Englisch, 13.- ‚schneit', 14 - 19 chinesische Filme zwischen der reichlichen Werbung, 20. Musik-Kanal; Abendtoilette und frühes Zubettgehen, ungewohnt der Rauchmelder an der Decke. - Schade, die Matratze war sehr hart heute Nacht trotzdem Knochen und Gelenke nicht schmerzhafter als sonst also was soll's - nächstes Ziel: Wuxi, in derselben Provinz 50 km entfernt, zu erreichen mit Boot auf dem Kaiserkanal, doch zunächst per Bus zur Anlegestelle, 8.10 Uhr Abfahrt? Später, weil Motor vom Koffer-Bus der uns folgen sollte nicht angesprungen ist, nun also das Gepäck zu uns mit hinein, Platz genug; ab hier Kanal noch 70 km lang, breiteste Stelle 45 m, nur noch zu 2/3 schiffbar, verlandet da Bewässerung für Ackerbau und Nutzwasser der Menschen entnommen wird; links am Regierungsgebäude vorbei, rechts Ausstellungspalast und Teehäuser: Treffpunkt zum Schach- und Kartenspielen werden zunehmend von Bier-Bars abgelöst; schippern an kilometerlangen Ver- und Entlade-Kais entlang, sortierte Abschnitte: Kohle, Kies, Stroh, Sackladungen, Fracht: bereits Erwähntes, Tanks, Säcke mit leeren Flaschen, viel Holz aus umgebendem Gebiet von Jangtsekiang und Gelbem Fluss, Ware zum Teil mit Plastikfolie abgedeckt, meistens dieser weißgrundigen mit roten und blauen Streifen, Taschen davon sah ich bereits unterwegs, war so das erste westliche Export-Produkt in sog. 'Dritte Länder'; vom Rand wird mit Bambusstangen weggestakt, Konvois unterwegs: häufig 12 Lastkähne mit Schlepper davor, mal ein Rettungsboot hintendran, dort auf dem Schiff ein Hund - Notration? Fahren mit Diesel-Kraftstoff; nun dehnen sich langgestreckte Gemüsebeete bis ans Ufer, abgestecktes Fischernetz-Areal, Lagerhallen, -häuser, -hütten, Felder am Kanalsaum, Bäumchen und Sträucher abwechselnd in exakter Ordnung angepflanzt, Mautstraße - großer Ort hat Zugang über „Wassertore"; rechts flach, links in einiger Entfernung am Horizont Hügelreihe im Dunst dahinter Berge, Hausboot-Dorf, Bauabschnitt mit Kränen, ab und zu Schiffsverkehr in beiden Richtungen jetzt per Dreierreihen, Tank-Großanlage Schild: „P 1 500 m", Boot braun-gelb, eins blau-gelb - hübsch, Kilometerstein, blaue Tafel mit Entfernungsangaben in roter Schrift und Wegweiser, eine weiße auf grünem Grund: bis Wuxi 26 km - noch ein Hund, sitzt da wie Galionsfigur; rechts Felder, Reihenhaus-Siedlung, ab und zu ein Wasserturm, Lagerhalle: Pyramidendach auf Stelzen rundes Emblem an der Spitze, lange Allee, Ortschaft, Gemüseäcker, schöner kleiner Keramik-Pavillon auf einer Mauer mitten unter hässlichen Lagergebäuden, Ufer hier nur zweckdienlich genutzt, jetzt links erneut Baum und Busch, Siedlung mit kleinem Hang, rechts Reihen-Hochhaus-Viertel; flache Hütten vor Hallen am Ufer oder Häuschen mit steil abfallendem Garten, Kaimauer - nähern uns **Wuxi** (x = ch phon.) = ohne Zinn, stimmt keine Vorkommen mehr, auf den Zinnberg geht ein Sessellift aus Österreich, die „Doppelmeier-Seilbahn" wird uns erklärt, sowie zu Pagode und Kloster mit neuer Drachenfigur; an Land im Bus fahren wir durch eine Magnolien-Allee, dann auf breiten Straßen großzügigsten Ausmaßes wie so oft, Hauptnahrungsmittel sind hier Reis und Fisch; in der Nähe gibt's einen großen Buddha und das „Terrakotta-Werk" für Figuren von Dramen, Geschichten, Mythen; Xi-Hui-Park: Wunderschöne, etwas vernachlässigte Anlage, u. a. Steineichen, Kampferbäume, ein 610-jähriger Ginkgo, Aufstieg zum Panorama-Blick: geprägt von Hochhäusern und Schornsteinen - schade, Stein mit kaiserlichem Gedicht; Japanisches Hotel ausnahmsweise zehn Jahre alt, sonst ganz frische Neubauten; allgemein sind Armaturen und Elektrovorrichtungen mal französischer mal englischer Herkunft, total verschieden - verwirrend und Pflege der Einrichtungen schlecht: Teppiche verfleckt, Badewannenverschluss hält's Wasser nicht und/oder Ventilator der Klimaanlage klappert vor Altersschwäche, schlimm die ständigen elektrischen Schläge an sowieso dubiosen Schaltern, verursacht durch Synthetik-Teppichböden und -Schlafdecken,

Antistatik gleich null - spiel' Wetterleuchten wenn du nicht schlafen kannst! Hier umfassend ausgestattetes Angebot im Bad und ein Föhn (!) der zwar langsam aber sicher Haare trocknet, das Reisen ist zweifellos bequemer geworden im Vergleich zum Aufenthalt vor 14 Jahren, auch durch den problemlosen Geldumtausch im Hotel in normale Landeswährung, Tageskurs 1 DM = ca. 4 Yuan 1 Dollar = etwa 8 Yuan, Dollars also nach wie vor sehr günstig ständig mindestens doppelter DM-Wert; Wuxi ist Kurort für chronische Krankheiten: Magen-, Darm- und Kreislaufprobleme, haben außerdem elektronische Industrie für Chips, sehr fischreich, nur Netz einlegen und wieder herausziehen, Perlenproduktion: Dschunken-Muschel wächst drei bis fünf Jahre in 80 m Tiefe, bekommt als Futter organische Sinksubstanzen, für schwarze Perlen gibt's Zusatznahrung; Ausflug zur Schildkröten-Halbinsel: durchfahren eine Platanenallee, sehen im Perlenladen Übliches und Tiergestalten, aber auch Schlipse und BHs aus Perlen; überall laufen Vorbereitungen fürs Frühlingsfest: große Wäsche, Schlafdecken lüften, Frühjahrsputz, außen Girlanden anbringen, Fahnen und Lampions, es gibt zwei Tage Urlaub, die meisten Geschäfte haben geschlossen, Feuerwerk - nicht in Wohngebieten, Frühlingsfest ist Familienfest: nach umfangreichen Einkäufen Tage zuvor Essen vorbereiten, 1. Tag: Familientag, Sippen-Treffen, 2. Tag: Schwiegereltern-Tag, wird schon lockerer gehandhabt, auch Zusammensein mit Freunden außerhalb des Verwandtenkreises erfahren wir - sind angekommen: auf Halbinsel Bambuswald, es gibt 200 Arten Bambus, Verwendung der Sprossen als Gemüse, Rinde für Körbe; erster Blick auf die riesige Weite des „Tai-Sees", durch Versandung einer Bucht des Ostchinesischen Meeres vor 1400 Jahren entstanden, von Bergen umgeben deren Wasser ihn speisen, zwei Halb- und etliche Inseln, links in der Ferne große Schiffe, Gänse fliegen in sauberer Keilform; Wind zeitweise eisig, häufig Mundschutz in ‚Kirgisen'-Gesichtern zu sehen; Rückfahrt: zwei Buben spielen Federball, im Vorort Wein, Mandarinen und Pfirsiche, Fußballstadion folgt; Spezialitäten sind frittierte Silberfische und gebackene Schweinsrippchen, letztere bekommen auch wir; eine Menge Fischbecken, Vergnügungspark „Klein Europa" mit z. B. 'Eiffelturm', 'Brandenburger Tor', griechischem Tempel, Burg, Ausbau des asiatischen Teils abgebrochen wegen Geldmangels, 'Hagia Sophia' fast fertig; heftige Zugluft überall wie so oft in Hotels und die Klimaanlage ist individuell nicht regulierbar egal in welcher Provinz - die Magnetkarten-Schlüssel sollen wohl zu geduldiger Zähigkeit erziehen, außerdem wo stecken denn die Lichtschalter wieder? Ach, die Glühbirnen sind losgedreht - ich auch, Teppichboden oh Jammer wie unappetitlich; beim Frühstück schmeckt's Graubrot nach Schimmel, sagen wir nix bei drei Sorten. - Heute fahren wir über den See nach Hangzhou, zunächst mit Bus über die Hauptverkehrsstraße: Springbrunnen zugefroren, starker Nebel, Unmengen Plattenbauten, links etwas aufgelockert, Schule danach Weingärten, Siedlung hübscher Einfamilienhäuser, gegenüber verschlammtes Gelände; Boots-Anlegestelle am Tai-See (= West-See) dem drittgrößten See Chinas Fläche 2 240 km² = 4x Bodensee, bis zur Hafen-Ausfahrt in ‚Blümchen-pflück'-Tempo, umsteigen ins Komfort-Ausflugsboot mit Tischchen, Ablagenetz, Erfrischungstuch, heißem Tee und chinesischer Volksmusik - sonst nur westliche Melodien im Bus oder beim Frühstück; haben Koffer dabei und sind inzwischen vollzählig, einer aus Österreich nachträglich eingetrudelt: uns begegnen Kähne mit flachem Aufbau, auf Insel vage Umrisse von Berg und Hügel, Geschwindigkeit bleibt mäßig, weitere Transporterungetüme unterwegs, Bötchen, immer mehr Fischer, Fahrrinne durch Stöcke, Fahnen oder Baken gekennzeichnet - jetzt Wasser so weit das Auge reicht; Schwarm Flattervögel, Kahn ganz weit weg, am Horizont nun ein - nein vier Lastkähne nahebei, es staut sich, ein Schiff mit Segeln, kleiner und mittelgroßer Vogelschwarm, danach lange ausschließlich Wasser; Fischerboote, Halle am Ufer Industriegebiet, Hafeneinfahrt: Grüße und danke Schiffspersonal sonst auch Busfahrer, diesmal sagt keine ‚Zimmerhälfte' „warum machen sie das die versteh'n sie ja doch nicht" - es sind Menschen wie wir, sie sehen ein freundliches Gesicht, hören den Tonfall und können sich den Rest denken, also tu ich's - immer; Ankunft 9.30 Uhr: Busfahrt an Huzhou vorbei, ein bisschen Straßenverkauf bei den Hausbooten, weg vom See, landeinwärts Nadelwäldchen Pinienart die in China häufig ist, ausgedehnte Felder mit überwiegend Winterweizen-Anbau, strenger Frost setzt Schädlingen zu deshalb beliebt - wie das Wetter im Moment; schöne Einzelwohnhaus- anschließend eine aus dem Boden gestampfte Platten-Siedlung, ein paar Altbauten dazwischen, wir sind in **Hangzhou**: breite Straße, dicke mehrreihige Luftballon-Girlande wie Traubenschnur an Gebäude, Ringstraße mit Grünanlagen und öffentlichem Sportplatz - alles in großzügigen Maßen, dafür wurden Häuser abgerissen, früher erfolgte neue Wohnungszuweisung heute gibt's Geldentschädigung nach Quadratmeter-Preis, sei günstiger, häufig danach Eigentumserwerb; andere Seite: Fassaden neu verputzt, Gitter an Fenstern entfernt, letztere erneuert - sehr schön eine Reihe, für die anderen habe das Geld nicht gereicht; sehen Extra-Touristen-Bus aus Holz, unten bunt bemalt für Stadtrundfahrten von zwei Stunden Dauer; Stadtbaum ebenfalls der Kampferbaum, Lädchenreihe wie kleine Garagen nebeneinander, es klumpt sich unwahrscheinlich auf wenig Raum: Garküchen, Obststand, Fahrrad-Riksha; im alten Stadtteil Apothekenbesuch: Werbung am Eingang auf länglichen Ginkgo-Tafeln: jeweils Name des Medikaments verzeichnet und seine Wirkung sagt uns die ‚Örtliche' - Entziffern und Verstehen nur für Eingeweihte, Lebenserwartung übrigens 75 Jahre; Mittagessen wie stets in einem Restaurant das sich auf ausländische Zungen spezialisiert hat, also vorzügliche Verpflegung, nur ab und zu etwas chilischarfes darunter, oft leider die von mir so begehrte Suppe, heute schmeckt's aber ganz besonders gut: süß-saures Fleisch mit Ingwer-Hauch und gebackene Honig-Bananen als Nachtisch - in den nördlichen Regionen schwelgen erlaubt da keinerlei Probleme mehr; Steingarten-Ruheplätzchen nahe unserem Bus mit kleinem Bächlein: Eis schmilzt langsam, Pandabär-Abfalleimer, Himmel bedeckt aber der Wind hat sich gelegt, viel wärmer; Frage nach Instrumenten: Herstellung regional verschieden wegen unterschiedlicher Musik-Tradition; großes Bankgebäude, rechts ein Park, Promenaden um den ganzen See herum geplant, ein Teil bereits angelegt, „Kinder-Paradies" Disney-like, noch zwei Parks mit Pendelbus zu erreichen, links große Tempel-Anlage, Pagode näher betrachtet ein 13-stufiges Oktogon; Ausstellung von Bronze-Antiquitäten, „Pagodenwald": Repliken und gesammelte Originale, Ausgrabungsort für alte Bauwerke - zwei Mädchen und zwei Jungen knobeln begeistert auf der Zugangstreppe dahin endlos: Stein, Schere, Papier, Blick auf große Brücke über breiten Fluss; Weiterfahrt: kommen am „Kaisersohn-Park" vorbei, Hochzeitsfoto hier „garantiert" die Geburt eines Sohnes, Ablege-Damm für Bootsrunde auf dem „Tai-See" erreicht: Mädchen möchte für Seidenschal aufschlussreiche „cinquanta" Yuan haben - fliegende Händler umgeben uns häufig an solchen Stellen, der Damm trägt den Dichternamen „Sou" (phon. Su), insgesamt drei Dämme teilen das flache Wasser auf, Tiefe früher 1,80 jetzt 1,60 m, Baggerschiff ständig unterwegs, braucht zwei Jahre für die ganze Fläche, Baden und Surfen erlaubt, Angeln verboten; drei kleine Pagoden im Wasser, manchmal Kerzen darin, Papier über die ausgestanzten Muster gezogen, wegen der entstehenden Wasserspiegelung erhielt das nahe Eiland den Namen „Mondsichel-Insel" dort ist eine Vogelvoliere aufgestellt, viele kleine Boote unterwegs vier mit einem Seil verbunden, Ausflugsschiffe, Wahrzeichen des Sees: schlanke Steinpagode und Aussichtspavillon, eine Menge Lotospflanzen - mit uns an Bord Südkoreaner und Chinesen aus Korea berührendem Grenzland; morgens am Ufer Schattenboxen beliebt, danach Gespräche über Familienprobleme, finanzielle Transaktionen an der Börse, auch Kaufvorhaben, man spielt Karten oder „Mah-Jong"; wieder im Bus Richtung Hotel: Bibliothek, altes traditionelles „Spezialitäten-Restaurant" für süß-sauren Fisch direkt am Wasser, da werden gerne Hochzeiten gefeiert, Frage nach unserer Besuchschance wird taktvoll übergangen, für ‚eigene Faust' zu weit weg; die Stadt ist Kurort für ‚hohe Tiere' und Militär, sehr schöner Platz mit großer künstlicher Lotosblüte auf dreistufigem grünem Sockel und Ziergemüse in Blattform am Boden, „Siegelgravur-Anstalt"; „Forschungsinstitut" wird gemeinsam mit Japanern betrieben, Schule, Teehäuser - auch hier umgewandelt in Bier-Bars, Mittelschule, Block-Wohnviertel für Uni-Professoren; Hotel: erneut ‚Baby'-Badewanne, Chipkarten- und Lichtsysteme wieder anders, schon schlimm aber - eigener Heißwasserkocher im Zimmer wie stets bei dieser Reise, außerdem Radio vorhanden und Zimmerservice (!): Club-Sandwich dazu Pommes und Heinz-Ketchup, reichlich und vorzüglich für umgerechnet 12.- DM - wenn ich an den Preis im Teehaus in Shanghai denke …, hier Blätter-Tee für die Selbstzubereitung keine Beutel wie zuvor - wunderbar; Blick aus dem Fenster: manchmal etwas Feuerwerk, große Baustelle von Scheinwerfern beleuchtet da wird heftig ausgebaggert und geschuftet, auffällig enorme Antennenschüsseln auf den Dächern; Radio: 1. Sender: Musik vom Band für ca. 45 Minuten dann von vorn, beginnend mit Sindings 'Frühlingsrauschen' gefolgt von Beethoven, auch seiner unvermeidlichen 'Elise' die man überall zu hören bekommt; schlafen – meinste, die Leuchtziffern der „Welt-Uhrzeiten" auf dem Nachttisch und das rote Blinklicht des Feuermelders überm Bett strahlen - ich bin wohl im Flugzeug! Der Ort liegt von Bergen umgeben in einem Kessel, im Sommer ist's hier sehr heiß, Pfirsichblütenfest hat Tradition, Bäume tragen verschiedenartige Blütenzweige jedoch keine Früchte, Seide- und Pinselproduktion, Zucht von Blumen- und Baumsetzlingen, Tee-Plantagen; die Gebäude sind scheußliche Grauklötze, Kreisel mit moderner Skulptur, Doppelpagode: innen Eisen, außen Ziegelstein; dann breite Grünanlage parallel zur Straße, Brücke über Kaiserkanal, links bewaldete Hügel, ein Steinbruch, rechts Ebene und gelegentlich Zementblöcke darin; gegenüber Friedhof mit Stelen, auf dem Land noch Erdbestattungen mit Holzsärgen, in den Städten nur noch Verbrennungen neuerdings auch See-Beisetzungen (lau wei), Totenfest (lao wei) ist der 5. April; Ausländer werden nicht nur „Langnasen" sondern auch „Teufel" genannt wegen roter Haare und heller Augenfarbe, in ihren Mythen sind diese Merkmale dem Teufel vorbehalten, erzählt unsere sehr kundige und sympathische örtliche Reiseleiterin auf dem Weg zu einer Tee-Plantage: Berge rundum, primitive Flachbauten, Straße durch den Fels getrieben wie an den Wänden rechts und links unschwer erkennbar - Verkehrspolizei, so oft? Bambuswäldchen auf beiden Seiten, Stämme werden für Hausbau, Möbel, Musikinstrumente genutzt, es gibt verschiedene Arten, viereckiger Zier- und Pfeilbambus ist Nahrung der Pandabären, blüht nach 100 Jahren einmal und geht dann ein, Absterben Problem für die Tiere; ‚Zementort', Berge, hügelig links flach, Fischteiche, Hügelketten beiderseits, jetzt Glaspaläste und verkommen wirkende Flachbauten - Unterschied sehr krass, Anfangsnummer der jeweiligen Straße bezeichnet die Richtung, Hupen und Blinken beim Überholen erforderlich wehe wenn nicht - unser Fahrer hat doch Herr Polizist, überall Maut-Stationen; Hügel, Bäume, Büsche, viel Grün und Bambus, Steinbruch, rosiger Schweinetransport auf Lkw, unser Mittagessen dabei? Biegt er nicht ab stimmt's - übrigens auf dieser Reise habe ich kein einziges schwarzes Hängebauchschwein gesehen; Lumpenhütte und Fabrikschornsteine, links flach, rechts Berge im Dunst, Reisfelder, Schmutzgraben mit Abfall, Dreckteiche, neu gebaute Tankstelle, Baumreihe an den Straßenrand gepflanzt mit bis auf halber Höhe weiß getünchtem Stamm; Teefarm: es existieren 300 Sorten Tee, drei große Gruppen: schwarzer wird roter genannt da eher in dieser Farbe, halb- oder ganz fermentierter und weißer, erwähnt werden noch grüner-, Blumen- und Formentee: Blätter in Formen gepresst auch die festen, sonst nimmt man nur die neuen Triebe, Formentee sei gut für die Verdauung; auf der Plantage hier wird hauptsächlich „Drachenbrunnen-Tee" erzeugt, Pflanze gehört zur Familie der Kamelien, Klima dafür günstig, warm, hohe Luftfeuchtigkeit da morgens oft Nebel, saurer Boden gemischt mit weißem Sand habe sehr guten Einfluss - Beschaffenheit wirkt sich wie bei uns auf die Güte eines Weines aus; hier wachsen Früchte Haselnüssen ähnlich die Verwendung finden für Schmieröl neuerdings auch Shampoo; die jungen Teeblätter werden in geölter 100 bis 120°C heißer Rundpfanne bewegt, dann bis 80°C abgestuft, 45 Minuten lang, so erfolgt die Trocknung in behutsamer Handarbeit - nur von Männern; Hauptkriterien der Qualitätskategorien: Duft, grüne Farbe, gleichmäßige Blätter, volles Aroma etc., Teewasser soll man auf 80°C abkühlen lassen dann in drei Schwüngen aufgießen: den ersten für Milde, den zweiten und dritten wegen des süßen Nachgeschmacks, Drachenbrunnen-Tee nur morgens trinken da er putzmunter mache, grüner sei auch zum Abnehmen geeignet, nach dem Essen eine Tasse davon binde Fett; bereits im 17. Jahrhundert habe man Besonderheiten der Tees erforscht, tue es noch, Japaner entdeckten vor kurzem einen Bestandteil gegen Strahlenschäden darin; eigne sich für Gesichtsmasken: Blätter mit Eiweiß und Honig vermischen, nach 20 Minuten abwaschen, Blätter auch gut gegen Karies und mehr, soll man kauen und schlucken, würden prima verdaut, deshalb habe man früher „Tee essen" gesagt, im Gemüsefach aufheben wenn angebrochen; 1 Kilo = 40 000 Triebe geübte Pflückerin - nur Frauen brauche dafür drei Stunden, bezahlt werde nach Gewicht und Erntebedingungen, ob sehr anstrengend oder leichter, früher 30 Ernten heute 60; Favorit in England schwarzer Tee, angeblich damals durch Meerwasser bei Schiffsunglück veränderter grüner, heute fermentierter grüner Tee = schwarzer; mit drei Fingern auf den Tisch klopfen ist dasselbe wie dreimal verbeugen? So verabschieden wir uns höflich - rundum aufgeklärt; in angeschlossenem Verkaufsladen, mit Tee sind wir bereits versorgt, das übliche Angebot: Seidentücher, Kimonos, Jacken, Blusen, Stoffe, letztere leider in zu grellen Farben oder für uns merkwürdigen Mustern, Jade- und Lackgegenstände, Pinsel und Tusche-Reibsteine, 'Swarovski'-Imitate, Glasgravur-Bilder, Fahrrad-Feuerzeuge, Zigaretten und „Moutai"-Schnaps, Essstäbchen, Fächer, Schirme etc.; die Menschen hier haben zum Teil breitere ‚Mongolen'-Gesichter, Rückweg: Gelände flach, Tee-Plantagen, Gemüse, Blumen, Baumsetzlinge, hübsche kleine Schlucht aus hellbraunem und gelblichem Stein, rechts in der Ebene und links in den Hügeln neue flächendeckende Siedlung unterschiedlicher Haustypen, manchmal kleinen Burgen ähnlich oder ‚neu-chinesisch' d. h. in vereinfachtem altem Stil besonders die Dächer, ein Stückchen weiter nochmals ein schickes Neubauviertel, Stil wie zuvor - sieht ansprechend aus; Brücke über Fluss, Lkws mit Plastik- oder Stoffplanen abgedeckt unterwegs, auch häufig private Autos olivfarben wie Militärfahrzeuge, Reisfelder, kleine Teiche imposantes neues Wohnhaus daneben, erneut äußerst schlichte langgestreckte Flachbauten, nun grünbewachsene Hügel auf beiden Seiten, Verkaufsstände für Bambusmöbel, lauter neue Tankstellen in kurzen Abständen, Felswand links, auf verschlammtem Boden Bambusholz-Stapel; Marktgewühl, Fluss, Ort zunächst an ihm entlang angelegt jetzt Gebiet auch dahinter schon bebaut, erst mit Industrie-Anlagen dann auch Wohngebäuden, Hangzhou war öfter Hauptstadt des Landes ist nun die der Provinz Zhejiang; Hochhaus-Baugrenze ist hier die 7. Etage wegen der Vorschrift dass von da an ein Lift eingebaut werden muss, Bauten wurden in den 70-ger/80-ger Jahren errichtet, erwarten bald 30 Millionen Einwohner zu haben durch die Jangtsekiang-Staudamm-Umsiedlungsaktion - je mehr Bewohner desto größer der Stolz! Bisher gab's keinerlei Heizung, fast tropisches Klima, nun elektrische Klima-Anlagen für Kühlung und Gegenteil; heute stehen die Leute draußen mit gefüllten Plastik- oder Wärmflaschen, teils ohne, meistens mit ‚Kleidchen' von Phantasietieren um sich die Hände zu wärmen immer und überall, bekleidet wie sonst mit halbärmeligen Oberteilen und den üblichen dünnen schwarzen Stoffschuhen - wir brauchen eher Rücken und Füße warm! Busstation „Nord" eine von vier, Zick-zack-Fluss, Wolkenkratzer, „Kentucky-fried-chicken", „Joint-Venture" Bierbrauereien, Zierkohlgemüse-Rondelle, weiß und rot. - Anderntags: hübsche Rippenbogen-Gebäude, am ‚Lotos'-Platz vorbei, Anblick noch einmal genießen, Wohnviertel, Marinezentrum, Morgenspaziergang im Park: Eichhörnchen, schwere Äste der Magnolienbäume senken sich bis zum Boden, laubbedeckt von ‚Kopf bis Zeh' ist auch der Stamm vom Ansatz bis zur Spitze grün überzogen, Meise trillert und andere Vögel, Pfingstrosenteich, in hohen Bäumen wie schon häufig gesehen Mistelgewächse, Ruhesteine, Stechpalme in Pilzform, Boden-Steinmosaik;

Grünstreifen zwischen Auto- und Fahrradanteil der Straße, Hochstraßenpfeiler darauf fügen sich ein, vergammelte Wohnblocks neben Glaskästen, riesige Kartonlast wird auf Fahrrad transportiert, sehr mutig und machbar - ich fasse es nicht! Platanen-Alleen, Bäume wachsen schnell, Wasserschutzgraben vor alter Stadtmauer, nun Wasserreservoir breit wie ein Fluss mit Brücke darüber, die nächste führt über den „Kaiser-Kanal" der hier endet, im Norden bereits erhebliche Abschnitte ausgetrocknet verband er einst Peking mit hier nach Fertigstellung 1290, an seinen Ufern gedeihen heute noch wie damals besonders Maulbeerbäume wunderbar, Produktionsschwerpunkt sind deren Blätter als Seidenraupennahrung; im „Grand Plaza Hotel" (Kette) tolles Mittagessen bestehend aus -zig Gängen, großes Jadeschiff-Original in der Lobby und vier Nachbildungen verkleinerter Kriegerfiguren von der Terrakotta-Armee; müssen nach Shanghai zurück um nach Guilin zu fliegen, Autobahn seit 4 Wochen fertig, Höchstgeschwindigkeit 120 km/h nur 2 1/2 Stunden Fahrt: ein ganzes Viertel in neuchinesischem Palast-Stil, dann nur chinesische Dächer, jetzt viereckige, rechteckige vorherrschend, spitz zulaufende, Mautstelle schön angelegter Platz zwischen den Hochstraßen, ganze Villenstadt in gerade beschriebener Art, Dächer glänzen in der Sonne was ist denn das - oh Lack! Häuser gehören reichen Bauern, einfache Blocks etwas verstreut in der Ebene auf beiden Seiten, gelegentlich Pappeln in der Landschaft, ganzer Ort im Rohbau, Gemüse; wir werden über chinesische Tier- und Schriftzeichen informiert, letztere entwickelten sich aus Knochen-Orakeln zu Knochenschrift und in drei Entwicklungsstufen danach zur heutigen Form von Piktogrammen: z. B. drei Menschen Zeichen für Volk, 3 500 bis 4 500 Schriftzeichen sollte man kennen, nach dem Abitur studieren 70% der Stadt- und 30% der Landschüler, Ausbildungsbedingungen auf dem Land noch teilweise problematisch: abgetrennte Hälfte vom Schweinestall ist Lernort und über Steine gelegte Bretter dienen als Sitzgelegenheiten der Schüler; erfahren dass für Auslandsprodukte günstige Übersetzung wichtig sei, leicht verständlich und positiv besetzt; passieren Fischteiche, flache Gegend, dicht besiedelt, Gewächshäuser, größere Wasserfläche mit Zuchtviereck, Vorrats-Krale aus Stroh bei Häusern, kleine Mieten auf den Feldern; nun lange Strecke Plastikplanen-Gewächshäuser, danach Blockhaus aus rot-weißem Ziegelmuster und Chinadach, Gebäude mit Steinmosaik oder Bemalung an Dach- und Balkonrand - sehr schön! Maut-Station sieht wie Brücke aus: Stahlseile von roten Pylonen ausgehend halten das Dach – Ausnahme, sonst wie typisch chinesisches Eingangstor gestaltet; wieder Fischteiche, Wohnblockreihen-Ansammlung, Fluss, Brücken, nochmals Fluss und zwei Eisenbahnbrücken, Straße meist mit frisch in Linie gepflanzten Bäumen versehen, Hochhäuser direkt am Fahrbahnrand, erneut schöne Behausungen mit weinroten Dächern, links hässliche Plattenbauten auch in Entstehung, Umsiedlung ganzer Städte in vollem Gang, daneben Viertel mit villenartigen Einfamilienhäusern, Hochhaus-Ortschaft folgt: Gebäude zum Teil farbig, diesmal gelb mit hellbrauner Dachpartie, überall hängt Wäsche außerhalb der Wohnungen an auf Balkonen aufgeschlagenen oder dort verankerten Gestellen die frei im Gelände schweben, zwei elegante weiße Blocks dazwischen mit verzierten Bogenaufsätzen; am Flughafen: Durst, erwerbe Flasche mit handwarmem Tee, mag kein kaltes Cola oder Fanta, und zwei Bananen als Wegzehrung: Abflug um Guilin zu erreichen kurz nach 16.30 Uhr, Shanghai im Dunst angucken, nichts mit Foto, großes Flugzeug mit einer Handvoll ‚Figuren‘, Temperatur lauwarm aber Erfrischungstuch; da unten viel parzelliertes Gebiet, ziemlich häufig Häuser, große Wasserfläche, Sonne scheint, Dunstschicht blendet - nicht mehr dicht; es gibt Orangen-,Bonbonwasser‘ und Tee in Pappbechern, an den Sitzen befindet sich jeweils ein ‚Kopftuch‘ mit vorne „Shanghai-Airlines“ hinten „Captaino“ beschriftet, in grün/weiß/rot den italienischen Landesfarben, Werbefilm für China auf den Monitoren: herrliche Landschaftsbilder, leider in grellen Farben, natürlich auch Politiker zu sehen in Propagandamanier, Blumenschau in großem Stil besonders Chrysanthemen, sich drehende Tiere aus künstlichen Pflanzen in einem Rondell u. a. Schildkröte und Drache - wie bei Umzügen, Hotel-Werbung für Speisespezialitäten; ‚Schaffell‘-Wolken in kräftigen Wellen jetzt leicht gekräuseltes ‚Meer‘ - wir fliegen in hellem Blau mit weiß-grau-weißen Streifen am Horizont; alles Nichtraucher-Flüge auch die langen Strecken, schlechte Zeiten für Qualmer aber in den Flughäfen existieren Raucherzonen und nach dem Frühstück und sonstigen Mahlzeiten kann man sich im Restaurant eine Zigarette anzünden, tut auch ab und zu einer - von uns keiner, auf den Straßen rauchen nur wenige Chinesen und kaum jemand spuckt - weil‘s Winter ist oder hat sich da ebenfalls etwas geändert? Flugnetz enorm erweitert und laut Bordlektüre wurde eine Fernstraße durchs Tarimbecken gebaut - bemerkenswert! Essen warm und kalt, wir werden ‚gestopft‘; draußen zwei bis drei grau-blaue ‚Meeresarme‘ im flockigen Wolkenweiß, ein paar ‚Schneehügel‘, ganze Kette, eine geschlossene Wolkendecke - längere Zeit, längs- und quergestreiftes ‚Kräuselfell‘, weiße Hochebene löst ab, nun restlos dicht, schwenken ab nach links zu verschiedenen breiten Wolken-Senken, rechts sieht‘s aus wie ‚Uferböschung‘ und ‚Steilküste‘; fliegen überm Grau, nur oberhalb der Kesselgrenze gibt‘s angestrahltes Weiß in drei Stufen mit Abschlusswand, ‚Schaffell‘ wieder sichtbar jedoch grau, leuchtende Sonne trifft die hohen Flächen und erzeugt Streifen darüber in gelb, türkis, fließender Übergang in Blautöne, graues Einheitsfeld löst ab - diese Farben am Horizont! Sonne geht rasch unter in herrlichem Glühen, Nachglanz-Wolke zergeht in dicker Wolke aus ‚zerrupfter Baumwolle‘, völlig zerzaust! Langsamer Anflug auf Guilin, Motore sind gedrosselt, schleichen durch eine Wolkenschicht, haben Bodenansicht - noch sehr entfernt; Abendhimmel - nichts mehr mit Sicht, wir kreisen und sinken kreisen und sinken, Fahrgestell ist ‘raus, Markierungslampen am Boden auch Richtungspfeil zu erkennen, unmerklich weitergesunken, hart aufgesetzt, ohrenbetäubendes Bremsgeräusch mit viel Gerüttel, Flug dauerte knapp 2 1/2 Stunden; zum Hotel etwa 40 Minuten Busfahrt: **Guilin** = Zimtbaumwald - war einmal, nach Verlegung der Stadt bestehe der Bezug nicht mehr, Kassiabaum ist nun „Stadtbaum“ der wenigstens in die Familie der Zimtbäume gehört, das und die Schreibweise wird uns vom ‚Örtlichen‘ erklärt bis es mir aus den Ohren quillt, Baum wächst massenweise hier in fast tropischem Klima, daraus hergestellt u. a. Tee, Parfum, Wein, Likör - blüht im Oktober, meistens gelb aber auch weiß und orange, keine Frucht; im Bus Licht an Licht aus, Augen tun weh, passieren Tiger-, Löwen-,

Bären-Zuchtstation, Hauptstraße unterteilt von scheußlichem durch Metallrohre verbundenem Zementplattenzaun, rechts und links Bäume, Peitschenlampen, gelegentlich brennt eine Glühbirne, Rest dunkel; Vorstadt: ,Kleinst-Dreirad-Töff-Töff' unterwegs auf schmaler Straße, viel Verkehr darunter Motorrad mit Beiwagen, fahren über den Li-Fluss, Obstmarkt: ganze Kette Garagen-Läden' Kreisel, Supermarkt, Autosalon, Flachbau-Geschäfte auch Garküchelchen; Park: Kassiabaum-Allee ,Weintrauben'-Lampen mit zwei und mehr Kugeln - hübsch; Guilin in Provinz Guangxi, nicht besonders großer Ort für chinesische Verhältnisse, ,Kitsch'-Hotel: Himmel nein - die ganze Anlage davor voll bunter Lämpchen, in der Lobby hängen rote Lampionketten herab, künstliche Mandarinenbäumchen stehen herum und Schaufelrad in Wasser läuft vor angedeutetem farbig angestrahltem Felsen, Mädchen spielt auf dem Klavier - was wohl, die ,Elise', Swimmingpool vorhanden aber im Freien; morgen ist Schiffstour, die Berge sehen das wünsche ich mir so sehr - also vergiss den Hotelvorraum! - Fahrt zum „Li-Fluss" über eine Brücke: es schneit, örtlicher Reiseleiter freut sich darüber wie ,Pudeldachsmops', es geschehe zum ersten Mal wieder nach acht Jahren - wir könnten's entbehren! Kreisel: Beete und Blumen die wie Astern aussehen mit gelben und lila Blüten, Tor zu einem Gebäudekomplex wie so oft, links Hochhaus-Viertel, rechts Flachbauten, die ersten kegelförmigen Karstberge im Nebel, neu gebaute auffällig gerade Straße, Schornsteine mit dunklem Rauch, viel Erdbewegung, Garküchen überall, schmale Dreirad-Karren, viele kleine Transportmittel sehen wie an den Seiten zusammengedrückt aus, Kampferbaum-Allee, Lore-Bahnschienen verlaufen quer über die Straße, dann Grünstreifen, Graben manchmal mit Wasser, Bäume, dürres Gras, Bildhauerei rechts, links alter und neuer Flugplatz, Mautstation; hier Anbau von Taro und Wasserkastanien, einfache Pflanzen werden häufig als natürlicher Dünger untergepflügt und dann Reis auf dem Feld gezogen, Orangen-, Mandarinen-, Khaki-Plantagen, nun eine ganze Kette von Bergen in Nebelschleiern zu erahnen, Lkw-Panne von schwerstbeladenem Wagen, Erde gelb oder tiefrot, kräftige Farben wie in Roussillon; Marktfleckchen, ,Örtlicher' wuselig fröhlicher Typ freut sich über sich selbst am meisten, spricht mit fürchterlichem Akzent hat nicht nur mit dem „r" Schwierigkeiten, dennoch Informationen z. B. dass die Affaire von Präsident Clinton mit Praktikantin hier nur beschmunzelt wird, das Land sei aus früherer Tradition Konkubinen gewöhnt; Schlangen- und Krokodil-Zuchtfarm, Gegend frei lebender Ameisenbären, von Schuppentieren und Wildschweinen - jetzt Berge ganz nah, Verkauf von „Pomelos", einer Pampelmusenart am Straßenrand zu Pyramiden aufgestapelt, außerdem Angebot von sehr großen Zitronen, für Bananen sei es nicht warm genug; Fischteiche, Berge begleiten uns, wir biegen links ab, geglättete Landstraße führt in sie hinein bis zur Boots-Anlegestelle - Foto-Pause am Friedhof, bearbeitete Gedenksteine erkennbar, gegenüber Blick in Höhenzug, Bambus, dürres Gras, Gemüsebeete; Fahrer hupt vor den Kurven, Straße extrem schmal - da wurde gerade geschlachtet, Felder, zypressenartige Bäume, dunkler Fels, Tunnel; großes Palaver vor direkter Zufahrt zum steinigen Ufer, auf dem Wasser Enten und Kormorane und eine ganze Ausflugsflotte! Schiffe teilweise bemalt, eins mit Fühler auf Fischkopf, das andere mit Flugzeugheck; ,unseres' Nr. 26 fasst

80 Personen und wird beheizt, aber Zugluft zieht die Wärme nach außen ab, Tee und eine Flasche Wasser an Bord sind gratis - oh diese Touristen-Boote: kleine Israeliten-Gruppe singt lauthals, klatscht dazu - nervend, bei meiner ersten Chinareise hätte ich kein Visum bekommen bei Israel-Stempel im Reisepass brauchte damals einen zweiten Ausweis, nun Israelis hier unterwegs - erstaunlich! Setze mich aufs Deck ab: fahren von Yangdi Village bis Xingping Town, Einbahnstraße, wenn Fahrrinne sehr eng Steuerruder vorne für besondere Flachstellen und ein Ausguck-Mensch als Tiefenmesser, schrappen trotzdem einige Male den Grund, anschließend klarstes Wasser; es schneit sporadisch kleine ‚Styroporkügelchen', Zuchtenten leben frei im Fluss gelegentlich in ganzem Pulk, ‚Zahnberg', ‚Pinselberg', der Anblick verändert sich ständig, ich knipse und gucke und knipse - die Berge welche Künstler so oft veranlassten sie in Gemälden festzuhalten nehmen gefangen; wir gleiten ganz langsam, Kiesel rollen zur Seite, Böschung dicht bewachsen, auch mit größeren Bäumen, Häuschen stehen da: Frauen waschen Wäsche, bringen Wasserbüffel ans Nass; Bambus-Flöße, Hausboote von Kormoran-Fischern mit Entenzucht, Uferbefestigungsmauer, halbhohe Böschung durch Unterspülung stark ausgewaschen darüber Bäume, die Metallplanken an Bord schwanken stark unter jedem Tritt; ruhiges Mittagessen in abgelegener Flussschleife als Ankerstation, Idee und Essen sehr gut, z. B. die Tangsuppe - das warme Essen im Land ist medizinisch völlig unbedenklich da fast alles immer zuerst gekocht und dann noch gebraten wird, so etwas halten Bakterien nicht aus, verzichte heute nur auf Mini-Mandarinen in Litschi-Größe weil nicht schälbar - kaum Mahl beendet wird eiligst abgeräumt, wie üblich, dieses Mal auch die Tischdecke - rette was du kannst sonst ist es weg, gleichberechtigt wird von Frau und Mann in Uniform abtransportiert; Fluss „Li" (oder Gui) entspringt im Gebirge, wird im Sommer von Regen und Schmelzwassern aufgefüllt, im Winter Niedrigwasser, 437 km lang, mündet bei Kanton ins Meer, ein See wurde damit aufgestaut als Trinkwasserreservoir, Entnahme im Winter streng reglementiert, mindestens 5 000 Berge auf einer Strecke von 80 km; Bus-Rückfahrt: kurzer Einblick in ein Dorf am Fuß von Bergen: jede Familie hat sich einen 6 m tiefen Brunnen gegraben, Waschgurke dient als Seife, Kanalgraben - weiter: ‚Kneipe', manche Leute stehen oder hocken am Feuer, essen oder wärmen sich, nebenan wird Billard gespielt - es hat aufgehört zu schneien, ständig Roh- bzw. Neubauten im Gelände ebenso dicke rosa ‚Wutz'; zwei gegenüberliegende Berge durch Straße getrennt: rechts Statue Mann, links Frau, Wasserbüffel muffeln in abgeerntetem Reisfeld, Neubaugebiet - Siedlungen explodieren! Angelegter Teich, exklusiver Garten, wieder ein Teich, Bambus, schade - verhangen, na trotzdem viel zu sehen: Felder, Beete, Reisparzellen, an den Rändern üppiges Grün, zwischen Steinen Teiche; am „Li" entlang Straßenverkaufsstände für u. a. lange Glücksfahnen mit goldener Schrift auf rotem Grund zum Frühlingsfest, d.h. den Jahreswechsel vom „Hasen" zum „Drachen"; Mautstation, erneut auf der Hauptstraße, dieselbe Strecke mit sich an Feuern wärmenden Menschen, Verkaufstischen an den Seiten und dazu umfunktionierten Fahrrad-Anhängern, Getränke-Lkw voll bis zum Rand, es regnet; PP. in dafür vorgesehenem Steinhaus: ovales Porzellan-Loch mit Spülung, Türen

verschließbar jedoch normale Fensterscheibe - Anlass zu fröhlicher Heiterkeit! Maronenbaum, unser 'Pausenclown' quasselt ständig, am meisten mit dem Fahrer, Wuster-Wetter, Rassel-Bus und kalt, es ‚zieht wie Hechtsuppe', übrigens stinke ich nach Fisch vom Mittagessen her - passt! Leute mit Schirmen unterwegs, auf dem Fahrrad im Cape, Berge sind nun weg flach, Vorortgewühl - es schneit wieder mittelprächtig, Steinverkauf von großen hübschen Naturformen, Ziegelmäuerchenrand ist Begrenzung für den Fahrradstreifen, Stau, Matsch; größere Regenlachen auf dem abgetrennten Fahrradweg und daneben ebenso dem für Fußgänger, teilweise sogar tief, Stück Schlamm- und Schlaglöcherstraße, schmal und total verstopft - was hier alles herumfährt, der TÜV hätte seine reine Freude an Motorrad-Rikshas und ‚Dreirad-Töff-Töffs'; Mandarinenbäumchen, alter Feigenbaum; Fußbadangebot und -massage, sie gäben ihr Bestes gemäß überlieferter Erfahrungen - war nichts Professionelles wie behauptet, tat aber recht gut bis auf ein paar blaue Flecken; fahren hintenherum zum Hotel zurück, echtes ‚Schweinewetter', Straße wie Feldweg, Neubauviertel – Meenzer: „die Gass' is mei" in Fahrbahnmitte unterwegs; Hotelladen geschlossen, Mädchen am Klavier spielt: „Heut' kommt der Hans zu mir, freut sich die Lies"! Gestern zu satt und zu müde für die ‚eiserne Ration'-Bananen, heute sind sie dran, noch fest und herrlich aromatisch; sehr gute Zimmerreinigung hier und der Wannenstöpsel hält sogar das Badewasser, Duschstrahl zwar mager aber To fließt gut ab - man kann ja nicht alles haben! Klimaanlage abstellen, nicht mehr zugig, Heizung auch aus - zu kalt. - Tagesteppich im Aufzug „Monday" beschriftet stimmt nicht es ist Tuesday, Stein-Wahrzeichen der Stadt der „Elefantenrüssel-Berg": besonders geformter Fels mit ‚Rüssel' im Wasser und Pagode obendrauf; Hochhäuser, Altstadt abgetrennt, weiße Stupa, links Ladenketten, ein Geschäft mit Schwertfisch-Emblem; fahren über Land: Berge, Felder, Hütten, Karpfenteich, Allee, Nebenfluss des Li, heller Grünbewuchs sehr schöne Farbe, neuer Park und Vogelvoliere; ‚Zwerg'-Dreirad-Auto, über Fluss hinein in die Berge zur 300 Millionen alten „Schilfrohrflöten-Höhle" – entdeckt, vergessen, wiederentdeckt - eine von vielen, die längste erstrecke sich über 20 km, kaum eine erschlossen; der hier begehbare Tropfstein-Höhlenteil ist von gewaltiger Dimension: interessante Formen sehen aus wie Gletscher, Ziegenbartsäule oder Vorhänge aus Brokat mit Fransen - zwei riesige Hallen, die eine mit Teich in dem sich die Stalaktiten spiegeln, „Manhattan" (Shanghai), „Landschaft am Li-Fluss" - mir alles etwas zu bunt angestrahlt, ab und zu kleine Sinterbecken offenbar ohne Tiere, trockene Steinwege teils in Mosaik-Muster; im Sommer tropft Wasser durchs Gestein und baut die Gebilde weiter aus - nachhaltig beeindruckend - auch der Schnee draußen auf den Palmen, die Herde Wasserbüffel und die zum Kauf angebotenen ‚pfiffigen' Flöten; wieder auf Achse: eine Menge Kleinfahrzeuge, früherer Königspalast jetzt Pädagogische Hoch- und Kunstschule: Zeichnungen aller Art, steigen aus: Bilder locken zum Kauf - übrigens haben sämtliche Bildungseinrichtungen 20 Tage Winter- und 2 Monate Sommerferien; erneut im Bus: links am Fluss typische Hütten, Häuschen, noch mehr, langgestreckte zweistöckige Häuser mit dunklen rußigen Fassaden, Hausboote; Ampel-Kreuzung: bei Grün geht das Gewühl los, auf der Fahrt zum Flughafen neue Brücke mit Geländer alter Art und Figuren, Neubau-Hochhäuser verschiedenen Stils unten drin zum Teil urtümliche Geschäfte, auf der Straße wurde ein breiter Streifen freigelassen für Fahrrad-Gewusel und Stände; Strecke verläuft nun zwischen den Bergen, Mautstation, Höhen mit Grünüberzug unterbrechen blanke Stellen, am Horizont kann man schwach Hügel erkennen - nichts mehr; links jetzt mehrreihige Höhenketten, sie ziehen sich immer weiter in den Hintergrund zurück, hier wachsen zwei Sorten Zuckerrohr, keine Behausungen weit und breit - bis Vietnam dauere es auf der Autobahn 15 Stunden; Aufforstung gegen Erdrutsche auch Mauern angelegt, großes Feldareal, Flughafen: Neubau, Guilin ein Knotenpunkt, es steigen nur etwa zwei Dutzend Passagiere in die Maschine ein die aber noch halb voll ist - elegant offensichtlich, auch neu, jede vierte Reihe hat TV-Schirm, Schlager 'Komm ins Land der Liebe' unterhält uns, warten auf zwei die ihre Kamera liegenließen; hinten begleiten uns nun schemenhaft Flugplatzgebäude und ‚Zuckerhüte' zur Startbahn, Angaben in Meilen und Fahrenheit – nein, heute rechne ich nichts um! Enorme Baustelle, kleiner Ort auf Anhöhe hat klare Straßen wie auf einem Grundriss, hellgrünes Wasser mit Inseln, dunkelbrauner Bewuchs auf rötlichem Grund geht in Landmasse gleicher Farben über und hinein in die ‚Wolkensuppe' - aus; toll geheizt, Füße kochen, Film über Schulunterricht, im Angebot sind wieder Fanta-Orange-‚Bonbonwasser' und Tee, folienverpacktes feuchtes Tuch und „Mixed": gesalzene Erdnüsse, Erbsen, Mandeln; Wolkendecke reißt auf: Siedlungen mit viel Gegend, Fluss zieht große Schleife, schneebedeckte Bergkette in Sicht, ausgedehntes Gebirge - Überflugdauer mindestens 3x über die Alpen, langsam flacher, immer noch Gipfelzacken bzw. erneut Berge, mehr Wolken, Straße, Fluss, Bergzüge mit Schnee an den Hängen, noch einmal viel bräunlicher Fels zunächst sanft jetzt steil und schroff, es wird dunkelgrau, Vorhang zu - lange; Anflug auf Xian: heute ‚Wattebäusche' die hin und wieder eine ‚flauschige Decke' bilden mit dünnen Stellen darin wie im Moment, kurzer freier Blick auf Berge und flaches Land, fliegen in ‚Suppe', man drosselt die Motoren, gibt wieder Gas - schließlich Häuser, Straßen, bearbeitete Flächen überall, Flugplatz dahinter, Endstelle des „Langen Marsches" nahebei; chinesische Fluggesellschaften machen jeweils ein Geschenk, diesmal ist's ein Flaschenöffner - habe schon Flugzeugmodell und „Mongolische Liebeszeichen-Kugel" gesammelt, Landung 16.10 Uhr: Flughafen ein Jahr alt 40 km von der Stadt entfernt, eleganter Reisebegleiter in Anzug und Schlips nimmt uns in Empfang, Bus wartet bereits: Orte entstehen hier in anderem Baustil eher Lehmhaus-Form, Ebene sehr fruchtbar: Weizen, Mais, Süßkartoffeln, an Obst: Äpfel, Khaki, Granatäpfel, Datteln, außerdem Kohle-Tagebau, Gold- und Jadevorkommen in der Nähe; zwei riesige Erdhügel rechts bezeichnen eine neue Ausgrabungsstätte: Kaisergrab und das seiner Frau nebenan, Figuren 62 cm groß aus Löß, bemalt, Farbe noch sichtbar, Museumsgebäude werde errichtet, bisher für die Öffentlichkeit nicht zugänglich, Ausbeute sei noch zu gering; fahren über den „Hue", der in den Gelben Fluss mündet, Vergnügungsviertel links; Mao wird offensichtlich lieber als Befreier von den Japanern gesehen wie als Bürgerkriegs-Kämpfer; wenn eine Limousine hupt macht unser Fahrer ganz schnell Platz - doch nicht alle gleich? Stadion, Villen für Sportler dabei; **Xian** liegt in der Mitte Chinas und ist Hauptstadt der Provinz Shaanxi, hat

43 Hochschulen, Kultur-, Elektronisches-, Textil-, Bauernviertel, Schwerindustrie außerhalb; Zentrum: Quadrat von 600 Jahre alter Stadtmauer umschlossen, in ihr 1300-jährige Gebäudereste und ein Wassergraben, ca. 1,3 Millionen Einwohner, reger Handelsverkehr - über dem Nordtor steht die Sonne wie eine Orange, fertige Hochhäuser und welche im Rohbau Flachbauten, Läden, Garküchen, hohe alte Häuser in russischem Stil? Aha, von Russen gebaut - jetzt wieder chinesisch, Achsenstraßen Himmelsrichtungen gemäß; die meisten Städte sind Reißbrett-Konstruktionen, nicht schlecht, es erleichtert die Orientierung; Eingang zum sog. „Stelenwald" und einem Konfuzius-Tempel: Ehrenbogen dahinter eine Wand, Mönche gehen um das Tor „Teufel laufen geradeaus", alte Glocke von 700 v. Chr. Pferde-Skulptur von 400 v. Chr. - und wieder haben Federballspieler Spaß; im Stelenwald: schwerstes Buch der Welt besteht aus 140 Steinen von oben nach unten und von rechts nach links zu lesen, 1. Halle: Kung-fu-Texte, für die Schriftzeichen wurde Kalkstein mit dem Messer bearbeitet, durch Tusche präpariert deshalb sind sie dunkel, die alten Zeichen finden heute als Zierschrift Verwendung für Glückwunschkarten oder Ladenschilder, 2. Halle: Stelen überwiegend auf Schildkrötenpanzern angebracht, was steht darauf? Z. B.: Ernährung ohne Fisch und Fleisch möglich Gemüse und Tofu müssen sein, Stele über Nestorianismus - wahrscheinlich das einzige Dokument darüber, 3. Halle: verschiedenartige Schriftzeichen; nun ein Hof mit Grabverschlüssen dazwischen, 4. Halle: überwiegend Bilder-Stelen auch ein Konfuzius-Portrait - insgesamt Stelen-Auswahl; Geschäftsbesuch: bei Seidenteppichen besteht der Untergrund aus Seidenfäden, die unterschiedlichen Muster richten sich nach der Familientradition, ab dem 8. Lebensjahr bringen Mutter und Großmutter die Mädchen zur Arbeit mit, Teppiche werden geknotet wie bekannt, je mehr Knoten desto besser die Qualität, für manche Stücke braucht man sechs Monate für andere zwei Jahre, nach der Fertigstellung kommen sie dreimal zum Waschen; oben im Haus: Möbel, Paravents, Seidenstickereien und Jade-Figuren , -schnitzereien, Dosen, Bilder - wunderschöne erlesene Stücke, alles viel zu teuer deshalb ‚Augenkauf' für mich; weiter: Vorbeifahrt am „Kloster der Gnade und Barmherzigkeit" von 648 n. Chr. das Sohn für Mutter baute; „Wildgans-Pagode", es gibt eine kleine und eine große, letztere ist das städtische Wahrzeichen und über eine steinerne Schräge mit verdickten Querstreifen statt einer Treppe zugänglich, um sie ranken sich einige Anekdoten u. a. die Erinnerung an das Reiseerlebnis des Mönchs der den Buddhismus brachte; Stadtmauer: am Eingang, rechts Glockenturm = Tagesturm, das Schlagen der Glocke verkündete die Öffnung der Stadttore - ist auf, links der Trommelturm ist zu, er trat in Aktion bei Schließung der Stadttore; Gebetshalle mit drei Buddhas, auf den Steinstufen davor künstliche Blütenkisschen zum Niederknien, in nächster Halle ein Buddha der über Himmel und Hölle entscheidet, ehemals standen hier mehrere Pagoden, eine davon trug den Namen „Sutra-Pagode" und war errichtet worden um Schriften aufzubewahren; neu (eingekaufte) „eingeladene" weiße Jade-Buddhas aus Burma im Gelände, Mönche leben von Blumenzucht und Spenden. - Es hat sich enorm viel geändert, der Tourismus ist offenbar als willkommener Erwerbszweig entdeckt und diese Quelle bewusst

erschlossen worden, etliche Antiquitäten religiöser Art wurden allerdings in der Kulturrevolution beschädigt oder zerstört, man sucht jetzt danach, restauriert und ergänzt - sowohl Bauten als auch Statuen, Reliefs, Gemälde, die Gärten richtet man wieder her, Erschließung wird gleich dazu geschaffen mittels entsprechender Infrastruktur, fleißig wie Ameisen haben die Chinesen Straßen gebaut, neue Flughäfen, Hotels - ein bisschen hastig scheint mir, zudem überrascht mich dass im Umgang miteinander von Seiten der Chinesen keine spürbaren Vorbehalte mehr existieren: Europäer, Amerikaner, Asiaten gehen in dieselben Restaurants benutzen die gleichen Verkehrsmittel und - der ständige Reisebegleiter und wir essen oft zusammen am Tisch - vor 14 Jahren waren wir fast immer unter uns, Ausnahmen kamen nur zustande wenn es sich gar nicht vermeiden ließ; es wird aber noch genau ausgewählt was wir sehen dürfen/können, manchmal behindert dann Zeitmangel dort die Bewegungsfreiheit; hier großer Anteil altchinesischer Gebäude, wieder ein Lokal „Feuertopf", Provinz-Partei-Komitée Glaspalast, rechts Hochhaus-Straße, Hochschule für Straßenbau mit seilschwingender Mädchenstatue davor, Bibliothek-Neubau, das Stadion hat 50 000 Plätze, Essen im Hotel an der „Kleinen Wildgans-Pagode" ohne Nachtisch - enttäuschend, Film nachgekauft; Xian ist Schwerpunkt der chinesischen Trommler mit den besten Trommler-Zügen; bunte Laternen gibt's fürs Lampions-, rote fürs Frühlingsfest und neuerdings an Stelle von Bargeld zu Neujahr eine Geldkarte, eine Art Kaufhaus-Gutschein, Mitteilung: An Feiertagen müssen sich die Menschen in der Regel zu Fuß bewegen, wenn alle frei haben geht sonst nichts mehr, an bestimmten Orten kontrolliert die Polizei, verbietet den Zutritt droht die Übersicht im Chaos zu versinken, z. B. in Shanghai an der Uferpromenade, man müsse einen guten Grund für den Einlass „er"-finden; 13.30 Uhr Anfahrt zur „Terrakotta-Armee": links Hochschule für Bergbau, dann Hochhäuser verschiedener Stile auch aus abgerundeten Elementen, Mittelteil zurückversetzt, Veranden oder Balkone übereinander, Zementplatten, ansonsten überwiegend Glas, Pagoden-Dächer, ebenso alte vierstöckige Wohnbauten, Häuser mit offener Treppe zum nächsten Stockwerk - alles zum Ausprobieren wie's aussieht, Hochschule für Technik und Industrie; weiter auf der Straße die wir bereits kennen aus der Stadt hinaus, wieder Maut bezahlen, gefrorene Wasserstellen, links Bauerndorf, viel Mistel auf den Bäumen, Rebenfelder; rechts Ortschaft deren Häuser teilweise noch aus Lehmwänden sind, in 1 – 2 km Entfernung Friedhof mit ab und zu Einzelgräbern; Höhlenwohnungen werden nicht mehr geleugnet, da gut temperiert behält man sie gerne bei, bringt Komfort hinein wie TV, Kühlschrank etc.; Granatapfel-Plantage, Neubau-Siedlung, großer Werbe-Papp-Granatapfel - erhalten Information über Falschgeld: Scheine haben zwei Lagen die aufgehen und der Blindenschrift-Punkt fehle, kaum Knittergeräusch - wichtig falls jemand auf der Straße Geld einwechselt; Ankunft an antiker Grabanlage: Eingang nun seitlich der großen Zugangsstraße - mit Chip-Karte (!), an den Rändern stehen geordnet feste Verkaufsstände, Nudelküchen als Imbisshallen, Künstler sind am Werk, Platanen-Mittelstreifen noch da, 1. Halle: ebenfalls Zutritt über Seiteneingang, Plattform-Gang, nach Treppe Flur mit Schautafeln ausgestattet, Laufgänge an drei Seiten und Info-Kästen, ein Steg führt in die Ausgrabungszone hinein, Kette dran, - zu; Ton-Soldaten stehen in echter Kampfformation, Figuren nach ihrer Freilegung bereits zweimal restauriert, leiden darunter ständig der Luft ausgesetzt zu sein; zweite Hallenhälfte nun genauso erschlossen: vorne 8 Reihen à 5 und 3 Reihen à 10 Figuren dazu 5 Pferde mit Schutz wie Schleife auf der Stirn unterhalb der Ohren - wirken richtig lebendig, noch ca. 100 zum Teil stark beschädigte Soldaten, nach nächstem Wall je 12 Figuren in 3 Reihen; Archäologen sorgen für Absperrungen, einer sitzt am Tisch arbeitend mittendrin, hinter ihm 8 Krieger und 4 Pferde fast fertig wiederhergestellt - nicht ganz, bei einem Ross ist der Schweif abgebrochen; Erdbebengebiet, angeblich daher die massiven Zerstörungen, aber auch erhebliche Unruhen nach dem Tod des ersten Kaisers, Ursache vor allem für die Brände dadurch Schwarzfärbung mancher Figuren - las ich kürzlich, jedenfalls sind sie erhalten, Waffen größtenteils geplündert alles war nur bis zu 5 m tief verschüttet; Gelände großzügig angelegt, mehrere imposante Gebäude errichtet inmitten von Grünflächen mit schönen Bäumen, Ziergemüse und einem Springbrunnen, der allerdings z. Zt. außer Betrieb ist, 2. Halle: echter alter Ziegelboden, 68 Tonfiguren leider auch ohne Farben, war Kommandostand, Grube knapp 10 m tief, überschaubare Ausmaße dennoch atemberaubend und großartig, Rampenzugang wie in Halle 1; Verkaufshalle: explodierte Andenken-Industrie - ich fasse es nicht, es gibt alles: bemalte Krieger in Originalgröße, Jadeschiffe, Pferdewagen, Porzellan, Textilien, Schattenspiel-Puppen aus Rindsleder, Gediegenes und Kitsch - Brunnen-Landwirt-Entdecker zur Berühmtheit hochstilisiert schreibt Autogramm in gekauften Bildband, ich mache Notizen, werde danach gefragt, erzähle auf Englisch dass ich einen Bericht schreibe und darf deshalb ausnahmsweise die Soldaten-Figuren fotografieren „che-che"! 3. Halle: etwa 150 m lang, ganz neu, glatte Gehplatten - nicht so gut, ca. 2 000 Ausgrabungsstücke werden erwartet, da steckt ein Pferd in der Wand sein Hinterteil guckt raus, Holzbalken liegen über den abgeteilten Armee-Räumen die bearbeitet werden, brechen leicht, betreten daher nur mit dünnen Schuhen und auf Kissen erlaubt, Erd-Abtransport per Hand in den üblichen Flechtkörben - mühsam und zeitraubend; ein Hauch von Farbe an etlichen Figuren, aber alle die man bisher ausgegraben hat haben Brandspuren, Oberfläche noch geschlossener Grube: Lehmwellen, hohe Trennwände, dazwischen Eingesunkenes, 4. Halle: wurde am 06.11.1999 eröffnet, superelegantes Museum edles Material verbaut, ausgestellt u. a. Panzerrüstung aus Türkisplättchen mit Bronzehaken untereinander verbunden 18 kg schwer, Reisewagen mit zwei Arbeitspferden in der Mitte und je einem Richtungs-Ross an den Seiten: Metallzaumzeug, Gefährt schmal, mit Dach, zwei Rädern. Fahrer (Kaiser) stehend und ein Wagen ähnlicher Art mit sitzendem Lenker, dieser Aufbau, oval und überdacht - Nachbildungen in etwa halber Lebensgröße, Speichen entsprechen Anzahl der Tage eines Monats; Erhaltung der Ausgrabungen verursacht Probleme z. B. bezgl. Raumtemperatur und Luftfeuchtigkeit. Erneut unterwegs: auf einmal nachgebaute Pyramide und Sphinx - doch Herr W. erzählt wieder von seiner Bergtour in Patagonien; Apfelsinen-Sonne, an der Autobahn überdimensionale Plakate und eine große Frauenstatue in anmutiger Bewegung; Lichtverhältnisse werden schlechter, Polizeiwagen sorgt für freie Fahrt irgendeiner Prominenz, am Ende eines Fahrbahn-Zwischenstreifens Unmenge Obst zum Verkauf aufgeschichtet,

Motorradladen, riesiger Kreisel, rote und blaue Blocks mit Vorbauten, Straße läuft durch, wieder hässliche ‚Klötze' 14 bis 18 Etagen hoch, dann Erdwall-Siedlung; erfahren etwas über die Nord-Süd-Grenze die der Jangtsekiang bildet: im Norden wird Weizen gegessen besonders in Form von Maultaschen-Variationen, im Süden Reis und teilweise Chili-Scharfes - vom Norden ein wenig verächtlich als „Kanton-Küche" bezeichnet, angeblich „isst man dort alles was vier Beine hat und kein Tisch ist"; Wohnsitzverlegung nur aufgrund einer Zuzugserlaubnis möglich, gilt im ganzen Land, das soll die Bildung von Slums vermeiden helfen; Abendfahrt: Stadtmauer-Silhouette in Lampiongirlanden nachgebildet, auf dem Original ist Lampionfest mit Getränkeständen, Spielangeboten usw., Glocken- und Trommelturm, hohes Haus hat zwei dicke Säulen, im Zentrum geräumiger Südtor-Platz mit Reklametafeln, rundum alte Sporthalle; steigen aus um Islamisch-Chinesischen Markt in deren Viertel anzusehen: laufen auf uralter Straße aus großen viereckigen sauber verlegten Platten, Schule, übliche Geschäftigkeit, im Angebot vor allem Lebensmittel, Süßigkeiten, Gegartes, aber auch Läden vorhanden die Pinsel verkaufen; Brennmaterial ist Presskohle wie dicke runde Lotosbrocken mit Radlöchern, die „Hue" hier haben einen guten Ruf: Waren immer frisch und die Leute seien ehrlich; das Hotel hier hat hübsche Lobby: kleine Glühbirnen-Girlanden wie Bänder aus Blütenblättern, in Kronleuchterform rot, gelb und grün, durchhängend an den Emporen befestigt, außerdem funktioniert der Kartenschlüssel perfekt - na also, geht doch! 5.30 Uhr aufstehen, Blick aus dem Fenster: langgestreckter Innenhof, an offenem Feuer wärmt sich ein daran hockender Mensch die Hände, der ist also auch schon wach - Frühstück um diese Zeit? Kaum, also ab zum Flughafen: Tankstelle mit verschiedenartigen Trauben-Kugellampen, viele mögen es arg bunt nicht alle - da runde Höhlenburgen mit mehreren Eingängen, Mittelteil Moschee ähnlich; ‚es graut den Morgen' pünktlicher Abflug um 6.40 Uhr Xian „sei chien" (auf Wiedersehen); Sitz in der Mitte erwischt nichts mit Gucken, Sonnenglanz wahrnehmbar und zeitweise Gestank von Abgasen, ein Bildschirmchen da vorne zeigt Film über den Tag eines Lehrers - kennen wir schon; Fahrgestell raus, sehr langer Sinkflug, Lautsprecher-Begrüßung zur Ankunft in der Hauptstadt mit drei Verbeugungen, Temperatur wechselt dauernd zwischen Bullenhitze und Kühle - wir sinken immer noch, Hochhäuser in Sicht, Pappeln, Ankunft um 10.05 Uhr in Halle des am 01.10.1999 eröffneten „Capitol Airport": in der Eingangshalle ein großes Bild vom „Himmelstempel", je eine 'Apsara' zur Seite, darüber eine Taube - wirkt! Personen-Bus da, Kofferbus fehlt noch, jetzt los: Fracht-Flughafen extra, Maut-Station hat sehr schönes riesengroßes altchinesisches Tor, in ganzer Breite bemalt, Hütte am Fluss, fahren über ihn, fest zugefrorener Teich, Dorf von Mauer umgeben, Autobahn von 1993, Höchstgeschwindigkeit 110 km/h, Grünstreifen trennt die Fahrbahnen, wieder Rosa-Schweine-Transport; auf dritter Ringstraße Glaspalast und Hochhäuser, hier gibt's u. a. 'Kempinski', 'Sheraton', 'Siemens', 'Lufthansa', 'Deutsche Bank'; Hotel mit 52 Etagen davon zwei unter der Erde, Höhe 210 m, Swimming-Pool, Massage-, Saunaräume und mehr, freue mich auf Freund und seine Familie. **Beijing** = Nordstadt, von Bergen umgeben, öffnet sich nur nach Süden hin zu einer Tiefebene, die Stadtausdehnung entspricht der Größe des Saarlandes, hat knapp 12 Millionen Einwohner und 10 Millionen

Fahrrad-Steuerzahler, 1,5 Millionen Autos davon 1/3 in Privatbesitz, 70 Universitäten; löse mich gelegentlich von der Gruppe für geruhsameren Teil der Reise, treffe mich mit Freund Li, seiner Frau und Tochter, gehen gemeinsam zum Mittagessen, Reste werden selbstverständlich mit nach Hause genommen - verabreden uns für anderntags erneut, ihnen und mir angenehm; zwei Stunden fest geschlafen, 18.30 Uhr Abfahrt zur „Peking-Oper" wegen des Neujahrsfestes vorverlegt, im kulturellen Zentrum enorme Auto-Parkfläche, etliche schmale ‚Ein-Mann-Rolltreppen' bringen Ankommende nach oben, ähnlich wie in Shanghai, dann direkter Zugang zum Theatersaal durch Souvenirladen, Foto-Angebot zusammen mit Opern-Akteuren gegen Dollars; Aufführung in nüchterner steriler Räumlichkeit, lediglich drei Masken an einer der sonst kahlen grauen Wände; Bühne, abgeteilter Bereich für Essensgäste, ständiges Kommen und Gehen kein Problem, Dauer ca. 1 1/2 Stunden: drei Geschichten, Ausschnitte aus eigentlicher Oper, erste: die eines Generals aus der Tang-Zeit der Häschern zu entkommen versucht - kleine Gags eingestreut, zweite: eine Himmelskönigin reist auf die Erde um Korrupten das Silber abzunehmen - buddhistischer Bezug - schriller Gesang der Dame obwohl sie kein Dirigent mit dem Stock bedroht, sehr gewöhnungsbedürftig, Männer aus unserer Gruppe flüchten, dritte: wieder Krieger-Szenen, Speer- und Bodenakrobatik eingebaut; Bühnenhintergrund: roter Drache (Kaiser-Symbol) rechts, links blauer Phoenix (Kaiserinnen-Symbol), kleines Orchester: altes Zupf- und Streichinstrument, Flöten auch eine Querflöte, Schlaginstrumente - ein Orchestermann kämpft ständig mit dem Vorhang den ihm ein Luftzug entgegenweht - Textil-Bildschirm beiderseits in Englisch beschriftet, Wechsel häufig viel zu schnell; anderntags wird erklärt dass die Original-Peking-Oper zwei Stunden dauert, mit viel von dem Gesang der unsere Ohren peinigt, darum für Touristen ausgewähltes Teilchen-Angebot, akrobatikgewürzt - finde es trotzdem schade. Neuerung: im Bad muss das To-Papier nicht mehr in vorgesehenem Extraeimer entsorgt werden, es ist der wichtigste Raum wegen des Präparierens vom Wasser zum Zähneputzen und zum Trinken, traue wie die Einheimischen den Leitungen nicht, in jeder vernünftigen Wohnung befindet sich ein gesonderter Wasserbehälter, Obst wird abgewaschen und geschält - überm Waschbecken gegessen falls es tropft, so auch die mir geschenkten Kiwis in Kokosnussformat. - Prima geschlafen trotz Klimaanlage-Zugluft und handfester Erkältung, Frühstück bei Beethoven-Symphonien im „Café Renaissance", wieder reichliches Angebot: verschiedene Brötchensorten, portionsverpackte Butter, Becel, Marmelade, Honig, Plunder- und Blätterteig-Teilchen, Säfte. Obst und Warmes - und und, anschließend Fahrt zum „Silvester-Essen" nach dem Mondkalender, unterwegs „Kentucky Fried Chicken", „McDonald's" natürlich, aber auch „Mozarella-Italiana" und ein Bau à la 'Lomonossow' nur niedriger ca. 40 Jahre alt, Militärmuseum - wo sind eigentlich die an jeder Ecke kauernden Lesenden geblieben die mich bei meinem ersten Besuch so faszinierten? Bin bei ‚meiner' chinesischen Familie: warmherzige Gastfreundschaft, übliches Treffen fast aller in der Küche zur Essensvorbereitung, auch Maultaschen herstellen: rundes Teigplättchen aus Schüssel füllen, überklappen, Rand falten, Ergebnis sieht wie Kappe mit hochstehender Krause aus - meine nicht, zur allgemeinen Belustigung fallen meine Ränder immer wieder um -

ich geb's auf! Das Essen besteht wie gewöhnlich aus Fisch - nur mit Gräten echt, Fleisch ohne Knochen wäre ebenso ungebräuchlich, Gemüse und Tofu jeweils in mindestens zwei Variationen, die gefüllten selbstgemachten ‚Ravioli' und zwei Sorten eingelegter Wachteleier; bekomme besonders gute Bissen zugeschoben, Getränke sind Wein oder Saft, Tee, ständig aufgetischt sind Nüsse, Bonbons, Obst – erfahre, langsam zu essen sei wichtig damit jede Falte des Magens ausgefüllt wird, für mich angenehm, das entspricht meinem normalen Tempo; reden über 'Gott und die Welt', Fußball, Autos, Naturkatastrophen, Finanzen, Buddhismus, Christentum und - hohe Schwellen an Wohnungs-Eingangstüren gegen böse Geister die nur am Boden kriechen können, „Peking-Oper", 'Meenzer Fassenacht', Gesundheitsprobleme, scharfe Speisen und Hühnerbrühe - wie? In Deutsch, Englisch, mit Händen und Füßen und Chinesisch - letzteres ohne mich; übrigens heißt in China Deutschland „deguo" übersetzt „Land der Tugend und des Anstandes", hoffentlich benennen sie uns nicht so bald um; Zusammensein zu Ende, Herr Li fährt mich zurück ins Hotel, er zeigt mir unterwegs das „Jahrhundertwechsel-Altar-Monument" - kolossal: Stufenrondell mit in Absätzen schräg nach oben verlaufendem stumpfem Horn, eingeweiht anlässlich der Rückkehr Macaos, geschlossen da noch nicht ganz fertig; weiter durch die erleuchtete Stadt, „können wir morgen den Tempel „Zur Arzurblauen Wolke" besuchen" frage ich, er nickt, „prima"! Finde im Informationsheft des Hotels die Nachricht Musikanten aus München spielten im „Yangtze New World Hotel" Shanghai auf dem dortigen Oktoberfest 1999 - Sachen gibt's! Im Fernsehen sei heute Abend tolles Programm hatten die Freunde gemeint: Show, Show und rhythmisches Klatschen – och, wie umwerfend, bin gespannt auf morgen! Song (phon. Sung) fährt mit mir im geliehenen Auto zum bereits erwähnten Tempel der in den Bergen liegt, auf dem Weg eine Reihe von Bienenkästen, hinterm Eingang an der Treppe Löwen: der männliche rechts mit ‚Globus'-Ball symbolisiert die „Einheit des Imperiums", der weibliche mit kleinem Nachwuchs links „Blühendes Gedeihen", 1. Halle: Zwei Himmelskönige die böse Geister abschrecken - sind durchaus dazu geeignet, 2. Halle: Buddha mit zwei Reihen à neun Schülern die Glauben verbreiten, 3. Halle: die der 500 Buddhas, wurden zusammengetragen und jeder hat eine andere Bedeutung, Figuren aus Lehm über Holzrahmen oder vergoldet zum Teil restauriert, beeindruckend! Buddha mit weiblichen Gesichtszügen ist fähig zur Geburt eines Sohnes zu verhelfen, Fisch ist Transporteur über die Wellen des Wassers zwischen Himmel und Erde - wieder einmal; weiterer Aufstieg hinauf zur Pagode, Stufen darin führen zur Plattform mit Stupas und Ausblick; haben wir Zeit für einen heißen Tee, wäre jetzt angenehm - ja und erhalte vom Ladeninhaber ein Frühlingsfest-Geschenk; Rückfahrt am Botanischen Garten und Zoo vorbei zum „Tian'anmen", der sog. Obelisk ist für mich ein Turm, Botschafter-Viertel, alter Bahnhof, Einkaufsstraßen-Halle; Kohlenhügel, Name von seiner ursprünglichen Entstehung her, dem Heizmaterial für die Paläste der Verbotenen Stadt auf die man von hier aus einen sehr schönen Blick hat, durch Goldwasserfluss geteilt? Ah, fließt davor, daher die Brücken und innerhalb unterirdisch - welchem „schwarzen Drachen" drückt das Meer sein Flusswasser von der Bo-Hai-Bucht 30 km aufwärts zurück? Das ist der „Qian Tiang Jiang" sagt Herr Li, im Pavillon ein prächtiger neuer Bronze-Buddha - Überraschung gelungen! Unterwegs gibt's einen für Kinder angelegten Vergnügungspark zu sehen; die Tochter spielt daheim auf dem Klavier Werke von Bach, Mozart, Beethoven, Song und Frau stellen unabhängig voneinander fest dass ich mich in all den Jahren nicht verändert hätte - Kompliment? Er und ich sehen uns an, er grinst „ich weiß was du denkst", sage ich, da lachen wir beide; zum Abschluss „Peking-Ente" essen: entsprechende Vorspeisen, auch Lotos-Räder knackig jedoch ohne Eigengeschmack, knusprige Fleischscheibchen in Sojasoße schwenken, Reis-Crepe damit einstreichen, Streifchen Frühlingszwiebeln dazu, drei Seiten einschlagen - essen, alles mit Stäbchen? Sieht bei den Anderen sehr gekonnt und elegant aus, ich nehme die ‚Gottesgabel' zu Hilfe und lasse mir ab und zu von 'grand daughter' vorgefertigte Taschen schmecken. - Abschiede sind scheußlich, nichts wie weg und Koffer vorrichten; 9 Uhr geruhsam frühstücken aber auf Teller und Tasse aufpassen - wie immer, selbst mit Inhalt wird sonst letztere ruck-zuck abgeräumt, ungemütlich diese ‚Aufmerksamkeit' sonstiger Service häufig mau, Bedienstete stehen etwas hilflos herum, auch im Weg - ungeübt, kommt wohl noch, es tat sich bereits so Vieles, heute als musikalische Untermalung die 'Peer-Gynt Suite' und zum Schluss 'La Mer'; Resteigentum aus Zimmer und Bad in den Koffer, zum letzten Mal einpacken, ihn zuschließen, Nachbar-Kavalier schnürt sicherheitshalber einen Gurt darum und - ab vor die Tür; Abfahrt zum Flughafen gegen 12 Uhr, noch Zeit für einen Spaziergang 'um die vier Ecken', allein, mit Kamera fotografieren was man will unbehelligt von ‚Bemützten' - und keiner spuckt mehr, nirgends! Fühlte mich hier nie fremd, diesmal erst recht nicht, laufen irgendwo Menschen zusammen mische ich mich neugierig unter sie, recke meinen kurzen Hals um zu erspähen was es da zu gucken gibt - in China hat sich so viel geändert! Frauen haben immens an Selbstbewusstsein und Eigenständigkeit zugelegt, sie prägen durch individuelle Kleidung und Frisuren ein vielfältiges Straßenbild und es ist nun durchaus möglich dass eine verheiratete Frau ohne Mann oder Kind, mit der Freundin in ein Lokal zum Essen geht. Koffer noch oben? Reiseleiter erbarmt sich, die anderen waren Selbstversorger, auf der Fahrt: 'Caltex', 'VW', 'Ford', Fächer-Reklame in Wechselbeleuchtung, 'Carlsberg', 'Samsung', „Great Dragon Telekom", an Hauswänden kleben Ventilatoren für die Klimaanlagen, zugefrorener Kanal, Pappelallee, erneut breiter Baumstreifen, Bestand nimmt weiter zu, Wäldchen; Sonne strahlt von blauem Himmel, verharschter Schnee und Eisreste überall, ab und zu kleine Vogelschwärme; 'Mitsubishi', Kanal mit Wasser, bekannte Mautstelle, Flughafen: „wenn Sie Hilfe brauchen" - ich beim Einchecken wirklich nicht, im 'Duty Free' belgische Schokolade in Kartons mit Pandabären darauf - lieber original chinesische Bonbons für die letzten Yuan, geht nicht ganz auf, Geld übrig, mitnehmen? Niemand fragt danach, kein Ausfuhrverbot mehr? So, so - ca. 15 Uhr erheben wir uns in die Luft für die nächsten 10 Stunden 25 Minuten: Fensterplatz, aber direkt über der Tragfläche, schade: zunächst schroffe Berge dann bewaldet, Ansagen wieder viersprachig sonstige Reise-Erklärungen auf Bildschirm, z. Zt. Geschwindigkeit 650 km/h Höhe 5 000 m Steigflug Richtung Ulan Bator - demnach gleiche Route wie Hinweg: verschneite Berge, Flachland, dichtes Weiß überall, nun breiter weißer Wolkenstreifen darüber ein Türkisstrich und klarer blauer Himmel, 824 km/h Höhe 8 382 m, Eiskristalle am Glas des äußeren Fensters; lange Zeit weiße Einöde, dazwischen kleine dunkelbraune Erhebungen - sehr lange, jetzt mehr Ebene, danach eher gebirgig, ganze Rücken, Ortschaft, Berge werden beachtlich höher sind aber ohne Schnee nur Täler und Becken haben welchen - keiner mehr, auch nicht an den Hängen, riesige Bergketten quer über die ganze Breite des Areals bis zum Horizont, senkrechte Zacken kommen dazu, majestätisch wuchtig schroff - wunderschön anzusehn, da kann man einfach nicht schlafen wenn's auch vernünftig wäre; zunehmend flacher und mehr Schnee, parallel verlaufende Höhenzüge wirklich recht hoch aber gering verschneit, Ulan Bator überflogen Richtung Nowosibirsk eine Bergkette neben der anderen, lange tiefe Senke massiv schneebedeckt; Schneekessel; 809 km/h Höhe 8 534 m, flacherer Teil, jetzt gewellte Hochebene, am Horizont hohe gezackte Gipfel, kommen näher, dahinter noch höhere dann einheitliches Weiß, ausgedehnte niedrige Fläche wie gefrorener See, Schnee- und Eislandschaft in Wellen, von Zacken unterbrochen, schattige Furchen, sehr breite, Tiefebene folgt, Flecken dunkel und welche aus Eis, Gebirge - so weit das Auge reicht, meistens mit dicken weißen Schneekappen versehen, mindestens schon 1 1/2 Stunden dieser Anblick, ich klebe an der Scheibe - tief verschneite Reihen lösen ab, flacher, Wolkendecke aus ,Schäfchenwolken'; amerikanischer Film mit Pierce Brosnan in der Titelrolle: Indianer-,Rührstück', fliegen vom Mittag in den Mittag dann ganz langsam in den Nachmittag hinein, an Nowosibirsk vorbei nach Omsk, Wolken lockern auf, Schneegebiet meilenweit, großer See (?) in Form von fliegendem Vogel mit dickem Schnabel und einem kurzen Flügel ohne Endfedern; Abenddämmerung beginnt, nach und nach wird's grau in Grau, brauchen noch fünf Stunden bis Zürich ungefähr, die Hälfte der Fahrzeit ist geschafft, nun Strecke in hellem Sonnenglanz dann wieder grau - es zieht, auch innen zwei Eisflecken; ein englischer Spaß-Film läuft, alles arg unsinnig, Kopfhörer überflüssig, von Abendrot zu Abendrot über sanfte weiße Wolken ,Brandungswellen' - aha wir wackeln etwas, wieder Gleichmaß, erneut unruhig und grau abgelöst von blauem ,Meer' mit weißen Schleierstreifen, Durchblick auf dunkles Land mit weißen Klecksen, zwei große Straßen, viel ,Watte' darüber, kaum etwas zu erkennen - zu; haben bereits Moskau hinter uns, jetzt über 10 000 m hoch Geschwindigkeit kaum verändert, graue Decke kurze Sicht auf Schneelandschaft; Zeichentrick-Film, auch nicht gescheiter, Sandwich tröstet und mein Wasser aus „Frühlings-Geschenkfläschchen" erfrischt - kein Saft- kein Teeangebot, komisch - draußen: dunkelgrau und gelber Streifen, nun erneut Grautöne und blendendes Weiß - auf einmal Festbeleuchtung mitten in der Nacht, 23.30 Uhr nach Peking-Zeit: Fleischsalat, Käsebrötchen und endlich Tee - merkwürdige Einteilung; keine Sterne mehr am Himmel, dunkles Meer mit weißer Insel, noch mehr ,Inseln' nahe Wien, weiße ,Schlange' und ein Licht, noch eins: Prag, Karlsbad, Flugzeug auf dem Monitor rückt 2 mm Richtung Marienbad; draußen unten dunkel oben hell, Heilbronn, Bregenz, Friedrichshafen, die Lichter da unten sind von dort, Fahrgestell raus, noch 10 Minuten beleuchtete Städte - wir landen in Zürich; die Gruppe in Peking schon um zwei Verlängerer und zwei Hongkong-Besucher dezimiert stiebt völlig auseinander, ich bin die einzige die nach Frankfurt müssen will, Suche nach Weiterflug-Gate schnell erledigt: ,halbe Weltreise' bis zur Startbahn, rollen unmittelbar an ‚unserer' Landebahn vorbei - wolkenlos ca. 8°C, Abflug etwa 20.50 Uhr Ortszeit: dicht besiedelt, Rechtsschwenk über die Stadt, Höhe von 6 100 m erreicht 45 Minuten Flugzeit - so kurz? Deshalb bereits die Anweisungen zur Vorbereitung der Landung von der Stewardess die anscheinend einen Wettbewerb im Schnellsprechen gewonnen hat, Ankunft etwa 21.30 Uhr nach erneut guter Verpflegung und routiniert sanftem Aufsetzen; Wand-Fächer-Geschenk ‚meiner Chinesen' sowieso schon unhandlich gewesen bringt noch Zollkontrolle ein, aber wenigstens ohne Kofferöffnung - danke, bin froh dass der zerwühlte ‚Gruschel'-Koffer zubleibt; Nachbar da - wie schön, rasche Heimkehr, gegen 23 Uhr zu Hause, tastend duschen und ins Bett, wie lange war ich gestern wach - so an die 20 Stunden, atemberaubende Landschaft vertrieb den Schlaf.

Das war eine herrliche Reise mit Eindrücken die unendlich bereichern, bin dankbar für Gesundheit und Finanzen die das zuließen; lese gerade in einem „Kurz-Reisen-Infoblatt" die Warnung vor innerchinesischen Flügen, sie seien u. a. im Moment die unsichersten - muss lachen ‚unsere' Maschinen waren tip-top, meistens total oder fast neu. Eigentlich wollte ich mein museumsreifes Hütchen nach dieser Tour, auf der ich es noch weniger schonte als sonst, ausrangieren aber - nachdem der Neffe meines Freundes, ein ganz junger Chinese, so viel Bewunderung für es aufbrachte wird's gewaschen und gestärkt, erstrahlt in neuer Frische und bekommt das ‚Gnadenbrot'! - Anmerkungen zur Sprache erfolgten im ersten Reisebericht.

Tour nach Bregenz zu den See-Festspielen (Anfang August 2000)

'Ein Maskenball' ist ausgewählt, Anreise von sechs ‚Figuren' plus Fahrer in bequemem Kleinbus, Abholung vor der Haustür und die Sonne scheint, rechts hängt ein Gewitter aber wir fahren ja davon weg; Sonnenblumenfeld, Getreideäcker die größtenteils abgeerntet sind, weiter Blick in die Landschaft, auf Hügelkamm, Windräder, Gelände nun gewellt an Hangseite Weinberge, ein Auto mit Wohnwagenanhänger und Fahrrädern unterwegs - alles dabei! Sonne und Wolken wechseln, ohne Sonnenbrille unangenehm, vor uns geschlossene Wolkendecke jetzt mit wunderschöner Strahlenbahn, gegenüber noch blaue Flächen, Bergkette bei Kaiserslautern auf der gleichen Seite, links wieder mal aufgelockerte Wolken und helle Strahlen; schöne Strecke: auf beiden Seiten Bäume mit breiten Ästen, Baumstreifen wird breiter, Birken mischen sich darunter - diese hellen Sonnenstrahlen auf tiefgrauer Wolkenschicht! Decke zu, alles grau Sonnenbrille ab in die Tasche, sind vor Ludwigshafen, hässlicher Lärmschutz wird von hübschem Grünzeug mit weißen Blüten überwachsen, überqueren meine Lieblingsbrücke - die Hängebrücke nach Baden-Württemberg lt. Schild, mit den roten Stahlträgern, links „SUBA" und Moschee; Pause um 9.30 Uhr in „Raststätte Hockenheim", bin noch zu verschlafen um den Kakao zu finden, Angestellte meint freundlich ihr gehe es morgens genauso nur sie wisse halt wo er sei und stellt mir einen Becher unter den Hahn vom Automat - danke! Himmel hoch, geschlossene Wolkendecke, ein Raupenmäher schneidet das Grün im Chausseegraben ab - das geht doch gar nicht der muss doch kippen, tut er aber (noch?) nicht; dichter Wald, Augen freuen sich am frischen satten Grün, Grau der Wolken franst aus, es wir hell teilweise grell weil der Dunst reflektiert, Augen tun weh, Sonnenbrille wieder raus, flaches Stück, begrenzt durch bewaldete Hügelstreifen die nebelverhangen, Kanu-Transport, rechts Kühltürme (von Atommeiler?), hohe Schornsteine Industriezentrum, Neckarsulm, Neckar; auch hier steht kein Getreide mehr, lauter Stoppeläcker, Maisfelder, Radarkontrolle; komische Lichtverhältnisse: mit Sonnenbrille zu dunkel, ohne zu hell, Pferd im Anhänger, Schutzwand und Büsche, halbhohe Bäume dazwischen, Fahrzeuge die uns entgegenkommen haben aus für uns unerfindlichen Gründen Licht an - bis Ulm noch 171 km; Brille wieder mal überflüssig, es riecht wunderbar nach Gras, Stückchen Sichtschutz auf Mittelstreifen, grau in Grau nichts mit Weitblick, eine Menge Lkws sowie ein Militärkonvoi füllen die Fahrbahn, superlange Brücke; Autos ziehen Wasserfahnen, Scheibenwischer im Einsatz da wir in leichtem Nieselregen fahren, ‚Windquirl' links, dort eben bis hügelig auf Gegenseite Wäldchen, hintereinander Jagst-Tal- und Gronach-Tal-Brücke, rechts „McDonald's" im Bau, Grenze zu Bayern, Tafel „Romantisches Franken"; bei Schelldorf Schluss mit Regen, Wolken hängen tief, dunstig, keine Fernsicht aber diese nun auch durch bewaldete Hügel versperrt; größerer Unfall auf Gegenfahrbahn, etliche Sani-Wagen, ein ‚Torpedo' schießt auf unserer Überholspur vorbei, rechts Kühe auf der Weide, Waldabschnitte, Maisfeld; mehr Nebel, es sprüht erneut - bis Ulm noch 93 km, Buchbachtal-Brücke, direkt vor uns Antennenmast auf Anhöhe, Virngrund-Tunnel 469 m lang - Stäuchen auf der Gegenseite, Regen hat aufgehört, es wird heller; große

Ackerflächen, ein paar Bäume mal mehr mal weniger und gelegentlich ein Haus oder Ansiedlungen, Agnes-Burg-Tunnel 699 m, Etagen-Befestigung der Seitenstreifen und zusätzlich Netzsicherung gegen Steinschlag, öfter Hinweis-Plakatschilder auf Sehenswürdigkeiten wie in Frankreich, größere Waldstücke überwiegend aus Nadelbäumen, nun gut gemischt, Laubbäume nehmen weiter zu, nur noch gelegentlich ‚Nadelstreifen', Möhntal-Brücke mit verbeulter Leitplanke; vor Brenztal und zeitweise danach endloser Stau - auf der anderen Seite, Brücken rechts und links, halbhohe grüne Wand, wieder so eine Tafel mit hübschen Geiern und der Überschrift „Hallo Raser, wir warten" - da hatte ja direkt jemand Humor! Hell, ziemlich flach rundum, Hungerbrunnental-Brücke, zugewachsene Hochebene folgt, Lonetal-Brücke, Parkplatz „Vor dem Donauried", hier wird einer ‚abschleppgezogen', rechts schon wieder ein „McDonald's", „Freistaat Bayern" und Werbeschild fürs Ulmer Münster; der letzte Streckenabschnitt war lang in demselben Bundesland, zuvor öfter Wechsel zwischen Bayern und Baden-Württemberg, jetzt erneut - da werden Rennpferde transportiert; sind nun auf dem Stadtzubringer und durchfahren einen Tunnel, altes breites Stadttor mit zwei Türmen, sehr schöner und beeindruckender Eingang von **Ulm**, es ist 12.10 Uhr, Münster und weitere Kirche, Parkleitsystem, Deutsches Brot-Museum - Eindrücke im Vorbeifahren, aussteigen: kühl, gefütterter Regenmantel angenehm, laufen am Münster vorbei zur „Lochmühle" wo es zur Stärkung vorzügliche gebackene Maultaschen gibt, außerdem einen Wasserlauf und ein Mühlrad; auf dem Rückweg zum Auto Zeit für kurzen Blick ins Münster abgerungen! 14 Uhr wieder im Wagen und startbereit: zurück und über dieselbe Donaubrücke wie vorhin auf die Autobahn, dann Richtung Kempten: Maisfelder, Neuanpflanzung von Tannen, es bleibt hell und trocken; nun trübt sich's ein, Waldabschnitte und Flecken von hochbeinigen Fichten mit kahlem Stamm, einzelne Tropfen auf Frontscheibe? Kurzer Schauer bei Illertissen, noch etliche Getreidefelder und große Flächen Maisanbau dann Landschaft etwas gewellt, Siedlungen teilweise nur auf einer Seite manchmal auf beiden, Baumbestand - wieder trocken; Regen im Bereich der Iller, Mais, Getreide, Mais, Mais, Pappelstreifen, Brücke über Gewässer, nun ‚Wasserhahn' oben zugedreht; Gegend flach, verstreut Häuser, ein paar Bäume, setzen über die Iller die rechts breit und erdig braun in raschem Tempo fließt, die Sonne scheint, links weiden Schafe, nochmals überbrückte Iller, Württemberg-Allgäu-Schild, „McDonald's" links, eine Flugzeug-Sportmaschine setzt weiter vorn zur Landung an, auf Imbissseite beginnt tatsächlich das Alpen-Gebiet - alsbald auch rechts mit grünen Matten, Tannen, einer Hütte, ca. 30 km vor Lindau Autobahn-Ende; kleinere und größere Waldbezirke, das da rechts sieht wie ein großer See aus, erneut Allgäu-Landschaft, Hügel in sattem Grün und lange Zeit dichter Wald, Tunnel „Herfatz" 440 m lang, Talbrücke „Unter Argen", Winzig-Baumbestand wird von Wildzäunen abgelöst, metallfarbene Hängebrücke ähnlich der von Lu'hafen, Sonne weiter vorhanden, vor uns am Horizont Erhebungen im Alpenstil; Reklametafel „Inselstadt Lindau", Ortsschild, ein zweiter liebevoll angelegter Kreisel dieses Mal mit Sommerflieder - da ist der Bodensee: Blick auf Seebühne, Schiffe und Boote mit und ohne Segel unterwegs, Dunst zieht sich an die Berge zurück; Autoschlange in Lochau-Tannenbach, hoher blauer Himmel hat weiße Wolkenstreifen, nahtloser Übergang des Ortes in **Bregenz**; die Gesamtstrecke von 450 km liegt hinter uns, Ankunft unseres

Mercedes-Kleinbusses um 15.20 Uhr am Hotel, nach sieben Stunden Fahrt also. Wer hinter die Kulissen der Seebühne gucken will muss in zehn Minuten in der Halle sein, sonst klappt das zeitlich nicht mehr, 'Geschwindigkeit ist keine Hexerei', ich bin dabei: Fußweg an der Seepromenade entlang oder darauf bis zum Eingangsgebäude, Rundgang: größte „Seebühne" der Welt mit vielen technischen Raffinessen - dieses Mal Gerippe das ca. 50 Tonnen wiegt, eine Stahlkonstruktion 23,5 m hoch, innen bis in den Kopf begehbar z. B. für den Beleuchter und außen bis an die Rippen, Skelett wird nach Beendigung der Spielsaison - zwei Sommer also, in diesem Jahr verkauft, alles andere ist Baukastensystem d. h. Wiederverwendung, 2001/2002 Aufführung von 'La Boheme' vorgesehen; 6 800 Tribünen-Sitzplätze wurden auf Schräge unauffällig in die Landschaft eingefügt, Auslastung im Jahr 1999 zu 98%, erwarten auch in diesem Jahr mindestens 90%, Orchestergraben 1 m unter dem ‚Meeres'-Spiegel, ausgestattet mit Monitoren zur Projektion auf die Bühne zu den Akteuren und Mikrophonen zur Verstärkung der Stimmen von Solosängern und Chor, diesmal russischer Kammerchor zusätzlich dabei, Abfilterung von Störgeräuschen (Wasser); nochmals an Rückseite eines aufgeschlagenen Buches vorbei das die Bühne darstellt, viele Verstrebungen, oben kleine Plattform, technisches Personal erhielt Anleitung von Bergsteigern; am Ufer neben Eingangsgebäude großflächiger Anbau: Werkstattraum, wird manchmal ebenfalls für Vorstellungen genutzt oder Partys, ist auch Probebühne, Stadtsaal angeschlossen mit 1 650 Plätzen als Alternative zum Freilichttheater wenn witterungsbedingt verlegt werden muss, aber ebenso ureigene Nutzung z. B. für Konzerte, Rückwand-Emblem dort: „2000 - Jubiläum der Wiener Symphoniker, 100 Jahre", großzügiges Foyer mit Klavier und Getränketheken;1946 erste Aufführung auf der Seebühne in Form von zwei Kieskähnen, Publikum saß auf Brettern die über Bierfässer gelegt waren, Subvention des Staates bisher 30%, neue Regierung senkte auf 25% ab. Rückweg allein in Muße: Uferanlagen mit Platz der Wiener Symphoniker, Casino und dazugehörigem Hotel, großer Kinderspielplatz, „Musikpavillon am See" mit angeschlossenem Selbstbedienungs-Restaurant - bei uns Halbpension: 3-Gänge-Menues, überschaubar, reißen nicht vom Hocker; ersterkundlicher Abendspaziergang: gepflegte Fachwerkhäuser verziert mit Reliefs, Fresken oder Steinfiguren, mehrere hübsche kleine Brunnen, aufgestellte Tische und Stühle unter Schirmen oder Planen, von Blumenkästen umgeben in absolut verkehrsberuhigten Seitengässchen, Rathaus „Consolati D' Italia", Wahrzeichen der Stadt: „Martinusturm"; weiter oben Matte, zwei Almhäuser, Seilbahnanlage zum Hausberg „Pfänder" im Hintergrund; unten die „Herz-Jesu-Kirche", eine große gotische mit fünf Rippenbögen und integrierten 'Rosen' an der Front sowie den Seiten - Tür leider zu; dem Hotel direkt gegenüber „Kapelle des Hlg. Nepomuk" erbaut 1757 - genug; Bett, Kissen vervierfacht gerade brauchbar, Nasszelle geschlossen halten da Wasserhahn und To-Spülung undicht, jetzt herrlicher Schlaf! Nach Frühstücksbuffett Stadtführung: Beginn bei der erwähnten Kapelle vom Schutzpatron des Sees, darin sehr schöne Deckengemälde, Säulenstatuen, hübscher Altar; Bregenz, schon lange besiedelt: Räter, Kelten, Römer nannten es Brigantinum, den See Lagus Brigantinus, spätere Bezeichnung Bodensee oder „Schwäbisches Meer" – Bajuwaren, Slawen, Alemannen kamen, letztere hätten die Einwohner am meisten geprägt: arbeiten, haushalten, sparen; Zusammenschluss der Elite erfolgte in der „Auerzunft": Architekten, Stukkateure, Kunstmaler etc.; politisch streckte so mancher die Hand aus, gehörte mal nach Bayern sollte zur Schweiz - was nicht zustandekam, erlebten Demontage von Kirchen und Klöstern, mit der Abgabe des Landes durch die Grafen Bregenz-Montfort (Montfort = vor dem starken Berg) fing das Tauziehen an, heute ist es Bundesland Österreichs: Vorarlberg, Bregenz Hauptstadt mit tief verwurzeltem Regionalstolz; am Kornmarkt außer Hotel und Kapelle zwei Jahre altes „Kunsthaus" für (sehr) moderne Kunst das wie Milchglasbau aussieht - sind äußerst angetan von ihrer Fortschrittlichkeit, „Theater am Kornmarkt" und Landestheater, an einer Hauswand gemalte Kunst „0,0000000001 mm"; Rathaus früher Lagerhaus, Zierband historischer Personen in Medaillons, Seekapelle daneben, Marktplatz, Eingangsbogen zu einem Restaurant liebevoll bemalt mit Ritter und - Fräulein; auf dem Weg hinauf zur Oberstadt, dem ältesten Teil - der Wasserspiegel des Sees habe früher viel höher gelegen: breiter Steilanstieg, halbe Seite Kopfsteinpflaster die andere glatt, Plattenrinne dazwischen und durch schmale Querstreifen in Abschnitte unterteilt - Schultaschen-Rodelbahn für die Kinder, geräumiges Stadttor mit Zackengitter, Schandgeige, Wappen, ausgestopftem Hai, Hirschkopf und Kruzifix; am Sommerhaus Sonnenuhr, Winterhaus, „Martinsturm": Speicherturm aus frühem 14. Jahrhundert, Dach aus Holzschindeln die ca. 70 Jahre halten hat Zwiebelform, ist eines der größten seiner Art, „Martins-Kapelle" unmittelbar dabei ursprünglich Kornspeicher, alte Fresken aus 13./14. Jahrhundert: Christophorus, Josefs Traum, Drachentöter St. Georg und die Hlg. Ursula, die Volksheilige und „Kümmernis", 14 Kreuzstationen, noch älter als das alte Rathaus mit sog. Klebedächern, nach Göttin benannte Epona-Straße folgt; ehemaliges Gefängnis, Fresko an Hauswand des früheren Spitals, Brunnen mit kleiner Statue eines Liedermachers ist „Geldbeutel-Waschbrunnen" am Aschermittwoch aber auch Symbol für Seelenreinigung, „Seelenfenster" an einem Haus: schmales, unten abgerundetes aufrecht stehendes Dreieck - so kann die Seele auch bei geschlossenem Raum hinaus; hinunter ins Dorf über „Meissner Stiege" (nach Schriftsteller benannt) - wunderschön der Blick zurück zur Stadtmauer aus dem 13. Jahrhundert die vollständig erhalten die Oberstadt umgibt, „Bäckerturm"; kriechen Schlossbergstraße hinauf zur „Stadtpfarrkirche St. Gallus": bombastisch aufgebauter Altar in der Apsis, überm Zugang Uhr darunter Kruzifix, gemaltes Mittelbild, Standbild des irischen St. Gallus mit gezähmtem Bär, herrlich geschnitztes Chorgestühl für Klerus und Adel, Orgel und Emporen wunderbar verziert, an Außenwand Grab-Deckplatten und goldeingefasste Kreuzstationen-Medaillons; alte Remise der letzten Bauern, daneben Teich und Prachtbau mit durch zwei Etagen gehenden weißen Säulen - wohl anstelle des ehemaligen Bauernhauses; Brunnen des und mit 'Hlg. Gebhard', „Tonfilm-Theater", spätrömischer Kriegshafen - zusammengefasst ein gepflegter malerischer anheimelnder Ort mit Atmosphäre die zum Wohlfühlen einlädt. Was steht heute noch auf dem Programm: Bootstour nach Lindau, dort Essen gehen und Einkäufe, dann 18 Uhr im Hotel: 5-Gänge-Menue in zwei Akten, drei Gänge vor und zwei nach der Vorstellung auf der Seebühne – tschüß, viel Vergnügen, wir sehen uns abends beim ‚Futter' wieder; im Hotel hole ich mir Kopftuch, Schal, Mantel, gehe rechts raus bis zum Kreisel links ist der Bahnhof, wende mich wieder nach rechts, laufe nun geradeaus bis zur Abfahrts- bzw. Ankunftsstation der Pfänderbahn, es ist 12.30 Uhr, ungeheuer viele Menschen wollen auf den 1 064 m hohen Berg, funktioniert dank großer Kabinen trotzdem rasch: „Berghaus Pfänder" im Schwarzwaldstil, Segelflieger-Gedenkstein, Alpenwildpark, Hasen trinken Wasser (wie im Sommer in Italien!), alle Generationen vom Alpensteinbock dösen in der Sonne; Hängebauch-Schweinemama und sieben Winzlinge, auch Wildschweine, Mufflon-Freigehege, Rothirsch, Alpen-Murmeltier, Fichte mit Wurzeln um ausgeschwemmtes Steinkonglomerat, öfter solche Gebilde und Steilwände mit Holzbruch von hohen Bäumen - am Eingang lag bereits so eine schöne Steinmischung, dort wo der steile Berg- und Talweg beginnt: ‚Muster'-Fichte, Wiese hat Buckel an Außenseite der Bodenwellen und einer großen Falte, Mehlbeerbaum, Bergahorn, „Adlerwarte", Birken; es ist dunstig, auf der Seeseite bleibt es so, Bergkonturen sind erkennbar wenn man weiß wo sie sind, gegenüber hebt sich der Dunst gelegentlich für einen kurzen Moment und gibt den Blick auf drei Bergketten hintereinander direkt unter uns frei, davor typisches Almgebiet - sehr schön! Gegen 14 Uhr bin ich wieder unten, die „Herz-Jesu-" oder „Peter- und Paulkirche" ist so nah, ob sie jetzt offen ist? Sie ist es: dreiflügeliger Hauptaltar, die beiden Seitenaltäre schmückt jeweils ein Triptychon, alle haben Aufsätze wie gotische Türme, viel Blattgold, im Kirchenschiff rechts und links moderne Kunst-Glasscheiben, in Apsis offensichtlich alte Fenster, drei Rosetten, Pieta; es ist bereits 14.30 Uhr, eine Kleinigkeit möchte ich schon gerne essen - da ein Café, wenn's keinen gemischten Salat gibt sicher Kakao und Kuchen, bekomme Salat, bezahle in D-Mark wie fast ständig, absolut korrekte Umrechnung, sind's offenbar gewöhnt, „Bregenzer Scheiterhaufen" leider nicht mehr im Angebot, Spezialitäten jetzt: Palatschinken, Seefische, besonders Bodensee-Felchen in allen Variationen und Spinatspätzle - wie in Ulm; große Schlafpause, sitze danach ausgeruht, dusch-erfrischt, pünktlich am Tisch - allein, abgehetzt und müde erscheinen später die Ausflügler die um 16.30 Uhr von Lindau zurücksein wollten, Schiffe überfüllt und unpünktlich, mehr als eine Stunde Verspätung; Essensabfertigung zieht sich wieder unendlich hin, fast bis zum notwendigen Aufbruch um 20.30 Uhr trotz ‚eleganter' Portionen die mich an den Ausspruch einer angeheirateten Tante erinnern: „nur der Plebs isst sich satt". Opernbeginn 21 Uhr, die Promenade des Sees entlang zu gehen macht schon Freude: Grünflächen, Blumenbeete und -rondelle, „Wirtshaus am See", Minigolf-Platz, dann: Sitz gefunden, kurzweiliges Warten: „Hohentwiel", letzter Raddampfer auf dem Bodensee bringt noch eine Menge Leute von Lindau herüber das langsam seine Abendbeleuchtung einschaltet - übrigens sollen abgebrochene Quadersteine des Zisterzienser-Klosters Mehrerau als Mole dort liegen; Musik erklingt pünktlich, König in gestreiftem Schlafanzug gewöhnungsbedürftig, manchmal entsteigt er einer herausfahrbaren und wieder versenkfähigen Krone; Schräge erfordert Ausrüstung mit besonderen Schuhsohlen außerdem sollen drei Froschmänner - nirgends zu sehen, für Sicherheit sorgen; Sprechzimmer der Wahrsagerin ist ein aufgeklappter schwarzer Sarg der am „Buchrand" vorbeifährt, Treffpunkt Galgen symbolisiert eine sich aus dem See erhebende wassertriefende Guillotine an deren

Vorderseite Zauberkraut blüht, als Steg dahin dient ein ausfahrbares Lesezeichen; beim Maskenball mit etwas Feuerwerk tragen die Männer große Vollmondköpfe, der zu Tode verwundete König schleppt sich bis auf die Hand des Skeletts und sinkt darauf nieder, sie rollt ihn zum offenen schwimmenden Sarg von dem er aufgenommen wird; ohne Pause durchgespielt dauert die Aufführung mit Szenenapplaus 2 1/2 Stunden, sehr schöne Stimmen der Nachwuchs-Künstler, Page zudem aktionsstark ideenreich; wunderbarer Bühnen-Standort: Blick auf Lindau mit Leuchtturm, die bunten Lampen pendelnder Schiffe und beleuchtete Villen am Hang; zwischendurch hatte ich drei Tropfen abgekriegt, böser Blick zum Himmel danach kam nichts mehr, bestätige Tischnachbar auf dem Heimweg den Regenversuch, „siehst du es hat doch keiner gespuckt" sagt er daraufhin zu seiner Frau, jetzt blitzt es stark in den Bergen, Donner hallt, eilen? „Nein das schaffen wir noch", sitzen kaum am Tisch für den 2. Akt des Menue-Angebots da fängt es an wie aus Kübeln zu schütten, Glück gehabt! Esse das Eis, keinen Käse oder Ähnliches mehr, ziehe mich zurück, aber Gewitter und ein Möbelrücker über mir, sowie der heftig ‚sägende' Mensch im Raum nebenan hindern lange am Einschlafen, da nützen auch Ohrstöpsel nichts und morgen früh ist um 9 Uhr Abfahrt - viel Spaß! Alle pünktlich zur Stelle, welche Route - über Mainau oder Meersburg? Nördlingen, na denn, dieselbe Strecke durchs Industriegebiet von Lindau, natürlich mit einem „Mc. D.", die Stadt ist erheblich ins Land hineingewachsen; strahlender Sonnenschein, blauer Himmel, Federwolken, bekannte Landschaft, ‚Federdecke' schiebt sich gelegentlich vor die Sonne - Decke weg, fahren auf Landstraße, der Acker rechts ist total durchnässt, gute Fernsicht wenn nicht vollbelaubte oder benadelte Bäume davor; mehrere Bergketten hintereinander, Wasserlachen stehen häufig und lange Zeit im Gelände, Wolken ändern ihre Gestalt im Moment Kumulus, Schafe oder Pferde auf der Weide, Sonne brennt, sind längst wieder auf der Autobahn: Iller-Brücke, Schild „Memmingen" - hier gibt's noch Greifvögel, Kanu-Paddler auf Iller; Pferdetransport, ab und zu Kühe auf einer Wiese, Getreide und viel Mais, Wolkenklumpen in Grau-Stufen, Sonne sehr heiß - nicht mehr denn Wolke deckt ab, etliche Motorräder unterwegs, Horizont im Dunst - fahren hinein, neblig trüb, Wolken hängen tief; Hinweisplakat aufs Ulmer Münster, Pferde, Lkw von Firma für Dämmstoffe „sitzt, passt und hat Luft" als Aufschrift, Eisenbahnbrücke, Kraftfutter-Wagen; entgegenkommende Autos haben schon geraume Zeit die Scheinwerfer an - bei uns blauer Himmel Sonnenbrille in Aktion; da sei „Dt. Korn, Korn die reine Lust" im Lebensmitteltank, Brental-Brücke, Mischwald und direkt am Straßenrand niedriges Gehölz, Schild „Abtei Neresheim", nehmen Abfahrt Neresheim-Nattheim: hübsche Kirche gotisch-romanischer Mischung, kahler Kreisel - wir sind unverkennbar wieder in Deutschland, noch 30 km bis Nördlingen, Steinweiler: schöne Steinmetzarbeiten überwiegend Tierfiguren, liebliche Landschaft: Nadelwälder, Wiesen, Ackerstreifen, Felder nehmen zu, **Neresheim**: vor uns Burg auf Anhöhe, Kirche mit ‚Zwiebel'- Rathaus mit Spitzturm, Ein- und Ausgangstor aus Flechtwerk und von Blumen bewachsen, Korbwaren-Ort; üppig Hängegeranien an Fenstern und Balkonen, Licht und Schatten wechseln ständig wie die Straße im Auf und Ab, lange Strecke Laubwaldsaum, „Erholungsgebiet Ries", Mais große Getreide- und Rübenflächen, nach ca. zwei Stunden **Nördlingen** erreicht: Bus wird auf Parkplatz vor einem der Stadttore abgestellt, dazugehörige kreisförmige Mauer lückenlos erhalten; spätgotische „St. Georgskirche" mit Turm „Daniel", Information: ein Turmwächter versieht heute noch seinen Dienst auch mit dem allabendlichem Ruf „So, G'sell, so", im Kirchenschiff seien eine Unmenge Wappen an den Wänden, außerdem alte Orgel und reichverzierte Empore sehenswert, ich will hinein - „machen wir später gehen erst ins Ries-Museum"; gepflegte Häuserfassaden, Stuck, viel Fachwerk, reichlich Blumen, idyllische Plätze, hübsche Brunnen, ein moderner: umgestülpter Trichter mit kleiner Wanne daneben - schöne Ortschaft; Museumsbesuch: Ries fast kreisrunder Meteoriten-Krater, Durchmesser 24 km, nur noch weniger als 600 m tief, innen eben mit wenigen Hügeln, von dicht bewaldetem Rand oder Kraterwall bis 150 m hoch begrenzt, erzeugt von kilometergroßem Asteroid mit Explosionskraft von 250 000 Hiroshima-Atombomben, Druckwelle im Untergrund ca. 20 km/sec. Gesteinszertrümmerung bis in 6 km Tiefe, noch 50 km entfernt bunte Brescie (Trümmermassen) abgelagert, ausgeschleuderte silikatische Schmelztropfen landeten etwa 400 km weit weg als Moldavit (Glaskörper), pflanzliches und tierisches Leben im Umkreis von 100 km vernichtet - vor 15 Millionen Jahren, danach zum Soda-See geworden angereichert mit Lösungen und Salzen aus dem Untergrund; Vogelfauna entstand, Lockermaterial wurde eingeschwemmt See verlandete, im Tertiär Auswaschungen, Tiefenfrost in Eiszeit, Staubstürme brachten fruchtbaren Löß und Sand, im letzteren Skelette von Mammuts gefunden, Wollhaarnashorn, Riesen- und Waldhirsch; fruchtbar und klimatisch begünstigt eines der ältesten Siedlungsgebiete Süddeutschlands, erste Spuren aus ältester Altsteinzeit 130.000 v. Chr., Schädelfunde unterschiedlicher Rassen und Suevit = Traß zur Verwendung als Baustein z. B. für die Nördlinger Kirche; zwei amerikanische Forscher lösten 1960 das Rätsel um die „Sphinx des Rieses", das eben nicht vulkanischen Ursprungs, nicht durch Auffaltung oder großen Gletscher entstand, sondern ein Vergleichskrater ist zur Erforschung benachbarter Himmelskörper und dafür von Bedeutung - Dauer-Leihgabe der USA: Gesteinsprobe vom Mond-Kraterrand; jetzt Kirche besichtigen? Unter Mittag geschlossen! Essenszeit, danach kommt es mit der Uhrzeit gerade so hin, ich steuere auf die Kirche zu - „jetzt fahren wir weiter", schlage schnell einen Haken und werfe zwei lohnende Blicke hinein, hole die anderen mühelos wieder ein; Abfahrt 14.15 Uhr: wunderschöne große schlanke Eiche, rechts ein „Mc. D.", Felder mit blau-lila Blütengewächs vermutlich Flachs, Fahrt Richtung Aalen: Hügelland, zwei besonders hohe Erhebungen weiter entfernt, eine davon wie ein Tafelberg abgeplattet, ähnlich sehen die Erdwälle aus, nun links Begrenzung durch bewaldete Höhen, Trochtelfingen; Schild: darauf Huhn und ein Sack „täglich frische Eier und Kartoffeln", Burgruine auf Anhöhe am Fuß Ortschaft, verschiedene Hügel zunächst wuchtig dann kleiner, ein schmaler Rücken auslaufend mit einzelnen Baumstreifen und Krüppeltupfern - setzt sich beiderseits fort, nun rechts Felder, zwei Fischteiche Glockenblumenwiesen, Getreideäcker überwiegen; vor uns Burg auf Berg, Holsteiner Kühe auf Weide, ausgedehnte Neubau-Siedlung links gegenüber Dorf, Tennisplatz - Autobahn Richtung Würzburg, wieder Jagsttal-Brücke, Wechsel zwischen bedecktem Himmel und Sonnenschein, Hinweisschild auf Kirche in Ellwangen - „Chorus-Umzüge Mainz" begegnen uns; Buchbachtal-Brücke, bei Sonne sieht man dass kranke Bäume zwischen den anderen stehen manchmal ganze Streifen, sogar ziemlich breite; „Romantisches Franken", erneut in Bayern, „Lebkuchen auf Lieferung" - es klumpt sich weshalb? Die Markierung wird erneuert deshalb nur eine Bahn befahrbar, Viehtransporte, Lkw aus Minsk, Richtung Mannheim/Heilbronn: längere Zeit Seitenstreifen oder Böschungen eng bewachsen von Büschen und kleinen Bäumen, nochmals Jagsttal-Brücke, links flach rechts hügelig, Lkw aus Split, bei Neuenstein große Burganlage auf einer Anhöhe; Rüben, Kohl, Flachs, Ohrntal-Brücke, erneut aufgerollte Strohballen, Brettachtal-Brücke, schon wieder ein „Ehrmann"-Wagen, Gegend wellig mit Bäumen, Orte, Fluss und Meiler, da fährt ein Lkw Marke „Geißbock-Laster", Plakat verkündet „Stauferpfalz Bad Wimpfen"; Bad Rappenau, Hochebene beiderseits, links große Stücke mit baumfreiem Rand, nun sind auch rechts die Bäume verschwunden, dick gefüllte Plastiksäcke liegen in geordneter Reihe, Schild „Burg Steinsberg", Bäume wieder da, gelegentlich auf Mittelstreifen gerutscht, Schutzgitter, Büsche licht doch meistens dicht, Sinsheim; rechts besiedelter Kessel, erneut hügelig, dichtes Laubwerk gestattet oft keinen Durchblick und Benutzung von Sonnenbrille wechselt häufig; seit ca. 10 Minuten Kolonnenfahrt, aber es rollt sogar meistens sehr flott, kommen durch Waldgebiet - zu Ende und ‚Schlange' löst sich auf, Angelbachtal-Brücke, Wiesloch, jetzt links Hügel, Siedlung, am Hang rechts flach, Wald, bleiben Richtung Mannheim, ändern dann in Speyer/ Koblenz: flach, zwei Kühltürme links, nahe am Horizont ganz hinten Bäume, Speyrer Dom in Sicht, ‚meine' Brücke über den Neckar passiert, sind in Rheinland-Pfalz - Mainz noch 89 km, schemenhaft tauchen Berge vor uns auf, Birkenstreifen; 16.30 Uhr kurze Pause, danach Sonnenbrille einpacken, Stäuchen durch Unfall bedingt, im Areal um Kaiserslautern Salat- und Gemüseanbau, Felder werden besprüht, fahren in gewittriges Grau, Tafel „Wormser Dom" erscheint, wieder die abgeernteten Äcker und Windräder auf der Höhe, einzeln oder in Grüppchen, große Flächen; Reben „Rheinhessenwein", Talbrücke, Dautenheim, wellige Landschaft mit Büschen, links auf Anhöhe Turm wie ein Finger, Talbrücke Alzey; Sekundenschauer – Reben, Reben, beachtlicher Grünstreifen, Schutzwände teils mit teils ohne Überwachsung, die große Wolke da rechts sieht sehr nach Gewitter aus, hängt nun über der Berliner Siedlung, Stadtschild Mainz: 15 Minuten vor 18 Uhr bin ich zu Hause.

Busfahrt nach Rügen (Ende August 2000)

Montag: um 6 Uhr soll's losgehen, Treffpunkt Hauptbahnhof, hetze dorthin - ‚mitten in der Nacht' bin ich immer spät dran, Leute da aber kein Bus - warten, Abfahrt noch einigermaßen pünktlich ‚heute ‚graut's den Morgen' in angenehmen Farben, nehmen Auffahrt Kastel und Autobahn Rüdesheim, am Wiesbadener Hauptbahnhof ein Zusteiger; der Himmel ist hoch hat jedoch angedunkelte Wolken, Fahrer tankt wo ein Elefant duscht; Reise wird in Richtung Frankfurt fortgesetzt: meistens weite Sicht Hintergrund im Dunst, große Ackerflächen, Strohballen, ab und zu ein verwildertes Stück wie natürliche Wiese dazwischen, Anbau von Getreide, Kohl, Mais; Obstbaumstreifen, weißblühende Grünpflanze bedeckt recht üppig lange Schutzmauer die allmählich zuwächst; jetzt Richtung Kassel, Bad Homburger Kreuz, erste Pause in „Raststätte Reinhardshain" und weiter geht's: ‚Windquirle', Gelände nun hügelig, rechts die Trasse des ICE sieht von weitem hübsch aus, fügt sich gut in die Landschaft ein; schon einige Zeit intakter Waldbestand auch in den Kasseler Bergen, Werbeschild „Fachwerkstadt Melsungen" und „Naturpark Meisner Wald", Werratal-Brücke, Bergketten mit hellen Sonnenstreifen - schöner Anblick; auf Göttingen die Universitätsstadt wird hingewiesen und die Northeimer Seenplatte - da auf der rechten Seite ist ein See mit Booten, Laubwald folgt, dann neben der Fahrbahn Parallelstreifen von jungen Tannen, nun lediglich Baumreihe, Umgebung bleibt gewellt, Schild „Roswithastadt Bad Gandersheim"; häufiger Wechsel zwischen Sonne und Wolken, Horizont rundum von Wald gesäumt, davor Felder hauptsächlich abgeerntete Getreideäcker, außerdem Mais; Hinweis dass wir im Harz sind erinnert an den höchsten Berg den Brocken und Hexentreffen „Raststätte Seesen", hier nächste kurze Pause, danach in der Gegend um Goslar und Remmelsberg wenig Siedlungen, viel freies Gelände mit größeren und kleineren Baumbeständen, anschließend ausgedehnter Mischwald, darunter auffallend oft Ebereschen und Birken, links eine Menge unebenes Ackerland, jetzt beiderseits zunehmend flacher; rechts zunächst ansteigender Wald, dann Industrie-Zentren um Salzgitter herum es qualmt teilweise beachtlich, Bergwerkturm auf derselben Seite und Plattenbau-Viertel, weite Felder folgen, viele kleine und größere Wälder, ein Pappelstreifen; Autobahn führt an Braunschweig vorbei, gelegentlich hindurch, Schutzwände auf beiden Seiten noch kaum überwachsen, entsprechend hässlich und mit Tunneleffekt; eine Menge Kühe, schwarz-weiße Holsteiner und braune, nackte Wände verhindern jetzt jegliche Sicht – Kiefernwäldchen, Fortsetzung von Laubbäumen durchsetzt, eine lange Strecke unschön ‚zugemauert', kaum Häuser Grund unklar, Baumschule - rechte Seite schon wieder mit Wänden verbaut; Wald oft ursprünglich und verwildert, breite Baumbestände mit Unterholz, erneut ausgiebig hässliche Wände, Erdwall löst ab, nur ein kleines Stück dann schon wieder Wand kombiniert mit Wall - nur noch Wälle, sie sind eine tolle Idee, von Grünpflanzen überzogen sehen sie wunderschön aus - vorbei, Mischwald, danach erneut kurze oder lange Wände, **Helmstedt**: bisher haben wir 515 km hinter uns gebracht, noch 445 km liegen vor uns und - die Reste des westdeutschen Zollgebäudes sowie vom DDR-Wachturm, Werder Havelland laut

Information, Richtungsangebote am Autobahnkreuz: Wittstock, Rostock, Stralsund - nehmen letzteres an das in Schnellstraße mündet; Greifvögel, Windräder überall, sehr flacher Teich, Elbe und Brücke darüber, Windmühle, großer Rastplatz, Kiefernwäldchen, gemischt mit Birken die genauso hoch und schlank sind wie die Nadelbäume, Ponyhof; Wetter gleichbleibend, Sonne selten pur meistens angenehm bedeckt – Wände, Wände, einmal in Gelb und durch schwarze geometrische Figuren aufgelockert - ansprechendere Gestaltung also durchaus möglich! Erneut breite Fläche von Jungtannen sonst Kiefern, „Brandenburger Adler" grüßt vom Plakat, beiderseits große Hallen für Bauzubehör, dann viel Wiesen- und Weidegrund, Äcker, Kiefern-Birken-Gemisch, rechts Gebäudeanlage im Bau, Schild „Havel-Kanal", Kühe, Päuschen bei „TOP-Rast"; wieder unterwegs: Feuchtwiese, Flüsschen, „Deutsche Alleenstraße" beansprucht Aufmerksamkeit die sich vom Bodensee bis zur Ostsee hinzieht oder umgekehrt, erreichen „Rhin-Kanal" im Ruppiner Land, Hinweis auf Prignitz und den Fluss Dosse; riesige Ackerflächen, ausgedehntes Weideland entsprechend mit Kühen bevölkert, danach enorm viel freie Fläche vor Waldsaum, es beginnt zu tröpfeln; Mecklenburgische Seenplatte, häufig Greifvögel, Strohballen, Kühe, Windräder, Vogelkopf wirbt für den „Müritz Nationalpark", auf beiden Seiten von Pflanzen bewachsene Erdwälle, Bauminsel auf Hügel inmitten von Feldern, links Plauer- rechts Müritz-See; Bus-Frontscheibe wieder trocken und wir schon länger zurück auf der Autobahn, Bäume stehen sehr eng zusammen, Zäune halten Rotwild ab, Sägewerk und Gehöfte, See mit Booten bestückt; überwiegend Kiefernwald gelegentlich Tannen dabei, nun von letzteren breite Streifen Äste ergeben dichtes Flechtwerk, kräftiger hochgewachsener Farn bedeckt den Boden; **Güstrow** in malerischer Hügellandschaft, dort gibt's die Barlach-Gedenkstätte mit über 100 Plastiken, links Ferienanlage im Bau, danach große Freifläche, hübsche Hügel Erhebungen zum Teil beachtlich, breite Wellen rötlicher Erde folgen, viele Tannen, Laubbäume mischen sich darunter, See mit Seerosen - wunderbar, Essstation „Raststätte Recknitz-Niederung"; auf der Weiterfahrt wieder riesiges zusammenhängendes Ackerland wie in den USA, für mich in Deutschland ungewohnt, vermutlich stammt das Areal noch von den Kombinaten, die landwirtschaftlichen Genossenschaften stückelten ja nicht; erneut eben - Himmel hoch, über Autobahn führt schöne neue Brücke aus roten Backsteinen verziert mit Minitürmchen, Kiesgrube, Straßenverbreiterung, Halbinsel Darß-Zingst, Pferde, kleine zum Teil alte Siedlungen aber wenige Reet-Dächer oder gemischt – ah, auch ganz neue, nun öfter Alleen und „McDonald's"; Landstraße, Kühe bei Altheide und Freilichtmuseum dann Gewerbegebiet, **Ribnitz**: altes Stadttor, gravierende Unterschiede zwischen frisch verputzten und ungepflegten Backsteinhäusern, Kirche in Backstein-Gotik, „Vogelpark Marlow", Schild wegen Fluss Recknitz, rechts Autohaus von Boris Becker; handschriftlicher Hinweis auf Kartoffelverkauf und Ferienwohnung, manchmal schlechte Wegstrecke, **Löbnitz**: Hauseingang umgeben Burgtürme; Barthe-Flüsschen, Getreidefeld, links wird auf ein Schloss aufmerksam gemacht rechts aufs Meeresmuseum, nicht zersiedelt, kaum Parzellen, See, Hansestadt **Stralsund** die Wallenstein vergeblich belagerte, Blumenrabatte um Bäume auf makellosem Rasen in einem Vorgarten, Bahnhofsgebäude mit abgestuftem Blechdach-Haubenturm,

Ausschilderung für Rügen - es staut sich schon eine ganze Zeit, an den Ampeln der Stadt hängen wir richtig fest, insgesamt eine Stunde, Volkswerft am Südhafen - über Damm und 540 m lange Stahl-Zugbrücke auf **Rügen** angekommen; Strelasund trennt die Insel vom Festland, große Schiffe und kleine Boote befinden sich auf dem Wasser, der Damm wurde 1936 gebaut und ist 2,5 km lang, außer der Straßenverbindung besteht auch eine durch die Spezial-Privatbahn; bis Bergen unserem Ziel noch 24 km, erster Insel-Ort **Altefähr**: Ebene Äcker, Baumreihen oder einzelne Gruppen, Windräder; Werbung für Putbus, Bahnanlage jetzt zweigleisig, ab und zu Reet-Dächer auf den Häusern - aber verfilzte wenn überhaupt, 'Windquirle', Ort **Samtens**: Reklametafel für „Naturbühne Ralswiek" – 19.40 Uhr halten wir vor dem Hotel in **Bergen**: Kirche überragt lockend die Bauten - noch nicht, bin zu müde, aber sicher schleife ich mich so bald wie möglich da hinauf; großes anheimelndes Zimmer mit Blick auf Grün und Teich, Schoko-Betthupferl, im Bad jedoch nur ein Seifenspender und sonst nichts, gut dass ich auch eine Duschhaube eingesteckt habe - nötige Bettschwere heute mühelos vorhanden. - Dienstag: Frühstücksbuffett überreichlich sortiert und bestückt, netter Mensch verhilft mir zu Tee; Abfahrt mehr als pünktlich um 10 Uhr: über eine schmale Landverbindung nach Lietzow auf der Halbinsel Jasmund, weiter nach Sagard: Gelände hügelig in großen Wellen, Grube: Ton-Abbau darin? Getreidefelder, Bäume auf Grasflächen, Windräder, auch hier breite und lange Ackerflächen, es wird gepflügt, offenbar gute Erde mit festen Schollen; „Circus William" ist hier, ein Mann mäht am Straßenrand - bis **Sassnitz** waren es 22 km, große Ortschaft zwischen Wald und Wasser, Stadthafen: Ausflugsschiffe alter Segler, Fischkutter, Boote, Museum für Unterwasserarchäologie, ein Räucher- sowie ein Hotelschiff, die längste Außenmole Europas hat eine Wassertiefe von 5 bis 8 m; fahren mit der „Kap Arkona" an der Kreideküste entlang zu „Viktoria-Sicht" und „Königsstuhl" den Steilküstenfelsen der Stubbenkammer, die Krönung für der der fähig war ihn von der Seeseite her zu ersteigen - berühmtes Gemälde von Caspar David Friedrich 'Kreidefelsen auf Rügen' in natura; Rügen ist die größte deutsche Ostsee-Insel, Fläche 1 000 km² Küstenlänge 574 km, Gesteinsmassen stammen ursprünglich aus Skandinavien, Insel besteht aus von Moränen überlagertem Kreidekern und ist vor 10 bis 12 000 Jahren entstanden, Anschwemmungen ergaben Nehrungen, die Verbindungen zu den vielen Halbinseln wurden teilweise mit Dammaufschüttung verstärkt und durch Kieferbepflanzung verfestigt, war bereits in vorgeschichtlicher Zeit besiedelt: Ureinwohner sind Ranen gewesen, dann kamen ostgermanische Rugier die schließlich in Italien ansässig wurden, auch Slawen lebten hier; ca. 150 Jahre gehörte Rügen zu Dänemark, ist anschließend doppelt so lange selbständiges Pommern gewesen, Fürstenlinie starb aus, im 17. Jahrhundert fiel die Insel an Schweden, 1815 an Preußen, hat heutzutage 75 000 Dauereinwohner die ihre Abstammung gern von den Wikingern ableiten - man sieht immer mal entsprechende Figuren oder Wahrzeichen; zahllose Gäste befinden sich stets in den traditionellen Bäder-Städten, Kreideabbau in dem hellen Fels durch Faltung auch schräg verlaufende Feuerstein-Bänder; am Umkehrpunkt Aussicht hinüber zur Halbinsel Wittow mit Kap Arkona am Ende; jetzt fallen mir im Hafen die Steinquader auf hochgestapelt als Küstenschutz, es liegen „Argo" und „MS Kalinin" vor Anker auch etliche SAS mit Nummern versehen: 001 oder 27, 66, 70, die Zufahrt zum Hafen besteht aus sorgfältig verlegtem Kopfsteinpflaster; Ferienwohnungen werden angezeigt, Appartement-Haus für Ausspann-Urlaub bestens geeignet: viele Wandermöglichkeiten ohne größere Steigungen, Wald und Wasser; zusammengebrochenes Anwesen hatte ehemals schönes reetgedecktes Dach, wir fahren am neuen Hafen vorbei mit zwölf Docks und einer Menge Gleisanlagen, Fährverbindungen bestehen nach Dänemark (Bornholm), Schweden (Trelleborg), Litauen und St. Petersburg, Direkthandel mit Russland ermöglicht eine Fähre die speziell für ihre Waggons deren Spurbreite hat, was sich nun auch Finnland und Japan zunutze machen, dadurch wichtiger Umschlagplatz geworden; noch 9 km bis **Binz**: überwiegend Kiefern, Laubbäume kommen dazu, besonders Birken in Grüppchen, Fahrradpulk unterwegs, Stück Laubwald - wir sind da: gemütlich wirkender wunderschöner Ort, 12 km Badestrand, bei ganz sanft zunehmender Wassertiefe kann 'baden' wörtlich genommen werden; Blumenrondell mit Uhr im Mittelpunkt am Anfang der 370 m langen Seebrücke, dort fährt das grüne Jagdschloss-Expressbähnchen ab, 12,50 DM für Hin- und Rückfahrt sind erschwinglich - doch zunächst durch die Stadt: schöne Häuser, vor allem beeindrucken die verschiedenartig verzierten Balkone mit handfest geschnitzten bis filigranen Ornamenten aus Holz und Metall, Stil sei sog. 'Bäderkultur'; im Neubaugebiet alte Bauweise gewahrt, was mir sehr gefällt da nichts den Gesamteindruck stört; Erlebnispark mit Vitarium und 36°-Therme, dazwischen Dünenpark; Straßenlaterne hat zwei Glasknospen-Schirme an denen je eine Blumenschale hängt üppig mit Blüten gefüllt - das wär' ein schönes Foto, geht nicht wackelt zu sehr und ist - husch vorbei; Viertel von Siedlungshäusern und Wohnblocks dazugekommen für Arbeiter die wegen Aufträgen hierherkamen und sich auf Dauer niederließen, antike Garagentore; Groß-Bahnhof für normale D- und IC- auch Nachtzüge, ein Dach aus Stahlbeton fällt auf, pechschwarzes Holzhaus, ein Süßwasser-See - Binz hat wirklich alles! Fischer und Landwirte lebten hier bis zum Auf- und Ausbau als Seeheilbad, evangelische Kirche, Balken mit Metallverzierungen im Jugendstil, alter Bahnhof wird benutzt vom „Rasenden Roland" der Schmalspur-Dampfeisenbahn deren Gesamtstrecke 27 km beträgt; Imbiss-Holzflachbau Tische und Stühle davor und viel lichter Wald auf dem Rüttelweg zum spätklassizistischen Jagdschloss Granitz, 1836 von Fürst Wilhelm Malte zu Putbus gebaut, 107 m hoch auf dem Tempelberg gelegen, mit 38 m hohem Aussichtsturm später hineingesetzt von Architekt Schinkel, leider ‚in Verpackung' - wo wird hier nicht renoviert? Aufstieg über die einzigartige gusseiserne Wendeltreppe, die 154 Stufen lohnen sich: herrliche Aussicht über die ganze Insel und weit ins Pommersche Land hinein - wo sind die Hünengräber? „In Lancken-Granitz, wenn Sie den Berg hinuntergehen, rechts einbiegen in den Waldweg kommen Sie unten in den Ort, gehen durch ihn hindurch, die befinden sich dann auf der anderen Seite," „das klingt ziemlich weit", „ist es auch" meint der Aufsichtsmensch im Schloss - also lassen wir das; 15 Minuten dauert die Rückfahrt bis zur Seebrücke in Binz, meine Busnachbarin und ich hatten die „Zeit zur freien Verfügung" für den Ausflug zum Schloss genutzt, laufen nun auf der Promenade zurück - noch ein Blick zum dicken Strick aus gedrechseltem Holz, kommen pünktlich am

Treffpunkt an, die meisten der Mitreisenden waren 'schön essen', sind und bleiben äußerst diszipliniert, so gibt es fast nie Verzögerungen; Häuser oft von größerem Garten mit auffälliger Blumenpracht umgeben, viele tropische Pflanzen sind offenbar hier heimisch, was am günstigen Klima läge besonders der intensiven Morgensonne; links kleines katholisches Kirchengebäude - da liegen Stammstücke abgestorbener Bäume, rechts Wald, Storch im Gelände - Hotel in Bergen erreicht; bis zur Abendmahlzeit ist noch eine Stunde Zeit, nichts wie los, will zur „Marienkirche" am ehemaligen Burgwall, passiere Butzenscheiben-Tür, benutze ansteigende Straßen und teilweise Gehsteigstreifen mit verschiedenfarbigen Steinen belegt - sieht sehr schön aus; repräsentative Palast- und Begräbniskirche aus der Zeit Fürst Jaromars, unkundige dänische Bauleute errichteten sie ca. 1170/1190 auf einem Fundament von Feldsteinen und verwendeten als Mörtel zwischen den Backsteinen Seesand, Salz griff die Ausmalungen an, auch sonst kränkliches Bauwerk, Kombination von romanischen Elementen und Gotik, war später Klosterkirche - sie ist noch auf bis 18 Uhr: vollständig bemalt, nicht nur die Wände auch Säulen, Bögen, Rippen, schöne Orgel, wundervolle barocke Schnitzarbeiten an Kanzel, Altar und Chorgestühl - freudiges Staunen, beeindruckend; Abendessen-Buffet: immer Warmes und Kaltes, Fisch (Spezialität Ostsee-Lachs) und Fleisch zwei Beilagen zur Wahl, ein Gemüse und Salate, Wurst, Käse, Brotsorten, häufig zusätzlich Obst im Angebot - wofür entscheiden? Es gibt tatsächlich Leute die von allem essen, wohin denn nur? Und abends in den Biergarten - ohne mich, ich möchte doch so viel wie möglich sehen, bin wieder unterwegs: umrunde den Teich hinterm Hotel, biege ab zur Anlage für Skateboard- und Mountainbikefahrer und dem Platz für Korbballspiele vor Block-Neubauten, Realschule II ist eine ‚Reihe niedriger schmaler ‚Puppenhäuschen', danach geräumige Einfamilienhäuser wie auf Sylt; Zahnärzte haben aufblasbaren Zahn ins Fenster gehängt, Straße aus rautenförmig behauenen rötlichen Steinen, kleines Pavillon-Restaurant, Polizei, Grundschule, Altstadt, „Ostsee-Zeitung"-Gebäude, Katzen- und Hundesalon, Platz mit 'Dorflinde' die eine Buche ist, „Fischhaus"; hübsche Fachwerkhäuser, dazwischen Innenhof von Gaststätte mit Tischen und Stühlen bestückt, sehr anheimelnd; bin wieder an der Kirche, suche Grabplatte des Gründers, finde sie nachher im Sockel der „Marienkirche", begegne zunächst drei Jungs die mit Steinen nach meinem ‚Auskunftsmädchen' und seiner Freundin werfen und das nicht einstellen obwohl die beiden darum bitten - erkläre den Burschen dass auch kleine Steine Augen zerstören können und sie hören auf - warum lernen sie das nicht im Biologie-Unterricht in der Schule? Wir begegnen uns später zufällig noch einmal, die Buben freuen sich offensichtlich darüber, grüßen fröhlich; an diesem Abend sind eine Menge gelangweilter junger Menschen auf den Straßen unterwegs oder hocken auf Plätzen herum, ein unguter Anblick! ‚Handtuch'-Vorgärten, dieser hier ist zweistufig angelegt dazwischen kleine Beete durch Steinmäuerchen getrennt, nun gelbes Haus mit schwarzem Dach, Engelstrompete hat beachtlich große Blüten, diese Firma verarbeitet Naturstein zu allem Möglichen - bettreif. - Mittwoch: Inselrundfahrt beginnt am Standort Bergen der 1180 von einem Dänenkönig gegründet wurde, Häuser fünfmal abgebrannt mangels Brunnenwassers, großer Brand 1445 war der schlimmste, Stadtrechte 1615 erhalten, hier Beginn der „Deutschen Alleenstraße" die bis zum Bodensee geht, fahren durch eine von vielen, die Landschaftszonen hier würden die Deutschlands widerspiegeln, alle unterschiedlichen Regionen finde man auf Rügen in Kleinformat; Wiek bedeutet Bucht, ist sie flach handelt es sich um einen Bodden gefüllt mit Brackwasser dessen Salzgehalt 0,3% beträgt, Mischung von Süß- und Salzwasser entsteht meistens an Flussmündungen, dort existieren dann spezifische Pflanzen- und Fischarten beider Gewässersorten nebeneinander; Hinweis auf Naturpark **Ralswiek**, vor der Ortschaft eine kleine schwedische Holzkirche, steigen am Yachthafen aus: am Ufer breiter Schilfstreifen das wichtige Rohmaterial für die Reetdächer; Besichtigung des Bühnengeländes am Ostseestrand, Abschnitte des Lebens von 'Störtebeker' dem 'Schinderhannes des Nordens' werden hier aufgeführt, Zuschauerreihen unterhalb des Schlosses für 10 000 Personen, aufgrund der vielen Aus- und Eingänge seien in 15 Minuten alle Besucher draußen; Fortsetzung der Busfahrt: große Ackerflächen, unterschiedliche alte Alleen die früher der Zugang zu einem herrschaftlichen Besitz waren, sie mussten natürlich von anderer Baumart sein als der des Nachbarn, durch Schädlinge leider erhebliches Ulmensterben aktuell; sind auf Jasmund: am Hang Nachbildung von Schloss Lichtenstein, Untergrund der Halbinsel ausschließlich Kreide, eine 500 m mächtige Schicht, Feuersteine werden angeschwemmt, rechts Hügelgrab, Senken waren Eislöcher sind heute Feucht-Biotope, Kreideabbau: Grundstoff für Zahnpasta, Tabletten, Zigarettenpapier, Schlemmkreide, Farbherstellung, -bäder und -packungen gegen Allergien; weiter: etliche Neubau-Wohnblöcke links, dann Einfamilienhäuser, jetzt auch auf der Gegenseite Blöcke die farblich verputzt ansprechender wirken, alte Kreidegrube, Kirche; größtes Waldgebiet folgt in dem Buchen überwiegen, nun Gelände wie im Mittelgebirge, seit 1920 unter Naturschutz mit „Apfelstrudelwurm" aus der Eiszeit, „Springfrosch" und über 20 Arten wilder Orchideen, ursprüngliche Wasserläufe wurden und werden nicht korrigiert; Dammwild im Getreidefeld links Zäune aus echter Weide geflochten; **Nipmerow:** etwas mehr reetgedeckte Häuser, Glowe von glowa = Kopf: kleine Siedlung mit Kirchlein am Ende von Jasmund, fahren hinüber auf die Halbinsel Wittow = Windland - lokale Volksmusik-Berieselung, manchmal zu laut; verbuschte Trockenrasen-Landschaft, viel Sandorn, eine Menge Pilze, Komplexe von Ferienwohnungen mit „Aquamares Rezeptionsgebäude", Nacktbadeparadies; **Altenkirchen**: erneut altes Kohleheizwerk mit Turm - wie fast in jeder Ortschaft stillgelegt zugunsten von Erdgas, großer Parkplatz; raus aus dem Bus und zur Abfahrtsstelle des Arkona-Bähnchens, Alternativen: Pferdekutschen und Fahrradverleih, Endstation der Bahn nahe der achteckigen Kapelle von **Vitt** verbunden mit „Pastor Kosegartens unvergesslichen Uferpredigten" sagt man uns: dunkles Reetdach, schwere Fensterläden, innen Seegemälde; Fußweg zum Kap Arkona zunächst wenig bevölkert, nun mehr, es nieselt, Genuss urwüchsiger Natur dann auch der Küstenkante - Regenhaube ab, Sonne scheint; seit 1927 steht da ein Peilturm der Marine mit Zackenkrone auf dem Slawenwall und ein ganzes Stück weiter befinden sich zwei Leuchttürme, ein großer alter von 'Schinkel' aus dem Jahr 1827 noch in Betrieb Leuchtfeuer-Reichweite 40 km, der kleinere von 1902 ist Museum, Holzstatue der alten heidnischen Gottheit 'Svandevitt' mit den vier Gesichtern; sind zurück am Parkplatz, man kann Feuersteine erwerben oder Postkarten, verzichte auf Nepp-To-Besuch für 1.- DM; auf dem Weg nach **Breege** zum Mittagessen: erneut Findlinge wie gewohnt solo oder Arrangements - extrem eben rundum, Autokennzeichen RÜG stehe für „rücksichtslos, überheblich, gemeingefährlich" klärt uns ein Einheimischer auf - nach meiner Erfahrung hier gemischtes Verhalten genau wie anderswo; im Restaurant Breeger Wappen: Fischerfigur mit Netz, daneben liegt ein alter Taucherhelm aus Bronze, es gibt Tasse Fischsüppchen ganz anderer Art als in Marseille, schmeckt nur wenig nach Bezeichnung und noch gemischter Salat sind mir genug; heute wechseln Sonne und bedeckter Himmel ständig außerdem abrupt, Hinweisschild auf „Schloss Spyker"; über Schaabe (Damm) zurück nach Jasmund: rechts Spyker See, Schloss hat vier massive Türme wie die in Gripsholm, nur niedriger, „Bobbin" Backsteinkirche aus Anfang des 14. Jahrhunderts - noch 3 km bis **Sagard**: Neubauklötze, auch hier baden in der Ostsee abgelöst von Badekuren, Fährhafen **Sassnitz**; Feuersteinfelder, hier gäb's Mufflons und Kreuzottern, passieren Fehlinvestition „Koloss von Perora": Seebad für 20 000 Menschen von Hitler geplant und anzulegen begonnen, Kaimauer gebaut, Bettenhäuser hochgezogen wie Kliniken, Zimmer spartanisch, pro Person 5 m² Strand rechnerisch zugeteilt, Speiseräume, Verwaltungsgebäude etc., 1938/39 17 Monate daran gearbeitet, bei Kriegsausbruch Vorhaben zurückgestellt bis zum „Endsieg", halb fertig wurde die Anlage zu DDR-Zeiten als Kaserne benutzt, seit 1991 leer, gestern konnten die ersten beiden Gebäude verkauft werden - zu welchem Zweck wer weiß ..., bei **Dalkvitz** riesige Getreidefelder zum Teil mit Strohballen, Pferde, Kohl werde angebaut, **Zirkow**: Straße sehr schmal, Buchenallee - manche Alleen sollten zugunsten breiterer Verkehrswege verschwinden, Proteste der Bevölkerung waren erfolgreich; Wildwechselschilder, links Waldgebiet von Granitz, Schlossturm überragt die Wipfel, erste Restaurierung sei Pfusch gewesen zur Zeit würden Regressarbeiten laufen; rechts Steingräber unter Baumgruppen auf Feldern unsichtbar, hügelig, später auf gleicher Seite „Selliner See", Süßwasser mit edlem Fischbestand und Hochufer, links Seebrücke und neue Seepark-Anlage mit Unterkünften in altem Bäderstil; Baumreihe auf freiem Gelände, der Mönchsgraben ist Grenze zur Halbinsel Mönchsgut: **Baabe**: eine Seite Badeort die andere Fischer- und Bauerndorf im Angleichungsprozess begriffen, bemüht sich altes Flair beizubehalten; nun Stück Mittelgebirgslandschaft, Blick auf Insel, Deich erneuert nach Orkan vor drei Jahren, Ostsee hat fast keine Gezeiten nagt aber am Land, z. B. verliert Sassnitz Küste, man schüttete dreimal ungeheure Massen an Sand auf, von Binz mühsam herbeigeschafft, erwies sich als völlig sinnlos - aufgegeben, wenn nötig werden Häuser auf die Anschwemmseite versetzt; Reetdächer und gelegentlich gekreuzte Pferdeköpfe an den Firstenden wie in Niedersachsen, ab und zu Campingplätze, der bei **Thiessow** hat rechts und links Wasser und entsprechende Mückenschwärme, Südberg, gleich danach verläuft die Straße entlang der Küste; vorgelagerte Insel Ruden Eldorado für Segler, Inselchen Vilm im „Greifswalder Bodden" streng naturgeschützt, habe urwaldähnlichen Bewuchs, andere kleine Inseln sind Vogelschutzreservate; Spaziergang zum" Kleinen Zicker" einem Rautenbau-Gebäude, Dach wie Schuppentier, Haus heißt „Godewind", Drachensurfer, wunderbarer Rundblick auf einer Seite bis Wollin, Weihnachtskaktus am Strand-Hotel steht wohl an windstillem Sonnenplätzchen, die Blüten sind handtellergroß; bei **Göhren** Wasserrad à la Mallorca danach Heidekraut, Reihe Weidenköpfchen, hübsche gepflegte saubere Ortschaften mit kleinen Kirchen; auf dem Weg zurück nach Bergen: Storch, Leute sind heftig mit der Ernte beschäftigt, Greifvogel auf Jagd, Pferde - Gedicht 'Sehnsucht nach Rügen' von Ernst Moritz Arndt wird erwähnt, der Aussichtsturm in Bergen trägt seinen Namen; Whirlpool-Benutzung im Hotel kostenlos und in Einzelbadewanne – na, da mach' ich das doch, es tut den strapazierten Beinen und durchgeschüttelten Knöchlein richtig gut. - Donnerstag: auf nach **Stralsund** der Garnisonstadt zwischen Strelasund Knieper- und Frankenteich: trotz geschlossener Wolkendecke vom Damm aus schöner Blick auf die Stadt mit ihren charakteristischen Kirchtürmen, „American Circus" hat auf sonst freiem Platz zwei Zelte aufgebaut, halten nahe Theater und beginnen den Rundgang: in der Altstadt niederdeutsche Backsteingotik, Neustadt nicht Neust-Baugebiet sondern nach dem Krieg rasch hochgezogen, instabil, Stadtrechte 1234 erhalten, in die Stadtmauer von 3,5 km Umfang Wohnhäuser integriert - sehr schön restauriert bei Verwendung von altem Restbestand, zwei Tore noch vorhanden, eines davon wird als Jugendherberge genutzt; Stralsund wurde im Krieg zu 65% zerstört, man hat verschonte Backsteinbauten gut erhalten andere wiederhergestellt, hinter Stadtmauerteil Proviantmagazin von 1717; archäologische Ausgrabungsstelle: Erstbesiedlungs-Häuschen und sonstige Bergungsarbeiten erfolgen da vorgesehen hier ein Parkhaus hinzubauen, gepflegte Patrizierhäuser, eines mit etlichen schlanken Säulen an der Vorderfront, ehemaliges Bootshaus zur Rettung Schiffbrüchiger jetzt „Hansa-Gymnasium"; Baumaterial sind die typischen roten Backsteine, ein solches Blockhaus mit rittlings aufgesetztem Giebelturm, da auf der Hauswand Segelschiff-Emblem und Aufschrift „Fischermann's", Gaststätten „Weiße Flotte" und „Zille-Stuben" am alten Hafen; der Querabsatz eines Backsteinbaus ist jeweils eine Etage, mehrfache werden durch zwei sich verhakende U-Bogen aus Metall gesichert die guten Halt geben, öfter schwarze Steinverzierungen um Tor und Fensteröffnungen; es wird gebuddelt und eifrig wiederhergerichtet, Bürgersteig zur Hälfte mit großen Platten belegt - über früherem Kanalverlauf? „St. Johannes-Kloster" der Franziskaner aus dem 13. Jahrhundert, Restbestand der Kirche wird erhalten wie die Christofkirche in Mainz, im Gebäude daneben oben Fensterchen der Mönchszellen unten breite vergitterte Spitzbogenfenster; Außenstelle vom Stadtarchiv, kleiner Hof, seitlicher Bau hat viele Gaupen auf dem langgestreckten Dach, Backsteinmuster-Verzierung gegenüber unter der Dachrinne; Haus mit breiten hellgrauen Querstreifen und weißen Jugendstil-Ornamenten an hübschem langem Erkervorbau; das Rathaus am „Alten Markt" hat Wappen über den Fenstern, von lichtdurchlässigem gotischem Aufbau Säulendurchgang mit Balustraden und farbigen Kapitälen, im ersten Stock Blumenampeln, Haus der Gewerkschaften mit hässlichen halbhohen Statuen rechts und links; „Wulflam-Stuben" - Beispiel für ehemalige Hausaufteilung wenn Wohnungen in zwei Etagen separat genutzt wurden: breite Treppe führt vom großzügigen Eingangsraum hinauf, seine Stützbalken zieren sehr schön geschnitzte Reben mit

Weintrauben, nur zu den Mahlzeiten kam man kurz nach unten; „St. Nikolai" älteste Kirche, Bauanfänge im 13. Jahrhundert öfter verändert, Orgel hat gotische Türmchen von 1841, Hallenbogen bis zum querverlaufenden goldenen Zierband bemalt, auf Fußboden Grabplatten, „Sonne-geht-um-die-Erde-Uhr" war bis zu 'Kopernikus' Erkenntnis funktionstüchtig, filigran eingeritzte Schiefer-Grabplatte für eine Frau; „Haus des Handwerks", „Kaffeehaus", diese Kirche ohne Glockenturm ist zum Meeresmuseum geworden - aha deshalb steht die SAS 95 vor dem Seitenschiff! Mantel war auf, zu kühl wenn Wind weht, Sonnenbrille hat Freizeit; „Kloster St. Jürgen" am Strand in Mönchstraße jetzt Studentenwohnheim; Baumaterial manchmal Muschelkalk und Ton in Farbabstufungen, hübsche geschnitzte Türen gelackt oder farbig, Neuer Markt: Platz mit Rundbau darauf, Post und Sparkasse am Rande; Stadtrundfahrt-Angebot vom Hanse-Bähnchen - dazu reicht die uns zugebilligte ‚eigene Faust-Zeit' nicht, Zugang zur „Marienkirche" aus 14./15. Jahrhundert mit Schutzüberdachung wegen Außenarbeiten: enorme Ausmaße, Kirchturm hat 104 m, über innerem Eingang schwebt ein Engel mit Trompete, die Orgelpfeifen sind in verzierte offene Säulen gefasst auf denen Engelstatuen stehen die verschiedene Instrumente in den Händen halten - wunderschön, Tryptichon-Altar, altes Glasfenster in Apsis Galerie mit schmalen Säulen und oben Spitzentürmchen; dürfen die Stadt selbständig weitererkunden - doch zunächst einmal ist es 13 Uhr: Hunger, Kakao und ein Stück Käsekuchen helfen ab; ins „Kulturhistorische Museum" lockt der „Wikinger-Goldschatz von Hiddensee", wenige aber erlesene Funde, 1872 entdeckt, außerdem Schränke und große Truhe mit herrlichem Schnitzwerk, altes Kruzifix und Altarbilder, geschnitzte Wandverkleidung aus „Jakobi-Kirche" - meinem nächsten Ziel; sie nur von außen reizvoll, schlicht aber massiv, total leer da Renovierung intensiv im Gange, war Hallenkirche die um 1400 in dreischiffige Basilika umgebaut wurde; Haus analog Nikolaikirche in kleinerem Format, Backsteine unterschiedlicher Brauntöne wie Senkrechtbalken gesetzt: schmal-dick-schmal, hier diese dunkelgrünen und schwarzen Steine - sind glasiert, ah so, wunderte mich schon und der Bär über der Apotheke sieht wie ein Wildschwein aus; verzierte Inschrift über Türsturz „Das kleine St. Jürgen-Kloster anno 1743", wirklich klein - die Zeit ist um, Bus suchen und finden: Fahrt über den Damm zurück nach Rügen: Schwäne, Wasser auf beiden Seiten, sehr schön, erinnert an Stockholm, Nana Mouscouri singt 'La Provence', dann erklingt 'YMCA', schon wieder Sassnitz: Stralsunder Straße entlang; „Restaurant König Gustav" Kurhotel, Therme, „Oehmichen-Optik", öfter mal Beschriftung „Skandinavien", „Baltic" oder ein Schwedenfähnchen an der Ladentür; Richtung Stubbenkammer: nochmals an schlanker gotischer Backsteinkirche vorbei und dem materialgleichen Haus mit Geweih über dessen Eingang, Bach im ‚Mittelgebirgswald' - Abstecher zum „Nationalpark Jasmund": Bezeichnung Nationalpark immer für naturbelassen d. h. ohne menschliche Eingriffe, dort Gaststätten- und Parkplatz, viele Verkaufsbuden, zu Fuß „Königsstuhl"-Besuch, Blick von oben: geradeaus nur Wasser mit und ohne Boote links und rechts Kreidefelsen ganz nah; auf dem Rückweg im Wald rechts Grube mit von Grünzeug überzogenem Wasser, Bio-Tümpel, kleine Sumpfbodenfläche folgt und steiler Hügel mit abgerutschten Bäumen; in **Sassnitz** „Fischhus" vor Hotel „Skandinavientor", Einschusslöcher im Verputz an Hauswänden wieder aufgefüllt und weggebrochene

Kellerecken wurden ersetzt, nun Laubenkolonie auf beiden Seiten; Dachschindelangebot in unterschiedlichen Farben und Formen: rechteckig, länglich, abgerundet, ohne und mit Verdickungen; alter Mühlenturm aus schwarzem Holz, „Apartement-Hotel Mare" langgestreckt, schmuck gepflegtes Reetdach, dann Erholungswerk der Polizei, ‚Glaskastenrestaurant' - ab und zu war und ist heute die Frontscheibe beträpfelt. Abends gehts zur Störtebeker-Aufführung nach **Ralswiek**: unterwegs erneut gelegentlich diese kleinen Bauminseln in den weiten Feldern die häufig alte Steingräber enthalten sollen, Blattwerk verhindert jeglichen Einblick, links in Wellen große Grasfläche mit Tannenrand; Zielort erreicht, es regnet, wieder ein Express-Bähnchen, für uns entbehrlich da Bus günstig eine Stunde vor Beginn der Aufführung geparkt - unterstellen auf Budengelände und warten, keine Eile wir haben teure nummerierte Plätze, gibt auch billige ohne Kennzeichnung; Kulisse: links Marienburg der Kreuzritter, vor uns Sandstrand, dahinter die See, rechts Stadtmauer mit Wachturm und Tor dahinter - Domizil der Margarethe von Pommern-Wolgast auf Gotland, im Jahr 1397 stand 'Störtebeker' in ihren Diensten offerierte ihr so manches wertvolle Beutestück; die sich gegenüberliegenden Seiten standen damals in Fehde miteinander, Hansestädte unterstützten die Kreuzritter; Spielbeginn: Segelschiffe bringen den Titelhelden, echte Pferde agieren auf dem Sand, Feuer und Wasser werden für Aktionsszenen genutzt, brennendes Schiff und Feuerwerk bilden das eindrucksvolle Ende eines Schauspiels in dem auch eine tragische Liebesgeschichte nicht fehlte; Freiluftspektakel, keine schlechte Idee, begeistertes Publikum, Wolfgang Lippert gut als Bänkelsänger, der arme Mensch musste sogar in vollem Galopp huckepack reiten und Mirza Krishans Stimme tönte unverkennbar von den Stufen der Marienburg, heute war's hart verdientes Geld, die Regenschauer hinderten nicht am Weiterspielen und zwischendurch wehte ein frischer bis sehr kühler Wind - keine angenehme Mischung; die Zuschauer konnten sich wenigstens noch einmummeln, teilweise in Wolldecken, mein Regemantel schützte vor der Nässe aber allmählich kühlte ich aus, 25 Minuten Pause waren eingeschoben - wozu? Versorgungsplatz für die Masse Leute viel zu klein, dahin zu gelangen schon äußerst mühsam, Situation erkannt blieb ich sitzen; jetzt gibt's Bewegung - alles strömt, glücklicherweise ohne Regen, an Mengen vorbei rein in den Bus und ab ins Hotel und in die Wanne zum Aufwärmen, klappt, super! - Freitag: 21 km bis Schaprode: rechts runder überschaubarer See, Schilfufer wunderschön doch dann Gelände fast die ganze Zeit tischeben, Hinweis auf Wittower Fähre, bei Trent alter Mühlenturm, anschließend Propeller-Windräder; großer Parkplatz, Bähnchen fährt zum nahen Hafen, wir gehen zu Fuß bis zur Anlegestelle der Fähre „Insel Hiddensee" um auf dieselbe zu fahren, damit füllen heute alle die „freie Verfügungszeit": Sonne scheint, kaum Wolken unterwegs, durchqueren Schaproder Bodden, früher Furt-Fußweg jetzt 16,8 km lange Fahrstrecke; im Wasser laufen hell- und dunkelgrüne Streifen parallel bilden abgegrenzte Großflächen, erstere rechts gegenüber eine dunkel gefärbte, Küstenlinie am Horizont, nun direkt an der Fähre Hellgrünes hinten dunkles Grün, der Abschnitt dazwischen häufig wechselhaft, die Farben mischten sich auch einmal, hin und wieder steht etwas Schilf am Uferrand und gelegentlich erstreckt sich eine Landzunge; fahren gemächlich, viele Segelboote unterwegs, links andere

Fahrrinne, markiert mit rechts roten und links grünen Bojen, unsere durch schwarze Doppelfähnchen auf schmalem weißem Sockel gekennzeichnet, Fischernetzbarriere hat rote Fähnchen; Möwen – 45 Minuten Fahrtdauer insgesamt bis **Kloster** dem Anlegeort auf Hiddensee: die Insel im NW von Rügen gehört zum „Nationalpark Vorpommersche Boddenlandschaft", 18.5 km lange autofreie Insel wird vom Meer an einer Ecke abgetragen wächst auf einer anderen, hat 1 300 Dauerbewohner; 1,5 km bis zum Leuchtturm von 1888, im „Dornbusch" 100 m überm Meeresspiegel, Pferdekutsche? Lieber laufen obwohl wieder beschränkt - zeitlich meine ich: Tümpel links, zwei alte Weiden, reetgedeckte Häuser mit Pferdeköpfen, wären hier drehbar hat man uns erzählt, Hausherr sei anwesend wenn sie sich ansehen - da scheint nie einer daheim zu sein; rechts Pferdekoppel, Nationalpark-Eule, Fahrradparkplatz, Sanddorn, Königskerzen mit gelben Hochblättern und lila Blütchen, Wacholder, Holunder, Brombeeren, Johanniskraut und dicke Graspolster, jetzt breiter Steinplattenweg, Naturpfade zum „Dornbusch" zweigen hier ab, führen unter alten weitverästelten knorrigen Bäumen hindurch, Wildtauben gurren - bin kurze Zeit ganz allein, wie schön! ‚Allgäu'-Hügellandschaft mit weidenden Kühen, lohnende Fernsicht vom Leuchtturm aus; auf dem Rückweg laute Diskussion in der Vogelkolonie eines großen dichten Sanddorngewächses; Teller Kartoffelsuppe geht schnell dachte ich - man eilt hier mit Weile, dafür Gespräch mit netter Berlinerin die in Vitte auf Hiddensee Urlaub macht, geruh- und erholsamen; möchte gern mal zum Strand, komme an Kapelle vorbei, muss natürlich hinein: fröhliches Blumendekor an der Decke: Engel mit einer Art Füllhorn, alter Friedhof dabei mit Gerhart-Hauptmann-Grab, sein Haus „Seedorn" als Museum erhalten - kann ich entbehren außerdem drängt die Zeit, nichts mit Strand, er ist zu weit weg also umkehren; man trifft sich, Mitreisende schimpft auf Hauptmann: Macho-Sessel für sich ein kleiner für seine Frau, riesiger Grabstein für ihn für sie Winzling - meine Ahnung dass ich nichts versäumte richtig! Fähre kommt, dreht wie auf Suppenteller, lädt aus, füllt ein, diesmal sogar Sitzplatz an Deck trotz Gedränge, Abfahrt erst gegen 15 Uhr - pendeln öfter bei viel Betrieb; Begegnung mit Sportflugzeug, Motorbooten, Kumuluswolkenband und Federwolken in Form von Spurrillen am Himmel, Flugzeug darin; Muschelbank, Surfer, Schlauchboot, Heringsnetze, auf den Stangen sitzen Kormorane, Angler, steuern **Neuendorf** an, Anlegestelle in kleinem Yacht- und Segelboothafen - noch mehr Leute; immer schöner Blick auf die Silhouette von Stralsund, die „Gellen" schickt uns ihre Wellen, mal fern mal nah Segler und Möwen in ihrem geschickten Flug, Seeschwalbe, Kirchlein von Schaprode in Sicht und dieser rote Gleitschirm der mir schon von weitem auffiel steht als Drache in der Luft, klärt sich beim Näherkommen - ganzer Pulk von kleinen drumherum; Bus wartet bereits: ‚Wochenend-Möwenversammlung' auf den Äckern, Baumzeilen und ein offenes Dreieck - „sehen wir noch etwas von Putbus?" „Wird wohl nichts mehr, morgen bleibt dazu keine Zeit, „ich wollt's nur wissen", an der Rezeption großes Bemühen um beste Informationen, Buskollegin macht mit? Klar! Omnibusverbindung für uns zeitlich unpassend aber den Zug um 19.35 Uhr können wir nehmen – gesagt, getan, Ankunft in **Putbus** ca. 10 Minuten später: vom Bahnhof in Richtung Ort erste Straße rechts hinauf, da ist der sog. „Circus" Platz wie stattliche Arena mit Obelisk in der Mitte, sternförmig gehen breite Grünstreifen darauf zu, er wird von klassizistischen Patrizierhäusern umgeben, zum Teil mit Jugendstilornamenten ausgestattet oder einer Gutenberg-Statue; alter Baumbestand im „Schlosspark", Kirche - nicht mehr offen um diese Uhrzeit; „Malte von Putbus"-Denkmal, das war seine elegante weiße Residenzstadt nach Ausbau 1812; Marstall im Park, Schwanenteich hat unregelmäßiges gefälliges Ufer, Plattform mit Ruinenresten darunter Rabatten angelegt, eindrucksvolles Theater habe hohes Niveau; schön bepflanzter Marktplatz - es dunkelt, Zug um 21.09 Uhr kriegen wir, Eis versüßt die Fahrt, sind gegen 22 Uhr im Hotel und zufrieden unsere Wissbegier gestillt zu haben. - Samstag: 8 Uhr Aufbruch zu neuen Taten: über Stralsund nach Greifswald und Usedom steht heute auf dem Programm: Flugplatz für Privatmaschinen, von Stralsund im Nebel nur obere Hälfte der Türme zu sehen, links altes Brauhaus und Erlebnisgaststätte „Alter Fritz", Spargelanbau, alte Allee löst ab und neue Straße, Pommersche Volksmusik wird gespielt, einer singt auch von der Waterkant; flach, Büsche und kleine Wäldchen, Trappen gäb's hier, Windräder auf jeden Fall und ausgedehnte Felder, dann Gelände gewellt gelegentlich ein Hügel oder zwei nun wieder gerade, Ränder fallen schräg nach unten ab - Nordseewellen-Lied auf Ostsee umfunktioniert; Nebelvorhang dicht, links geht's auf die Insel Riems, „Seucheninsel", Forschungsstätte für Tierkrankheiten, schemenhaft Bäume, ein paar Häuser, Ursprung von **Greifswald** Klostereinrichtung 1199, Salzpfannen-Geschenk, Siedehäuser errichtet, 1209 Marktrecht, Hansestadt, 1456, Universitätsgründung im „Dom St. Nikolai", Sparten: Medizin, Philosophie, Jura, Theologie, trägt heute den Namen von Arndt der sie besuchte, Löns und Sauerbruch lebten hier; drei beachtliche Kirchen: „Die dicke Marie", „St. Nikolai" mit Glockenturm dem „langen Nikolai" und die kleine „Jakobi", war Pommerns geistiges Zentrum geworden dann ebenfalls ab 17. Jahrhundert fast 200 Jahre schwedisch, heutzutage Beamtenstädtchen - diese Informationen erfolgten während der Fahrt, „auf dem Rückweg mehr"; Hauswand-Gemälde, Fluss mit vielen Pfahlbauten wegen sumpfigem Untergrund, letzter Rest ehemaliger Stadtmauer, „Fangelturm", großes Stadion in einem Wohnblockviertel (Sportler-Trainingsangebot wie in China?), Gebäude durch vertikale Ziegelstreifen etwas aufgelockert, im ältesten Stadtteil Kirche von 1260; halten - und erlaufen Hebebrücke ‚à la van Gogh' die „Wieker Klappbrücke", Zisterzienser-Kloster „Hilda-Eledna" nach Reformation aufgelöst, gotische Kirche als Ruine erhalten, Kulisse für Konzerte, Schauspiele u. ä., Bodden hat Badestrand; KKW Nord, Kernkraftwerk inzwischen Ausbildungsstätte und Zwischenlager, riesige stillgelegte Anlage, wird abgebaut, See-Umgebung veränderte sich durch Temperaturzunahme um 3°C; **Spandowerhagen** zwischen „Greifswalder Bodden" und „Oder Haff" (Stettiner Haff), Peenestrom; Usedom über eine der beiden Verbindungsbrücken erreicht, Name von altem Wort für Flussmündung abgeleitet, erst seit diesem Jahr existiert auch eine Bahnlinie, zweitgrößte Insel ist 445 km² groß, zu 1/5 polnisch, kleiner Grenzverkehr mit Swinemünde sei unproblematisch; Fischerdorf, alte Holzkirche; weiter Richtung Peenemünder Haken links Kraftwerk von 1937, Heeresversuchsanstalt für Treibstoffe gewesen z. B. Kohlenstaub, Unabhängigkeit bezüglich Energie angestrebt, Wissenschaftler wurden nach dem Krieg zwischen den Siegermächten aufgeteilt, gingen oder ‚wurden gegangen' in den Osten und den Westen; **Wolgast** am Peenestrom Stadtrechte 1250,

„Petrikirche" und Kapellen, alter slawischer Ort, lange Residenz gewesen, war Mitglied der Hanse ohne Bedeutung zu erlangen, hauptsächlich Marine-Werft, Häuschen von Maler und Dichter Runge; wo Peene breiter wird nennt man sie „Achterwasser", schmalste Stelle 300 m; Ebene, sattes Grün, Wäldchen, **Karlshagen:** Seeklause links, gepflegte Häuser, unterm Giebel blaue Latten aufeinander zulaufend verlegt, darunter Fenster weiß verputzt, orangefarbenes Dach, **Peenemünde**: einstöckige Blocks mit Dachgaupen für damaliges Wachpersonal, bereits hinter der Absperrung ein Flugplatz, heute noch unerlaubtes Teilgebiet wegen Erdeinbruchgefahr nach den Sprengungen, Raumfahrt-Museum; unter freiem Himmel verschiedene Flugzeugtypen, russisches U-Boot, mehr in den Gebäuden: 25 Minuten Multivisionshow von Lilienthal (ab 1891) bis zur ersten Mondlandung 1969, 1397 Wort Rakete erstmals benutzt - in China, Hermann Oberth orientierte sich an der Vision von Jules Verne, 'von Braun' tätig als Assistent, 'Versailler Vertrag' enthielt Waffenherstellungs- jedoch kein Raketenverbot, erste Rakete startete mit Hilfe von Flüssigsauerstoff senkrecht in den Weltraum, Bezeichnung „Braunscher Fahrstuhl", Dr. Frauenberger prophezeite Beginn eines neuen Zeitalters - ca. 1943 Station enttarnt, Verlegung in den Harz erfolgte, später die Demontage hier, geistige Experten dieses Bereichs wurden ebenfalls nach Kriegsende aufgeteilt für die Weiterentwicklung der Technik zu Weltraumunternehmungen - 'es begann in Peenemünde'; Gedächtniskapelle von 1876 und Schwedenstein zur Erinnerung an die Landung von König Gustav Adolf von Schweden an dieser Küste - Gleitschirmflieger springen aus Flugzeug, zwei kommen nahe der Erde arg ins Trudeln; fahren über Flugplatz der bis 1936 Materiallieferungen diente und jetzt dafür von manchen Firmen benutzt wird, aber ebenso für Rundflüge, im einstöckigen langgestreckten Bau auch „Pommersches Bettenmuseum"; reiches Obstjahr: Sanddorn, Ebereschen, Wildbirnen, **Zinnowitz** seit 1850 bereits Seebad, „Hotel Baltic" mit allem Komfort, Zirkus rechts, Elefanten weiden auf der Wiese, links Streckelsberg mit 61 m höchste Erhebung, auf dem „Achterwasser" Segelschiffe, am Ufer Kühe; **Ückeritz** vor ca. 100 Jahren Bad geworden, bis hart an die Kante wächst Buchenwald, Essen im „Utkiek" am Steilufer: „Wenn die Welt untergeht, in Pommern geht sie 100 Jahre später unter", Heimatkarte von Pommern und Emblem: aufrecht stehender Adler mit gelben Krallen und Löwenschwanz, **Wokniensee**: Naturschutzgebiet, alte Waage, große Kuhherde liegt widerkäuend im Gras; nähern uns den „Drei Schwestern": zuerst der Jüngsten **Bansin,** dann **Heringsdorf** mit Hotel „Stadt Berlin" und Erlebnisbereich außerdem spezialisiert auf Strandkorb-Produktion und Ahlbeck, drei Seebäder die ineinander übergehen, **Ahlbeck** das historische Kaiserbad, 800 m bis zur polnischen Grenze, älteste Seebrücke ist über 100 Jahre alt, „Badewanne der Berliner", Wochenendurlauber, Entfernung drei Autostunden; am Horizont große ‚Pötte' vor Anker, Rotkäppchen an Hauswand, gotische Kirche, Villen im Bäderstil entlang der Uferpromenade, Wiederhergerichtetes vermittelt einen erfreulichen Anblick, hin und wieder zwischen den Bäumen in geräumigem Garten Pavillon wie chinesisches Teehaus oder mit Dach in Stabkirchenart, nach 1 1/2 Stunden Aufenthalt - aus für mich unerfindlichen Gründen, endlich Weiterfahrt nach Usedom-Stadt, älteste Siedlung **Pudagla** von Slawen gegründet, links alte Bock-Windmühle rechts ‚Monte

Scherbelino' bei Tongrube, Sonne glänzt auf großem Wasser durch sattgrüne Inseln unterbrochen, Gras, Büsche und Schilf, eine Ziegenidylle mit Bock auf Findling der Ausschau hält, Greifvogel sitzt auf Telegrafenmast, **Usedom** die Stadt: wo heute die Kirche steht war früher eine Slawenburg, Stadtrechte seit 1280, „Marienkirche", Rathaus, „Anklamer Tor" aus damaliger Zeit erhalten; weiter: flaches Land, Baumrand, Wasser, dazwischen plastikgedeckte Miete, links funktionstüchtige Hubbrücke von Liebhabern gepflegt, Bodden und Haff, Brücke, Festland, **Anklam**: Otto Lilienthals Geburtsstadt, dort wuchs er auch auf, **Pinnow**: Video läuft „Rügen und Hiddensee": Funde von versteinerten Seeigeln oder ausgestorbener Tintenfischart und Steine sog. 'Donnerkeile', Riesenschachtelhalme, Sonnentau, Orchideen, Wollgras, Kraniche, Frösche, Kröten, Molche, Käfer und andere Insekten die Holz in Humus verwandelten und es noch tun - Blick nach draußen: rechts riesiges Rapsfeld, Kuhherden verstreut in weitem Gelände und wie bisher in Abständen Schafe die hier „Pulloverschweine" genannt werden, zumindest die Milchschafe; im Video Erwähnung der herrlichen Wälder und des Bernsteins, dem „Gold der Ostsee": heller beinhalte ätherische Öle, die auf der Haut getragen an diese abgegeben würden, aus den Feuersteinen stellte man Arbeitsgeräte und Waffen her; Entwässerung brachte nicht viel, Boden blieb karg, erst Seebäder-Idee gab Aufschwung; - Arndt verfasste Schrift gegen die Leibeigenschaft der Bauern – erfolgreich, Schwedenkönig verbot ihre Versklavung, Däne überlieferte Geschichtliches, Schönheit von Rügen inspirierte Maler und Dichter, begeisterte die Gebrüder Humboldt; haben Greifswald wieder nur gestreift - kein Anhalten keine Ergänzung, angeblich Erwartung von viel Verkehr und in Eile obwohl auf der Straße nichts los, schleichen dahin, **Stralsund**: dichtes Holzstockwerk auf Vorbau der alten Brauerei, Wartezeit wegen hochgezogener Brücke am Rügendamm, gegen 17 Uhr im Hotel: zum Abregen in die Whirlpool-Wanne, nach dem Essen Spaziergang zum „Arndt-Turm", habe noch zwei Bilder zu verknipsen - leider ist der auch untenherum eingerüstet; Gepäck vorrichten, morgen ist Abreise. - Sonntag: 5 Uhr aufstehen und fertigpacken, Koffer zum Bus bringen, frühstücken, Stammplatz im Bus einnehmen: auf den Äckern Arbeits-Morgenfuttern der Möwen, wahrscheinlich wurde dort Winterweizen gesät der schmeckt, „Irish Pub" und Werbung für „Essen vom heißen Stein", rechts langgezogene Neubauten und wuchtige in Würfelform, durch ihre Anordnung und Auflockerungen an den Fassaden ansehnliches Viertel; blauer Himmel mit Federwolken - ‚Nebenmännin' jetzt ausgebildete zuverlässige Assistentin im Beobachten von Hinweisschildern: Kanal, Havel, Havelland, später Fläming, Elm-Lappwald - noch 156 km bis Hannover, 12.30 Uhr kurze Pause in „Raststätte Lappwald"; auf Mittelstreifen der Autobahn wuchtige Skulptur sich umfassender Hände platziert, reisen bei wolkenlos blauem Himmel und Sonne, Brücke, langer hoher Geländerücken, zweite Brücke, erneut Hügel, Barleber-See Baggeranlage für Sand? Windräder mit roten Spitzen und gleichfarbigen Streifen an den Stützen, Greifvögel, Magdeburger Börde: viel Wasser, Rotwild, Störche, Findlingsgrab, Helmstedt - Hannover; Bockenem im Harz - dachte das wär' bei Frankfurt, es gibt noch sehr viel schöne Gegend in Deutschland wo die Landschaft nicht zersiedelt ist; auf Auto-Dachträger Fahrräder, ein LKW Marke „Pegasus" unterwegs, 'Summer-time' wird gesungen allerdings mit wenig intelligentem deutschem Liebeslied-Text, heute überwiegt ‚Schmalz'; 266 km bis Frankfurt, Schild Flutbrücke Northeim über Rhume, Fluss und See, Leine - zwischen Göttingen und Friedland Stau es rollt aber, dann Verengung auf zwei Spuren vor Göttingen Nord wie im Radio schon die ganze Zeit gemeldet; Bus fährt nach 10 Minuten ab auf Landstraße, überquert Otto-Frey-Brücke - zurück auf Autobahn, der Schlenker brachte nichts, endlich Mittagspause gegen 14.30 Uhr und Essen in Raststätte: wie immer teuer und lieblos, letzteres nicht das Personal; Verkehr ‚klumpt' sich nun erst recht, normalisiert sich zum Glück bald, Werratal-Brücke, 'Herkules', dazu schöner Blick auf Kassel im Talkessel mit Fulda, ab und zu wieder Geier-Plakate die auf Raser warten, Hinweis auf Kurhessisches Bergland, Schloss Eichhof, Bad Hersfeld, Tafel: „Dämmert's?" Ja, seit Göttingen hat sich's eingetrübt, viele Wagen haben Scheinwerfer an, erneut ICE-Brücke; Sammelsurium-Musik: von ‚Wudada' über 'Time to say good bye' und 'Abba-Song' bis zu Schnulzen; Verkehr wird dichter, „Rathaus Alsfeld", fahren zäh an Alsfeld-Ostteil vorbei, es regenschauert - er fährt wieder ab, nach **Alsfeld** hinein und auf die ursprüngliche Autobahn zurück: Sonnenblumenfeld karg bewachsen, Unfall auf Gegenstrecke, Stau - Himmel hoch und wieder hell, Leuchten aus, „Naturpark Hoher Vogelsberg", Fahrt geht flotter voran, stockt erneut bei **Homberg**/Ohm, am Berg halten Wohnwagen-Anhänger kurz hinter in Kolonne rollenden Autos, noch 79 km bis Frankfurt, „Raststätte Reinhardshain" zum Pausieren; es ist schwül, Hinweis auf Bad Nauheim und „Naturpark Hochtaunus", etliche Holzstamm-Transporter begegnen uns, es regnet, erneut Stau, Freilichtmuseum „Hessenpark"; nun nur noch bestens bekannte Gefilde und Hochhäuser - letztere waren es also was im Nordosten und auf den Inseln so angenehm fehlte! Gegen 18 Uhr wieder daheim, eine gute Zeit: trockene Wäsche vom Ständer zu nehmen den Koffer auszuräumen, Blumen? Oh ja, diesmal haben sie Durst! Reicht noch zum Haare waschen und duschen und - der Abend gehört mir, aber lange dauert er heute nicht!

Denke ich an diese Reise zurück stelle ich fest, dass die Beklommenheit beim Überqueren der ehemaligen deutsch-deutschen Grenze bei mir endlich nicht mehr existiert und mich auf den Erkundungsausflügen das Gefühl tiefer Freude über die wiedergewonnene Einheit erfüllte.

Nachwort

Auf Wunsch einiger lieber Menschen, die aus gesundheitlichen Gründen auf Fernreisen verzichteten, begann ich die Berichte zu schreiben.

Die meisten Ausführungen über die Geschichte eines fremden Landes, Leute, Gewohnheiten sind oft die Wiedergabe von Informationen der jeweiligen Reisebegleiter/ - innen deren Namen andere waren - dies zur Erklärung falls sich vielleicht ein paar kleine Unkorrektheiten ‚eingeschlichen' haben sollten. Das Meiste in, für mich ungewohnten Sprachen, ist phonetisch angegeben.

Da die Einzelheiten meiner Reisewege, dachte ich, recht gut beschrieben sind, bot ich die Berichte kostenlos dem „Blindenverein" zur Verwendung an, man lehnte ab.

Auf allen meinen Touren hatte ich nie ernsthafte Schwierigkeiten oder eine gefährliche Situation zu überstehen. Vorsicht ist, auch bei uns, in größeren Städten geboten, es gibt aber m. E. in fremdem Land keinen Grund für Überängstlichkeit - ein bisschen Glück braucht man sicher auch.

Meine Horizonterweiterung, tatsächlicher und geistiger Art, brachte mich außerdem zu folgender Überlegung: Ich verstehe nicht warum Menschen ihre Zeit nicht dafür nutzen sich gegenseitig zu besuchen um die Besonderheiten der Natur, die es in jedem Land gibt, zu bestaunen, Freude daran zu haben. Zudem ist es bereichernd unterschiedliche Lebensweisen und die Kultur anderer kennenzulernen - sehr viel interessanter und wichtiger als sich gegenseitig die Köpfe einzuschlagen! Denken Sie auch so? Setzen Sie sich dafür ein!

Inhaltsvorstellung der zwei weiteren Bücher

Zauberwort Reisen Teil 1:

- Zweimal Schweden
- Mexiko (1980)
- Über Jordanien nach Ägypten (1981)
- Israel-Reise (1982)
- USA-Rundreise (1983)
- Indonesien (Java, Sulawesi, Bali 1984)
- China-Reise (1986)
- Erneuter Anlauf die USA aufzusuchen (Frühjahr 1987)
- Amerika-Südreise (Herbst 1987)
- Reise in die UdSSR (1988)
- Indien-Studienreise (1989)
- Ein Wort zur Planung
- USA-Reise (1993)
- Russlandreise mit Schwerpunkt Moskau und St. Petersburg (Sommer 1995)

Zauberwort Reisen Teil 3:

- Faszination Italien (2001)
- Hawaii-Island-Hopping (Mai 2001)
- Sizilienreise mit Abstecher zu den Äolischen Inseln (Herbst 2001)
- Islandreise (2003)
- Amerika-Westreise (2004)